新编外轮理货实务

计　刚　盛　斌　主编

上海浦江教育出版社

图书在版编目(CIP)数据

新编外轮理货实务/计刚,盛斌主编.—上海:上海浦江教育出版社有限公司,2023.8(2024.11 重印)
ISBN 978-7-81121-795-7

Ⅰ.①新… Ⅱ.①计… ②盛… Ⅲ.①船舶—货物运输
Ⅳ.①U695.2

中国国家版本馆 CIP 数据核字(2023)第 147196 号

XINBIAN WAILUN LIHUO SHIWU
新编外轮理货实务

上海浦江教育出版社出版发行
社址:上海海港大道 1550 号上海海事大学校内　邮政编码:201306
电话:(021)38284910(12)(发行)　38284923(总编室)　38284910(传真)
E-mail:cbs@shmtu.edu.cn　URL:http://www.pujiangpress.com
上海商务联西印刷有限公司印装
幅面尺寸:170 mm×230 mm　印张:16　字数:245 千字
2023 年 8 月第 1 版　2024 年 11 月第 2 次印刷
责任编辑:周　悦　封面设计:赵宏义
定价:64.00 元

前 言
Preface

随着国际经济贸易的迅猛发展，港口建设日新月异，国际化、大型化、高效化、智能化的港航运营模式对港口码头的现场管理提出了更高的要求。外轮理货作为航运和港口生产中不可或缺的重要环节，必须顺势而为，满足现代化码头的管理需求，提供高质量的理货服务，顺应对外贸易、国际物流发展的需要。为进一步培养合格的外轮理货人员，将现代理货业务中信息化、智能理货等新技术、新应用融入课程中，上海港湾学校与上海外轮理货有限公司成立编写小组，组织力量编写了《新编外轮理货实务》。

本书由上海港湾学校编写小组成员通过现场业务交流、人员访谈和资料收集等途径，并与上海外轮理货有限公司领导、业务人员全面合作，对原教材进行大幅度修订。本教材具有操作性强、体系清晰、实用性强等特点。

本书共分六部分：第一部分为绪论；第二部分为船舶基础知识篇；第三部分为集装箱理货篇；第四部分为件杂货理货篇；第五部分为科技创新篇；第六部分为安全生产基本知识篇。

参与本书编写工作的有主编计刚（上海外轮理货有限公司）、盛斌（上海港湾学校），以及编写小组成员陈磊、李佶、尹敏、钟兆琪、耿鸿钧、吴学锋、朱晶涛、周军、张宏伟、窦海生、夏云军、周立希。

本书在编写过程中得到上海外轮理货有限公司领导和基层理货部相关人员的大力支持和帮助，在此表示感谢。书中难免有不足之处，恳请同行专家和广大读者指正。

目 录 Contents

第一部分 绪论

第二部分 船舶基础知识篇

第三部分 集装箱理货篇

第四部分　件杂货理货篇

第六部分　安全生产基本知识篇

第一部分　绪　论

第一章　外轮理货的由来和中国外轮理货的演变

第一节　外轮理货的由来

由海上贸易开始，产生了承运人，需要有货物交接，发展到专门的带有公正性的机构——理货行业由此发展起来。随着海上贸易有外轮进出，大量进出口货物需要计数、验残，外轮理货行业应运而生。

Tally 在英语中的解释是竹筹的意思。竹筹是最早的理货工具。过去的理货工具十分简单：算盘加竹筹。关于竹筹，是理货历史进程中的一个重要见证，竹筹古来有之，即竹制的筹码，其宽为一寸余，长为一尺二寸左右。装筹的器具，古时叫“中”或“闾中”，现代俗称“竹筹筒”，由木材制成，有 20 个方格，每个方格正好可插 5 根竹筹，1 个竹筹筒共计可插 100 根竹筹。这一简单的理货工具直到 20 世纪七八十年代才逐渐被一手指长宽的铁皮或铝皮筹子所替代。从发竹筹的简单作业发展成为港口装卸进出口货物必不可少的重要行业。旧中国对从事外轮理货行业的人员称作“吃洋行饭”。

当时主要做法是：进口时由理货员以舱口发竹筹计数、露天堆场计数理货、报唛、抄入汇总簿，遇到货物破损要做好记录；出口货物在各舱口有人代表船方收货计数外，还须及时了解装舱货物积载情况，并编制船舶积载图。为了掌握全船各舱口装卸货物理货情况并随时和船方交涉联系，配备了理货组长。

第二节　中国外轮理货的演变

一、新中国成立前外轮理货

解放前，外轮理货的主要职责是交接进口、出口、验残等。

1）进口

卸进口货物时，每一个舱口一条路。由“抄泰理”“报泰理”“碰扑泰理”一起作业。每卸一件货物时，由“报泰理”根据货物标志唱一次票，同时由“碰扑泰理”发一根筹，“抄泰理”在计数单上记录。最快时，“抄泰理”根据海关提供的舱单，花半小时就能写出货物溢短情况。计数时，“碰扑泰理”一般要带上 2 筒以上竹筹,每筒竹筹一端漆有不同的颜色,可代表不同货种。如果一筒竹筹发完,可由竹筹箭头朝上,表明货物满 100,又重新开始计数。

2) 出口

出口装货理货较进口卸货理货简单,每一工班结束,“抄泰理”根据舱口实际装货情况,向理货组长提供每工班货物积载图。

3) 验残

卸进口货物时,在码头上要另辟专门场地或仓库堆放残损货物。每一工班结束,由专职验残的理货人员和船上大副交接,进行签认。

二、新中国成立后外轮理货发展

1961 年前,外轮理货工作一直是原交通部的一项远洋运输代理业务,但未建立完整的管理制度,与各港口的隶属关系也不明确。为了改进对外轮理货的管理,提高理货质量,1961 年 8 月 8 日,原交通部下发交运商(61)干字第 160 号文《关于统一外轮理货工作的通知》,明确外轮理货工作由港务局统一负责。紧接着又下发运商(61)字第 202 号和远业字第 1103 号文,要求外轮理货从外轮代理业务中分离出来。根据原交通部要求,遂制订了一个《外轮代理公司与理货公司相互责任规定》。1961 年至 1963 年,短短两年里原交通部曾专门 5 次发文,要求进一步加强外轮理货工作。从此,中国外轮理货总公司成立,各港口成立专业的外轮理货机构,由各地港务局统一负责。1962 年初,原交通部制订了《外轮理货公司业务章程》和《外轮理货公司理货办法》。

三、上海外轮理货近况

1965 年 3 月 4 日,原上海港务局下发(65)沪港人字第 0170 号文《关于正式成立上海外轮理货公司的通知》,文件中提到:遵照交通部交水商(63)干字第 93 号通知精神,为了适应当前工作的需要,决定自 3 月 1 日起正式成立上海外轮理货公司。自此,上海外轮理货公司首次单独建制,真正走上了正轨,结束了长期无序管理的局面,也为今后上海外轮理货公司的发展打下扎实的基础。此后,上海外轮理货公司无论是党的建设,还是经营业务都取得了很大进展。1966 年因“文革”,上海外轮理货公司受到了冲击,直至 1978 年才恢复成立理货公司。

在随后的多年里,上海外轮理货公司在持续发展业务的基础上,不断拓展业务的外延、内涵,并不断有新的突破,从对件杂货、散货和大宗货等传统运输货物的单一大船理货,扩展到对新一代集装箱货物的理货,理货工种也由大船理货拓展到装拆箱理货。

2003 年 10 月 8 日,上海外轮理货公司改制为上海外轮理货有限公司。公司是在原中国外轮理货总公司上海分公司基础上,经原交通部批准,由上海国际港务(集团)股份有限公司和中国外轮理货总公司共同投资组建的国内最大

的一家地区性专业理货公司。

近年来,公司通过技术升级和互联网信息技术的应用,不断加快集装箱理货、装拆箱理货、件杂货理货的信息化建设步伐,其智能理货项目取得新进展,理货生产能级不断提升,理货服务质量和信息产品质量在广大客户中享有盛誉。

第三节 中国外轮理货行业的现状与发展趋势

一、中国外轮理货行业的现状

外轮理货是海上货物运输不可缺少的一项工作和环节。初期主要是单一的件杂货理货业务,随着海上运输方式的改变,理货业务已得到很大发展,主要有件杂货理货、集装箱理箱、集装箱装拆箱理货、水尺计量、监装监卸等;理货方法也由传统的纸和笔计数方式发展到运用高科技的信息技术进行理货的新阶段。外轮理货发展到现在,虽然在不同的国家和地区以不同的形式表现和存在着,但其所担负的货物交接、残损检验职能是相同的。

(一)理货行业的法律地位

(1) 根据《港口法》,中国将理货业务纳入港口业务范畴,通过《港口法》、《港口经营管理规定》和《港口货物作业规则》等法律法规对理货机构的设立、审批、经营和管理等做了规定。

理货业务的经营范围包括:国际、国内航线船舶的理货业务;国际、国内集装箱理箱业务;集装箱装拆箱理货业务;货物的计量、丈量业务;监装、监卸业务;货损、箱损检定业务。

(2) 国务院 1990 年颁布的第 68 号令,即《中华人民共和国海上国际集装箱运输管理规定》,明确了"海上承运人通过理货机构与港口装卸企业在船边交接集装箱"的规定,后经修改为国务院 1998 年 243 号令,进一步明确了理货在集装箱运输中的重要性。

(3) 理货行业积极承担社会责任、履行国家义务。1996 年,中国外轮理货有限公司与海关总署监管司签订了《关于做好海运进出口货物、集装箱监管工作的合作备忘录》。该合作备忘录的签署符合国家的大政方针,促进了我国海运事业的发展,协助海关加强对海运进出口货物、集装箱及所载货物的监管,充分发挥外轮理货在国际海上货物运输交接中的公正性作用。

(4) 2008 年 3 月 26 日,海关总署颁布了第 172 号令,即《中华人民共和国海关进出境运输工具舱单管理办法》,该办法中共有 19 处涉及了理货工作要求,对理货公司所出具的理货报告在海关进出境运输工具舱单中的作用作了比较明确的规定。同年，海关总署又配套下发了第 54 号、80 号和 81 号公告公布了对理货报告及相关舱单数据项的要求，进一步明确了 172 号令的推进实施。海关 172 号令要求理货公司对进出口货物实事求是地出具理货报告，是理货公司履行自身职责，协助海关加强货物监管，督促舱单申报人如实向海关申报的一项重要工作。

(5) 2017 年 7 月 19 日，原交通部和国家发改革委联合颁发《港口收费计费办法》，将理货服务费由政府定价转变为市场调节价。2018 年前，根据海关总署令第 172 号，理货报告成为进口货物海关查验放行的前置条件，但海关总署令第 235 号以及 2018 年 1 月 30 日海关总署特急函，对原第十八条条款进行修改，明确了进口货物提交运抵报告，口岸海关即可办理查验放行手续，分拨货物提交运抵报告且对比正常，海关舱单系统即自动触发放行，并将运抵报告代替理货报告作为口岸海关查验放行前置依据，理货报告作为其事后监控的后置条件。

（二）中国外轮理货总公司系统

中国的理货市场是以中国外轮理货总公司（以下简称中外理总公司）系统为主体的理货市场。

中外理总公司成立于 1961 年 9 月 1 日，当时隶属原交通部，在各主要港口成立了外轮理货分公司，由当地港务局代管。20 世纪 80 年代，各港外轮理货分公司由当地港务局和中外理总公司实行双重领导，各港外轮理货分公司的人、财、物均归当地港务局管理，中外理总公司仅对其实行业务领导，与各港外轮理货分公司无资产纽带关系。1987 年，中外理总公司从原交通部海洋运输管理局划出，成为部属一级企业。1990 年，中外理总公司在原国家工商行政管理局登记注册，各港外轮理货分公司经原国家工商行政管理局核转后，以中国外轮理货有限公司××（地名）分公司在当地工商局登记注册，各外轮理货分公司与中外理总公司仍无资产关系。1999 年，中外理总公司与原交通部脱钩交由中央企业工委直接管理，各港外轮理货分公司未能成建制一并上交中央。2001 年，外轮理货行业随港口体制一并进行改革，将中外理总公司向各港外轮理货分公司收取管理费改为持有一定的股比，各港外轮理货分公司从港口企业中分离出来，成为独立企业法人，自主经营。2003 年 3 月，中外理总公司转由国务院国资委管理。2005 年 3 月，根据国务院国资委国企改革精神，中外理总公司成为中远集团所属全资子企业。2017 年，中外理总公司与中远海运物流有限公司整合重组，并完成了公司改制，名称变更为中国外轮理货有限公司。

（三）理货行业的作用

外轮理货以第三方身份为承托双方提供公正的理货服务，对承托双方履行

运输契约、贸易双方履行贸易合同、船方保质保量完成运输任务及港口快装快卸等都起着重要作用。

同时，近年来全球正在努力实施安全公约和 ISPS 规则有关加强海上保安的要求，美国、新加坡和一些经济体在亚太经合组织 APEC 运输工作组会议等国际合作平台中多次提出相关国际供应链保安问题。供应链保安涉及的范围较广，实施的要求较高。在这种形势下，中国外轮理货机构由于自身具备的理货业务第三方公正性和网络布局优势以及零距离、全天候和实时性掌握货物信息的特点，通过加强信息化建设和服务延伸，可以积极参与国际海运货物供应链保安工作，在建设具有中国特色的供应链保安工作中发挥作用。

（四）中外理系统主要优势

（1）品牌统一。多年来，中国外轮理货有限公司带领口岸公司凭借自身的实力，以优质的产品，过硬的技术，业内普遍认同的业绩，在中国理货行业占有绝对的领先地位和品牌地位。其中，持有国家专利权的理货单证，进一步提高了理货信誉，成为海关监管货物、商检进一步检验出证、检验鉴定、保险理赔以及有关部门处理航运纠纷的重要依据和凭证。

（2）技术领先。从中国外轮理货有限公司下发统一的理货"业务章程"和"理货规程"后，各口岸公司积累并掌握了一系列具有国际先进水平的理货产品的设计、业务管理技术，特别是加强理货业务信息化建设后，提升了理货业务技术含量，拓展了理货功能，受到了船公司、船代等委托方和海关、港航单位等相关部门的欢迎和肯定。

（3）资质和商誉优良。中国外轮理货有限公司持有原交通部颁发的理货从业许可证。中国外轮理货有限公司及下属公司理货业务运作中所使用申请专利的单证都有特点鲜明的商标和商号。

（4）规模和网络优势。中国外轮理货有限公司下属分公司 80 多家，分布在全国沿海、沿江各外贸口岸，具有自然形成的良好规模优势和网络优势，拥有 40 多年来形成的遍布航运界的客户资源，具有更快捷的信息渠道、更广泛的市场营销网络，更具有市场竞争优势。

（5）合作诚信度高。中理系统与国内外众多船公司及物流客户保持长期、良好的合作关系，重视客户回访，客户服务周到，用户满意度高。

二、理货行业的发展趋势

面对理货行业体制改革和放开的新形势，理货行业要以客户需求为导向，以信息技术为驱动，以市场营销为中心，以智能理货为优势，不断提高理货产品质量，维护市场秩序和行业稳定，加强理货业务发展规律和趋势研究，完善和延伸理货功能，开发理货高端产品，实施相关多元化，保持可持续发展能力。

（1）理货经营市场化。理货市场从过去的独家经营变成理货市场的全面开放，必须转变旧观念和思维定式，立足长远，做好迎接市场冲击的准备。

（2）理货业务委托化。国家对理货业务已不做强制性要求，由市场决定，对理货行业的发展将形成一定的冲击。

（3）理货服务多元化。随着理货行业市场化进程加快，客户的需求将呈多样化、个性化的趋势。这就要求我们在满足常规和传统服务的基础上，不断丰富理货服务内涵，提升服务能级。

（4）理货数据信息化。随着物流业发展，物流链上每个环节的信息化水平要求达到了一个前所未有的高度，理货数据信息化已是理货行业发展的必然趋势，将为理货行业的可持续发展打下坚实的基础。

（5）智能理货趋势化。在国家实施“一带一路”倡议背景下，港口作为全球综合运输网络的节点，在国际贸易中扮演着越来越重要的角色。如今，打造信息技术密集型的“智慧港口”，拓展服务功能的“增值物流”已成为当前港口物流发展的潮流，在这样的形势下，上海外轮理货有限公司，创新转型发展全面推进智能理货，提高劳动力使用效率，降低一线员工的劳动强度，减少现场作业的安全隐患，提升理货服务能级。

第二章 外轮理货概况

第一节 外轮理货的性质和原则

一、理货的性质

外轮理货是国际海上货物运输中不可缺少的一项工作。它对承运、托运双方履行运输契约;贸易双方履行贸易合同;船方保质保量地完成运输任务;港方快装快卸等都起着重要的作用。我国外轮理货工作具有四个特性:公正性、服务性、涉外性和国际性。

(1) 公正性是指理货人员站在公正立场上,以货物事实为依据,如实反映货物的数量和状态,不偏袒任何一方的利益,并出具证明。理货公司虽不是国家公证机关,但是理货人员编制的货物溢短单、残损单及其理货单证,经船方签认后,即具有法律证明和索赔依据的作用。

(2) 服务性是指理货是国际海上货物运输服务的一项工作,提供社会公益性服务。不同的国家和地区所设的理货行和理货办事机构的服务宗旨是不同的,有的国家或地区的理货机构以提供服务为手段、营利为目的,属经营服务性质;有的国家或地区的理货机构以提供服务为手段,以社会公益为目的。我国外轮理货的服务宗旨是:严守公正立场,遵循实事求是原则,维护委托方的正当权益。

(3) 涉外性是指理货人员的工作岗位在远洋船上,每天与来自世界各地不同国籍的商船海员进行业务联系,理货人员属于涉外工作人员。《理货规程》第二条规定:“理货人员在登轮或外出理货时,必须穿理货制服,佩戴徽章,遵守纪律,讲文明,有礼貌。”要求理货人员掌握国家对外的方针政策,遵守外事纪律,懂得外交礼仪,尊重海员的风俗习惯,不干涉海员的内部事务,维护本国和民族的尊严。

(4) 国际性是指外贸船舶的理货至少要有两个不同国家或地区的理货机构来共同完成,他们的工作互相影响,关系非常密切。如果装上船舶的货物,理货数字不准,那么卸船时理货结果就会不一致。也就是说,一个港口理货做得好与差将直接影响对方港口理货工作的质量和信誉,这是由外贸船舶运输连续性的特点所决定的。要提高船舶的理货质量,除了做好本职的理货工作外,还应增进各国各地区理货机构间的交往和合作。

二、理货的原则

外轮理货工作必须遵循三条基本原则：

(1) 实事求是原则。实事求是是外轮理货工作的最高原则。理货工作必须以客观事实为依据，一切从事实出发，如实反映货物数量和状态的实际情况以及责任范围，不能弄虚作假，不准掩饰事实真相。

(2) 船边交接原则。船边交接原则是根据提单条款确定的，即理货人员代表船方与收发货人交接货物，必须以船舷为界，按照交前交方负责，接后接方负责的交接原则办理货物交接手续，是确定理货方法和理货员工作岗位的依据，是办理货物交接、划分责任界限的原则。提单是承托双方签订的运输契约。根据提单条款规定“船方对货物所负的责任期限应从货物装上船舶之时起，到卸离船舶之时止”，即称为“钩到钩”或“舷到舷”条款。

(3) 一次签证原则。一次签证原则是对理货工作的严格要求。一次签证是指理货人员提请船方签认理货结果，以一次为准，不得任意更改签证结果。一次签证的前提是理货数字和责任划分必须准确无误。

第二节　外轮理货的意义和特点

一、外轮理货的意义

(一) 外轮理货是港口工作的重要环节，与码头装卸工作密不可分

外轮理货是对外贸易和国际海上货物运输中不可缺少的一项工作，处于承、托运双方的中间地位，履行判断货物交接数字和状态的职能。对于出口货物，理货把最后一道关；对于进口货物，理货把第一道关。理货具有全天候、24小时、与货物和装卸作业流程零距离的特点。

海运进出口货物卸船时，码头装卸作业须经外轮理货核对实际卸船货物与海关进口舱单后，货物方能卸船；装船时，码头装卸作业须经外轮理货验讫实际装船货物与海关放行装货单后，货物方能装船。因此，外轮理货是港口作业的重要环节，对承、托运双方履行运输契约、码头装卸作业及船方保质保量地完成运输任务具有重要意义。

(二) 外轮理货是代表船方完成进出口货物港口交接程序

根据中国外轮理货公司业务章程，中国外轮理货公司是为航行国际航线船舶

和国外进出口货物服务的理货机构，统一经营航行国际航线船舶在中国港口的理货业务，是国家统一代表船方理货的机构，以中间人的身份独立地对海运进出口货物的数字和状况，作出实事求是的判断和确认，负责船方对货物在港口装卸时的交接，并出具具有法律效力的理货证明，据以划分承、托双方的责任。

（三）积极投身于国际航运中心建设，在探索建立国际航运发展综合试验区等工作中发挥积极作用

1996年中国外轮理货有限公司与海关总署监管司签订《关于做好海运进出口货物、集装箱监管工作的合作备忘录》，明确了理货协助海关做好进出口货物监管工作的作用。外轮理货业务根据合作备忘录不仅局限于码头装卸作业，还延伸到集装箱场站，协助海关加强对进出口货物在货运、仓储过程的监管。尤其在货物装箱到集装箱装船离港的过程中，理货机构作为进出口货物信息集成者，参与多个重要环节，起到整合集装箱供应链中相关信息的作用，所掌握的信息对中国海关和中国海事在监管、边防反偷渡、港口安全作业和保安评估以及海事分析等多方面都有着重要参考价值。外轮理货正以自身的工作履行社会责任和承担国家义务，积极投身于建设上海国际航运中心的各方面工作。

二、外轮理货工作的特点

（一）公正性

《港口法》第二十五条规定，港口理货业务经营人应当公正、准确地办理理货业务。中国理货机构的理货宗旨是：严守公正立场，遵循实事求是原则，维护委托方正当权益。理货业务在国际贸易和物流运输中所出具的反映货物状态的理货信息，具有独立于贸易双方和运输承托方的公正性特点。理货机构的公正性信息，区别于贸易双方、运输承托方和港航直接利益方所提供的信息，可以有效地避免“既做运动员又做裁判员”的问题。长期以来，理货行业非常重视公正性建设，将公正性确定为企业和行业的核心价值观和基础性标准，在经营中秉持“公正求实，维护委托方正当权益”的宗旨，在服务中恪守“向客户和相关方提供独立的、绝对客观的、毫无偏见的理货结果”的承诺。在接受理货委托作业中，坚持站在第三方的公正立场上，严格按照相关标准进行理货，不受任何来自行政的、经济的和其他利益因素的不正当干扰和干预，毫不妥协地维护理货的独立性和诚信度。

（二）真实性

理货机构现场人员严格执行上岗定位要求。现场理货人员的岗位是船边、甲板和船舱里，按舱单（进口货物）、装货单（出口货物）和货物上的主标

志（即合同号或几何图形、符号），理清货物（集装箱）数字、分清货物（集装箱）残损，对集装箱进行施封、验封以及理清箱内货物数字和分清箱内货物残损，绘制货物（集装箱）积载图，依据理货结果办理交接、签证手续等。现场理货人员是全天候、24 小时、与货物和作业流程零距离、真实地掌握货物（集装箱）的信息。

理货工作的这一属性，受到了海关方面的关注，积极配合和有效支持海关打击闯关、走私和其他有关部门的防恐、防范偷渡等工作。中外理公司与海关签署的合作备忘录及关理合作的实践已经充分说明了这一点。

（三）实时性

随着理货行业信息技术的应用，各地的理货公司在信息化建设上有了长足的进步。大部分理货公司基本实现了业务操作、管理以及客户服务的信息化，部分理货公司在数据的采集和传递、数据资源管理等方面加大了投入，大量运用各种先进 IT 技术，如 PDA、EDI、GPS 等技术，开发各种管理信息系统（MIS）、电子商务系统（EC）、短信服务平台等，持续提升理货综合信息服务功能和质量，及时甚至实时地为有关方提供各种相关信息。为了落实海关总署《中华人民共和国海关进出境运输工具舱单管理办法》（海关总署 172 号令），中理总公司开发了客户端程序，满足了全部理货数据电子交换的需要，确保了理货数据信息最晚可在完船 6 小时内向有关方面传输，极大地提高了数据的时效性。

三、外轮理货数据作用

传统地看，现场理货人员在外贸进出口货物交接现场，以第三方身份提供进出口货物的数量、质量等理货数据信息服务，所出具的理货单证是我国海关监管货物、商检进一步检验出证、检验鉴定、保险理赔以及有关部门处理航运纠纷的重要依据和凭证。

随着集装箱运输的不断发展和航运中信息技术的应用，理货公司通过加强信息化建设，提升技术含量，提高信息质量，拓展产品功能，巩固在集装箱运输中的地位。理货产品的主要功能具体反映在以下方面：理货机构为集装箱运输关系人提供可靠、准确的信息；理货机构配合集装箱码头的管理；充当集装箱装、拆箱过程的证明人；为集装箱运输中关系人提供公证证明；在供应链安保、货物监管工作中发挥协助作用。

随着理货行业信息技术的应用和理货业务技术含量的提高，以及中国理货机构的地理网络布局优势，整合和集成理货数据成为业内共识。建设理货数据仓库，通过数据挖掘技术，进行产品功能开发和拓展，将极大地提升理货数据价值，在港口统计、航线分析、商务预测、市场调研等方面提供服务和发挥作用，推动理货业务的转型和升级。

第三节 外轮理货的业务范围

各国理货机构与船舶建立理货方式的一般有两种：委托理货和强制性理货。委托理货，是理货机构根据船方申请而与船方建立理货关系的一种理货方式。强制性理货，是船舶进入本国或本地区港口装卸货物，理货机构与船方自动建立理货关系，不需要船方提出申请，船方也不能拒绝理货的理货方式。

根据原交通部规定，中国外轮理货有限公司对外贸运输船舶在我国港口装卸件杂货、集装箱和船方负责箱内货物的装拆箱作业实行强制性理货，对国内运输船舶装卸货物、外贸船舶装卸散货和船方不负责箱内货物的装拆箱作业实行委托理货。

随着国际贸易海上运输事业的发展，理货业务的范围也从港口扩大到内地和国外，从普通货船扩大到集装箱船和载驳船，从代表船方理货扩大到代表货方和受保险公司委托进行监装监卸，从货物计数业务扩大到计量业务。

外轮理货业务主要分成五大类。

一、件杂货理货

件杂货理货主要是按舱单（货物进口）或装货单（货物出口）和货物上标明的主要标志（合同号、几何图形或符号），理清货物数字，分清货物残损。

（一）出口货物理货

（1）根据货物配载计划和船方要求，将装货单附页交给港口库场员，通知其根据船舶积载顺序按票发货。

（2）向装卸工人交代货物装舱位置和铺垫隔票要求，在装货过程中经常检查装舱质量。

（3）理货员在船边按装货单逐票核对货物标志、港口名称、包装，清点件数字和剔出残损。

（4）按每关细数填制理货计数单，根据计数单编制日报表。将实际装船的货物件数和具体装舱位置批注在装货单上。

（5）全船装货结束，编制分舱单、绘制货物积载图，制作理货证明书。

（二）进口货物理货

（1）向船方了解装货港装舱情况和运输途中情况，并索取有关货物资料。

（2）与船方商定原残货物的验残及其处理办法。

（3）根据所卸货物种类确定理货员的工作岗位和交接方法。

（4）按每关细数填制计数单，在分标志单上按实注销卸货件数。根据计数单编制日报表。

（5）全船卸货结束，按计数单汇总编制货物溢短单，按现场记录汇总编制货物残损单，制作理货证明书。

二、散装货理货

散装货是指没有进行包装、无法计算件数、以重量作为计算单位的货物，如化肥、矿粉、玉米等货种。

外贸船舶装卸散装货理货，属委托理货范围，它与正常理货工作的不同点是只办理装卸船的单证、手续业务，即根据装卸货物情况，提供装卸船进度、剔清残损货物、办理货物交接手续。

如果用衡器计量货物，理货员要收磅码单。根据磅码单、水尺或装卸船速度编制日报表。对船方委托装船理货的，要绘制货物积载图，办理装卸货物签证手续。

如进口舱单或出口舱单列明压舱包数或在舱内、舱口拆包、灌包需要计包数的，按件货进行理货和计费。

三、集装箱理货

集装箱运输是一种先进的运输方式，在国际海上运输中已广泛应用于装载件杂货和其他货物。集装箱运输中的理货工作分为集装箱装卸船的理箱业务和集装箱内货物装、拆箱的理货业务两大部分。

（一）理箱业务

集装箱的种类和规格比较多。国际上常用的有 20 英尺[①]长的 ICC 和 40 英尺长的 IAA 两种。以用途来区分有装杂货用的干货集装箱，装冷藏鲜货用的冷藏保温集装箱、装散货、液体货用的罐状集装箱，装重大件、车辆、牲畜用的框架集装箱等。

在集装箱装卸船时，理货员根据舱单和装箱单、装货单，在船上或船边计箱数，核对箱号，检查箱体有无损坏，铅封是否完好，填制理箱单。如发现集装箱铅封断失或箱体残损，出口集装箱不得装船，应即联系港方或发货人处理，进口集装箱应立即联系船方处理，并按实编制记录。

全船结束，根据理箱单和舱单汇总编制集装箱溢短/残损单，绘制出口集装箱积载图，制作理货证明书。

---

① 1 英尺 = 30.48 cm。

（二）装、拆箱理货业务

对船方负责箱内货物的集装箱、卸船时铅封断失的集装箱以及收发货人或其他委托方委托对箱内货物进行理货的集装箱，在装、拆箱时要对箱内货物进行理货。

1. 装箱理货

理货人员携带必要的单证资料到指定的现场进行装箱理货工作。先检查箱体是否损坏，箱内是否密封，确认箱号。再根据装箱单理清所装货物，检查货物状况。如有残损货物应进行调换，无货调换而装入箱内的要在理货单上如实批注。装箱货物的总重量不得超过集装箱允许的最大重量或载重量。箱内货物积载必须重下轻上，并避免清洁货物与流质、污染性货物拼装一箱。装箱结束关上箱门，施加铅封，编制理货单取得装箱单位签字。

2. 拆箱理货

理货人员到指定的拆箱现场，确认所拆集装箱箱号，检查箱体是否损坏，铅封是否完好。如发现铅封断失或拆箱单位自行启封，应在理货单上如实批注，取得拆箱单位签字；发现箱内货物短少或残损时，由拆箱单位自行负责，不得编制集装箱货物溢短/残损单。

理货人员启封、打开集装箱门后，按进口舱单核实箱内货物，理清货物件数，检验残损状况，如发现与进口舱单不符，应在理货单上如实批注。结束时要检查箱内有无遗漏货物，编制理货单，取得拆箱单位签认。根据理货单汇总编制集装箱货溢短/残损单。

四、载驳船理货

载驳船也称子母船，即大船装载小船，小船装载货物的大型货船。这种运输方式适宜于在水网地区和港口间运输货物，具有集装箱运输的优越性。

载驳船理货工作类似于集装箱船的理货工作，即分为理驳船业务和驳船装卸货理货业务。

（一）理驳船

驳船从母船上装卸过程中，理货员先上母船检查驳船的铅封是否完好，船体是否有碰撞破损，如发现铅封断失或船体损坏，应立即联系船方验看确认，记录在载驳船装/卸驳船清单上，对铅封断失的驳船，理货员应重新施加铅封，并在装/卸驳船清单上写明铅封号，取得船方签认。

（二）驳船装卸货理货

驳船装卸货理货与集装箱装拆箱理货的规定和做法相似，差异在于驳船水上作业,集装箱陆上作业;驳船理货一驳一结清,集装箱一箱一结清。理货过程中对货物溢短、残损处理的方法基本一样。

五、其他委托业务

(一)随船理货

随船理货是指理货人员在装货港结束装船理货工作后,随该船到卸货港继续卸货的理货工作,直至办完货物交接手续。

随船理货便于了解装卸两港操作的实际情况和方法。由于装卸两港由同一理货公司进行理货,增强了理货人员的工作责任心。理货人员对舱内货物装载情况熟悉,有助于防止货物差错,对提高理货数字准确性有积极作用。

(二)监卸业务

监卸是指国外发货人、船东、保赔协会、保险机构委托我国保险公司对船舶卸货作业进行监督。这种情况通常发生在国外装船时对所装货物数字有疑问或争议,或者在卸货港经常发生货物数字短少或残损。我国保险公司将此项监卸业务再委托理货公司办理,是考虑理货公司具备搞好这项业务的条件。这是因为监卸与理货在操作上基本相同,理货公司有充足的现场人员且业务熟练,能胜任此项业务。

(三)计量业务

计数与计量是反映货物数量的两个有机的组成部分。国外理货机构的业务范围包含计数和计量两项工作。我国一些理货机构是与当地商检局共同负责计量工作的。具体计量业务由理货公司实施,商检局负责监督和出证,这样做有利于加强计量工作的专业化管理,也完善了理货公司的职能。

(四)丈量业务

丈量业务是指对货物进行满尺丈量,用以计算出货物体积,也就是货物所占有的空间,这对船舶进行货物配载和计算运费具有重要作用。

货物体积是指由货物最大处的长、宽、高 3 个尺码组成的立方体的体积。由货物最大处丈量长、宽、高 3 个尺码,称为满尺丈量。

丈量单位用公制,丈量尺码以米为单位,取小数点后二位数字,以后位数四舍五入。货物体积以立方米为单位,单位货物体积计算到小数点后六位数字,每票货物的总体积计算到小数点后三位数字,以后位数四舍五入。上海外轮理货有限公司开展丈量业务主要是为理货费收服务。

第四节　外轮理货从业人员的基本要求

一、员工诚信准则

（1）严格遵守党纪国法，努力做到自重、自省、自警、自励，不违法乱纪、贪赃枉法。

（2）严格执行公司有关廉洁自律规定，不以权（岗）谋私、失信于人。

（3）严格遵循社会主义义利观，不见利忘义、损人利己。

（4）严格执行安全操作规程，不自行其是，不伤害自己、不伤害他人、不被他人伤害。

（5）严格遵守公司有关保密规定，不泄露有关公司的业务、技术机密。

（6）严谨细致，专注高效，严格贯彻公司质量体系，不发生有责任投诉。

（7）严格遵守社会公德和文明规范，规范自己的言行举止，热心社会公益事业，不逃避应该承担的社会责任，不做有悖于社会和谐的事情。

（8）严肃维护公司改革发展和稳定的大局，不说、不做有损于公司利益的话和事。

二、涉外纪律

理货工作是一项涉外性很强的工作，理货人员在船上工作，一言一行代表着国家，反映中国人民的精神面貌。在理货工作中，理货人员都必须严格执行下列登轮管理规定：

（1）理货人员因工作需要上下轮时，应接受边防人员对证件进行检查，未经过边防人员许可，不得强行登轮。

（2）严格遵守登轮纪律，自觉抵制资本主义思想侵袭，严禁在外轮上看电影、电视，不得翻阅外轮上的书报、刊物，不得擅自动用外轮上的物品。

（3）工作期间未经过领导批准，不得在外轮、远洋轮上喝酒、吃饭、洗澡，不得乱窜船员生活区，不得随意向船方要房间休息、睡觉。

（4）任何个人不得讨要和接受外轮、远洋轮船员的东西。当外轮、远洋轮船员对我们工作表示满意或出于友好而馈赠物品时，应婉言谢绝，船方坚持要送，推辞不掉的，应交公处理。

（5）不得利用工作关系向外轮、远洋轮船员捎带、托购、互赠物品，不准利用职权和工作之便替船员夹带国家违禁物品上船，不得利用职务之便接受他人贿赂，损公肥己，营私舞弊。

（6）坚持双人登轮制度，除特殊情况外，理货以下人员与船方联系工作时，

不得单独一人前往。

(7) 与船方联系工作时,要注意文明礼貌,不卑不亢,仪容整洁,举止大方。除工作需要外,无关人员不得进入船员房间闲聊,工作完毕,应及时离船。

(8) 严格执行保密制度,严禁携带国家机密文件、内部材料、工作笔记、地方报刊等上外轮,不得在外轮上谈论国家经济、政治等方面的机密。

(9) 不得在外籍船员面前暴露登轮人员之间矛盾、纠纷,不得在外轮上发生争吵、打骂等现象,做到内外有别,顾大局,协同对外。

(10) 尊重外轮船员的风俗习惯,不得干涉船方的内部事务。

(11) 发现登轮人员违纪和有可疑行为,以及发现外轮船员有危害国家主权、侵犯我国家利益时,应及时向边防、海关人员反映或向上级有关部门报告。本公司人员发生涉外登轮事故或苗子时,各理货部应及时向公司汇报。

第二部分　船舶基础知识篇

第三章　船　舶

第一节　船舶类型

船舶是指能航行或停泊于水域进行运输或作业的工具,按不同的使用要求而具有不同的技术性能、装备和结构型式。船舶在国防、国民经济和海洋开发等方面都占有十分重要的地位。

船舶有着悠久的历史。船舶从史前剖木为舟起,经历了独木舟和木板船时代,1879 年世界上第一艘钢船问世后,又开始了以钢船为主的时代。船舶的推进也由 19 世纪的依靠人力、畜力和风力发展到使用机器驱动。

1807 年,美国的富尔顿建成第一艘采用明轮推进的蒸汽机船克莱蒙脱号,时速约为 8 km/h。1868 年,中国第一艘载重 600 t,功率为 288 kW 的蒸汽机兵船惠吉号建造成功。

根据所装货物及船舶结构、设备不同,可分为:

一、杂货船(General Cargo Ship)

杂货船一般是指定期航行于货运繁忙的航线,以装运零星杂货为主的船舶。这种船航行速度较快,船上配有足够的起吊设备,船舶构造中有多层甲板把船舱分隔成多层货柜,以适应装载不同货物的需要。杂货船应用广泛,在世界商船队中吨位总数居首位。杂货船要求有良好的经济性和安全性,不追求高速。杂货船通常根据货源具体情况及货运需要航行于各港口,设有固定的船期和航线。在舱口两侧设有吊货扒杆。为装卸重大件,通常还装备有重型吊杆。为提高杂货船对各种货物运输的良好适应性,能载运大件货、集装箱、件杂货以及某些散货,现代新建杂货船常设计成多用途船。

图 3.1 为中波公司最新型多用途杂货船永興号于 2022 年 6 月下水。

二、干散货船(Bulk Cargo Ship)

干散货船是装载无包装的大宗货物的船舶。依所装货物的种类不同,又可分为粮谷船、煤船和矿砂船。这种船大都为单甲板,舱内不设支柱,但设有隔板,防止在风浪中运行的舱内货物错位。

图 3.2 为中国自主建造的世界上最大吨位的散货船淡水河谷中国号。

图 3.1　中波公司最新型多用途杂货船永興号

图 3.2　散货船淡水河谷中国号

三、冷藏船（Refrigerated Ship）

冷藏船是专门用于装载冷冻易腐货物的船舶。船上设有冷藏系统，能调节多种温度以适应各舱货物对不同温度的需要。

图 3.3 为典型的冷藏船。

图 3.3　冷藏船

四、木材船（Timber Ship）

木材船是专门用以装载木材或原木的船舶。这种船舱口大，舱内无梁柱及

其他妨碍装卸的设备,船舱及甲板上均可装载木材。为防止甲板上的木材被海浪冲出舷外,在船舷两侧一般设置不低于 1 m 的舷墙。

图 3.4 为大型原木船北部之光号。

图 3.4　原木船北部之光号

五、全集装箱船(Container Ship)

全集装箱船是专门装运集装箱的船舶。它与一般杂货船不同,其货舱内有格栅式货架,装有垂直导轨,便于集装箱沿导轨放下,四角有格栅制约,可防倾倒。集装箱船的舱内可堆放 3 至 9 层集装箱,甲板上还可堆放 3 至 4 层。集装箱船航速较快,大多数船舶本身没有起吊设备,需要依靠码头上的起吊设备进行装卸。这种集装箱船也称为吊上吊下船。

图 3.5 为目前世界上最大的集装箱船长益号。

图 3.5　集装箱船长益号

六、滚装船，又称滚上滚下船(Roll on/Roll off Ship)

滚装船主要用来运送汽车和集装箱。这种船本身不需要装卸设备，一般在船侧或船的首、尾有开口斜坡连接码头，装卸货物时，汽车或集装箱(装在拖车上的)直接开进或开出船舱。这种船的优点是不依赖码头上的装卸设备，装卸速度快，可加速船舶周转。

图3.6为滚装船。

图3.6 滚装船

第二节 船舶吃水、干舷与载重线标志

一、船舶吃水(Draft)

船舶实际吃水(T)是指船体在水面以下的深度即指船中处自龙骨下缘至实际水线间的垂直距离。船舶吃水随船上装货数量的多少而变化。空船吃水最小，满载吃水最大，所以船舶吃水反映一定货物重量。如果船舶有纵倾则船舶首尾吃水不同，船首吃水以 T_F 表示，船尾吃水以 T_A 表示。一般计算船舶装货数量时，以在船舶中部的平均吃水为准，若平均吃水以 T_M 表示，当船舶无横倾和变形时，则：

$$T_M = \frac{T_F + T_A}{2}$$

当船舶有横倾时，左右两舷的吃水不同。为了准确计算平均吃水，必须取首、中、尾的左右六面吃水的平均值，这时：

$$T_M = \frac{T_{FP} + T_{FS} + T_{MP} + T_{MS} + T_{AP} + T_{AS}}{6}$$

为保证船舶在使用过程中有良好的浮性，所以对最大吃水必须加以限制，

否则就有沉没的危险。而不同的航行区域及季节,因情况不同,最大吃水也要分别加以限制,这是尽量利用载重能力与保证船舶安全的必要措施。

了解一艘船舶吃水情况后,我们可决定该船能否通过所经过的航道,驶往某个港口,可否停靠某个码头进行装卸工作,及能否通过所必须经过的运河闸门。船舶的空船吃水及满载吃水在船舶证书中均加以明细的记载是重要的船舶性能资料。

二、吃水标尺(Draft Marks)

各船在首、中、尾左右处的船壳板上均绘有吃水标志,即吃水标尺。水尺标志是以数字(一般以罗马数字和阿拉伯数字)表示船舶吃水大小的一种记号。目前船舶的水尺标志以公制较多(见图 3.7)。

水尺标志的字体粗细约为 20 mm,以能看清楚为原则。公制标志其数字的高度及两数字之间的距离均为 10 cm。吃水线到达数字的底边缘时,即表明吃水已达到该数字所标明尺寸。

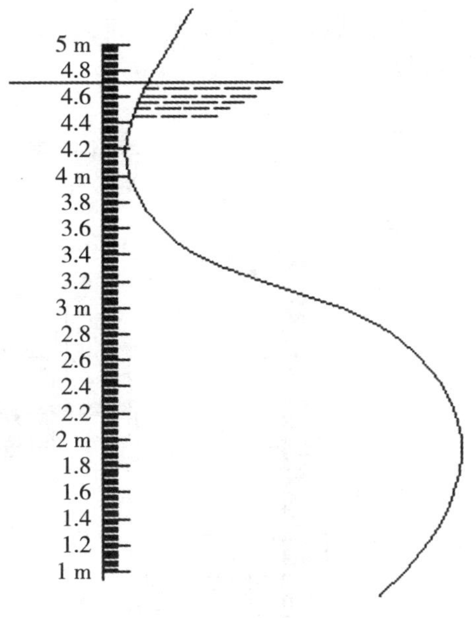

图 3.7　水尺

三、干舷(Freeboard)

从营运角度出发,期望船舶能多装些货物,而船上载货越重,船身越下沉,但船舶在水线上应保留一部分水密容积才行。所以船舶载重能力有一定限度,如果越出限度就可能发生危险。因此为了保证船舶在不同条件下(不同区域及季节)安全航行,而同时又最大限度地利用船舶载重能力,特规定船舶的最小干舷高度。

一般所谓干舷或干舷高度针对最小干舷或最小干舷高度(F)而言,即在船中处,沿舷侧,由满载吃水线(有关载重线)量到干舷甲板(主甲板)上缘的垂直距离,亦称安全干舷或安全干舷高度(F)。它等于型深(H)与型吃水(T)的差值。即

$$F = H - T$$

船舶检验部门为了保证船舶航行安全和发生海损时仍能保持一定的航行性能并使船舶具有尽可能大的载重能力,规定应在船舶舷侧勘绘载重线标志,这样也就规定了船舶的最小干舷。船舶在任何情况下,装货物等的数量都不得使干舷

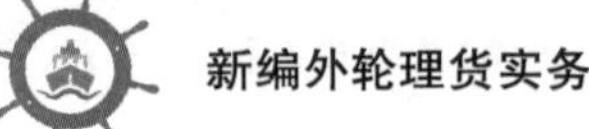

小于规定的船舶最小干舷,即船舶的实际吃水不能超过船舶的满载吃水。

由上可见,核定干舷高度是保障水上人命财产安全的重要措施,同时又是充分运用船舶运输能力的正确方法。

四、船舶载重线标志(Load Line Marks)

船舶载重线标志表明船舶在不同航区不同时期中的最大允许吃水值,它是确定船舶航次载重量的重要依据,它按"船舶载重线规范"的规定勘绘在船中两舷。我国船舶检验局于 1975 年颁布了新的《海船载重线规范》,其中"国际航行船舶"方面的规定系根据《1966 年国际船舶载重线公约》及我国政府有关规定制订。

标绘船舶载重线的位置是由干舷最小高度决定的。干舷高度的大小直接影响船舶的抗沉能力,因此它必须由检验部门予以核定,以确保船舶航行安全。

载重线标志包括:甲板线,载重线圈和横线及各载重线。图 3.8 为国际载重线标志。

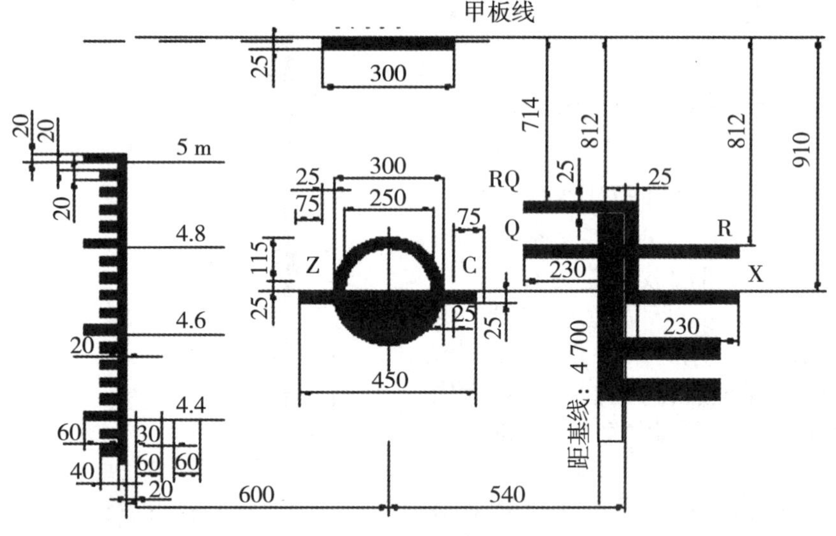

图 3.8 国际载重线标志

甲板线是一条表示干舷甲板(即量取干舷的甲板实际上是主甲板)位置的线,刻绘在船旁两侧船长的中心处,其上缘应切于干舷甲板的上缘与外板面垂直的交点,甲板线长 300 mm,宽 25 mm。

载重线圈与横线系包括外径为 300 mm,线宽为 25 mm 的一圆环(又称保险圈)和与圆环相交的一条水平线,其线长为 450 mm,宽为 25 mm,水平线的上边缘通过圆环的中心。圆环的中心位于船中,从圆环中心至甲板线上边缘的距离等于核定的夏季干舷。在圆环的两侧加绘字母"Z""C",表示勘定干舷的主管

机关是“中华人民共和国船舶检验局”。世界各主要国家勘定干舷的主管机关代表字母如表 3.1 所示。

表 3.1　世界主要国家勘定干船的主管机关代表字母

国家	船级社名称	代表字母
日本	日本海文协会	CNK
英国	劳氏船级社	LR
法国	法国船级社	BV
意大利	意国船级社	RINA
挪威，德国	挪威船级社	DNV
美国	美国船级社	ABS

各载重线是船舶的各载重线，分别以长 230 mm，宽为 25 mm 的水平线段表示。载重线与一根位于圆环中心前方（向首）540 mm，宽为 25 mm 的垂直线相垂直。各载重线的上缘就是船舶在不同航区和季节中所允许的最大装载吃水的限定线，也表示船舶所允许的最小干舷。现将各载重线的线段表示说明如下：

（1）夏季载重线：以标有“X”（“夏”字的汉语拼音第一个字母，以下均用拼音字母表示）的水平线段的上边缘表示，该水平线的上边缘通过圆环中心。英文以“S”表示。

（2）热带载重线：以标有“R”的水平线段的上边缘表示。英文可用“T”表示，又叫热带区域或热带季节载重线，因为热带区域或热带季节中通常海面总体比较平静，所以载重的限度可以放宽，它由夏季载重线增加夏季载重吃水的 1/48。

（3）冬季载重线：以标有“D”的水平线段的上边缘表示。英文用“W”表示。它由夏季载重线减去夏季载重吃水的 1/48。

（4）北大西洋冬季载重线：以标有“BDD”的水平线段上边缘表示。英文以“WNA”表示。它由冬季载重线减去 50 mm，用于船长小于或等于 100 m 的船舶，其他船舶不再勘绘北大西洋冬季载重线。

（5）夏季淡水载重线：以标有“Q”的水平线段的上边缘表示。英文以“F”表示。淡水区域只限于内河和湖泊，它不但比海洋平静，而且同样的载重量在淡水中的吃水也比海水中大，它的载重线必然定得高些。

（6）热带淡水载重线：以标有“RQ”的水平线段的上边缘表示。英文以“TF”表示。它不仅是淡水而且还是热带，故比淡水载重线还要高。

除一般货船外，客船、运木船、油船，由于运输任务和船体结构的不同，对载重线的要求也不同，对客船要求特别严格，它的最低干舷高度较一般货船更大，而运木船和油船则比一般货船更小。

第三节　船舶的稳性

一、船舶稳性的定义

船舶受外力作用离开平衡位置而倾斜，当外力消除后能自行回复至原来平衡位置的能力，称为船舶稳性（Ship's Stability）。

二、船舶稳性的分类

船舶稳性可以按船舶倾斜方向、倾斜角度以及作用力性质的不同进行分类。

（一）按船舶倾斜方向的不同分类

（1）横稳性：是指船舶在横倾状态下所具有的稳性。
（2）纵稳性：是指船舶在纵倾状态下所具有的稳性。

（二）按船舶倾斜角度的大小分类

（1）初稳性：是指船舶小角度倾斜（倾斜角度不超过10°）时所具有的稳性。
（2）大倾角稳性：是指船舶大角度倾斜（倾斜角度超过10°）时所具有的稳性。

（三）按作用力性质的不同分类

（1）静稳性：是指船舶受静力作用发生倾斜后所具有的稳性。所谓静力，是指缓慢地作用于船体的外力，船舶在倾斜过程中不计及角加速度和惯性矩。
（2）动稳性：是指船舶受动力的作用发生倾斜后所具有的稳性。所谓动力，是指在很短的时间内突然作用于船上的外力，或作用于船上的外力在很短的时间内有明显的变化，即在船舶倾斜过程中计及角加速度和惯性矩。

我们主要讨论的是船舶横稳性，且是船舶在小倾角横倾时所具有的稳性。

三、船舶平衡

船舶未受外力前一般是平浮在水面上的，此时，作用于船舶的重力和浮力大小相等但方向相反，且在同一条垂线上，船舶即处于平衡状态。当船舶横向受外力作用后，失去平衡，发生横向倾斜，此时船的重量并没有改变，重

心仍在原来位置，但是由于船舶横倾后水下排水体积的形状发生了变化，所以浮心位置就从原来的位置移到了新的位置。重力通过重心作用点垂直向下，而浮力则经过新的作用点垂直向上，重力和浮力不在同一垂线上，因而形成了一个力偶矩。它的方向同船的横倾方向相反，促使船舶回到初始状态位置，此力偶矩称为复原力矩。当外力消除后就能依靠这个复原力矩回复到原来的平衡位置。

船舶横向倾斜后，通过新浮心点的浮力作用线与通过原平衡状态时浮力点的浮力作用线相交于 M 点，此谓横稳心。在横倾角度较小时（一般小于 10°）可以把 M 看成是一个固定点。横稳心 M 与重心 G 之间的距离称为初稳心高度，也叫横稳心高度，用 h_{GM} 表示。

船舶失稳时，船的重心位置 G 点在稳心位置 M 点之上，当船受到外力横倾后，此时重力和浮力不在同一垂线上，所形成的力偶矩的方向与外力矩的方向相同，即船的复原力矩为负值，这个力矩就不再能使船舶回复到原来位置，而是加剧了船舶继续横倾。船的重心 G 点与稳心 M 点的相对位置对船的稳性影响极大。若要判断船舶是否具有复原能力，首先看船的重心位置 G 点是否在稳心位置 M 之下，也就是要求 h_{GM} 为正值。

船的复原能力有多大，是根据重力和浮力形成的力偶矩即复原力矩的大小决定的。复原力矩的大小与船舶的初稳心高度 h_{GM} 值成正比，因而通常可以用初稳心高度 h_{GM} 值的大小来衡量船舶稳性的好坏。

船舶稳性与航行安全有密切的关系，为防止倾覆，首先要求船舶具有足够的稳性。同时，稳性过大又会引起船舶剧烈横摇，使人晕船，影响航海仪器的使用等。因此营运中应保证船舶具有适度的稳性。稳性的大小与船体几何形状有关，这是船舶设计建造问题。但是，船舶稳性的大小也与载荷垂向分布状况有关，这是在配载工作中所要解决的问题。

船舶的平衡状态取决于船的重心 G 点与稳心 M 点的相对位置，根据二者之间的相互关系，船舶的平衡分为 3 种状态。

（一）稳定平衡

当船舶的重心在横稳心之下，即船舶初稳心高度为正值时，船舶倾斜后，重力和浮力组成的复原力矩将使船舶回复到原来的平衡位置，将这样一种船舶平衡状态称之为稳定平衡（Stable Equilibrium），见图 3.9（a）。

（二）不稳定平衡

当船舶的重心在横稳心之上，即船舶初稳心高度为负值时，船舶不再具有稳性。一旦微倾，重力和浮力组成的倾覆力矩将使船舶继续倾斜。将倾斜前的船舶平衡状态称之为不稳定平衡（Unstable Equilibrium），见图 3.9（c）。

（三）随遇平衡

当船舶的重心与横稳心重合，即船舶的初稳心高度为零，船舶处在随遇平衡状态（Neutral Equilibrium）。船舶只有在外力作用下才会发生倾斜或回复，见图 3.9（b）。

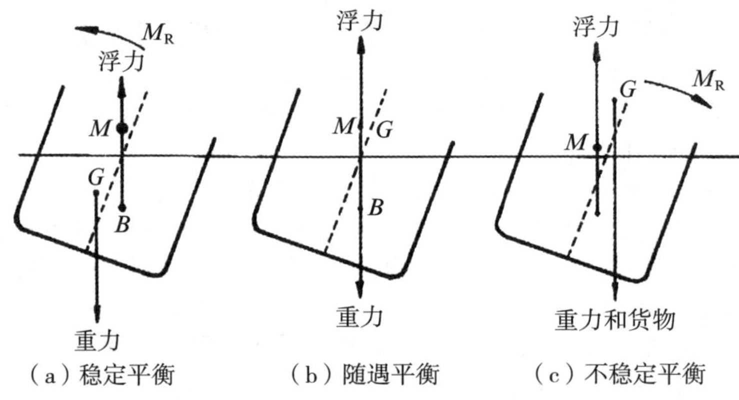

图 3.9　船舶平衡状态

由此可见，处于不稳定平衡状态的船舶，在倾覆力矩作用下使船舶继续倾斜，最终导致船舶发生倾覆；处于随遇平衡状态的船舶受外力矩作用发生倾斜，当外力矩消失后，船舶因复原力矩为零，不可能回至原来的平衡位置，且当较长时间受到外力矩作用时，船舶的横倾角将在一定范围内不断增大，最终仍有可能导致船舶倾覆；只有处于稳定平衡状态的船舶，才具有一定的抵抗外力矩能力，且当外力矩消失后，在正的复原力矩作用下，使其自动回到原来的平衡位置。因此，要保证船舶的安全，使船舶具有一定的抵御风浪的能力，必须使船舶处于稳定平衡状态，即保证船舶具有一定的稳性。

第三部分　集装箱理货篇

第四章　集装箱运输概述

2022 年 7 月 1 日，全球最大集装箱船长益号首靠盛东码头，刷新了超大型集装箱轮靠泊洋山深水港的历史纪录。长益号由上海沪东中华自主设计，拥有完全自主知识产权，标志着中国在顶级超大型集装箱船建造领域取得重大突破。该船总长 399. 99 m，型宽 61. 5 m，甲板面积达 24 000 m^2，相当于 3. 5 个标准足球场；货舱深度达到 33. 2 m，可承载 24 万 t 货物，一次可装载 24 004 个标准集装箱，最大堆箱层数可达 25 层，相当于 22 楼的高度，是目前全球装箱量最大的集装箱船，是名副其实的海上“巨无霸”。

曾经集装箱船舶的承载极限是 2. 4 万 TEU。近年来，在船舶设计建造工艺提升和国际贸易需求增长等多重因素作用下，在目前长 400 m、宽 62 m 的船体结构极限强度范围内，单船能装下更多集装箱，靠泊洋山深水港的船王不断迭代更新。从 2019 年 7 月的地中海古尔松号，到 2020 年 5 月的现代阿尔赫西拉斯号，到 2021 年 8 月的长范号。单船最大载箱量从 23 756 TEU 到 23 964 TEU 到 23 992 TEU，不断向 24 000 TEU 的承载极限冲刺。沪东中华建造的最大可装载 24 004 TEU 标箱的长益号抵港，可装载 24 100 TEU 的集装箱轮也已在建，单船运能天花板逐渐被打破。

想要处理好集装箱运输业务并非易事，本章让我们走进集装箱运输世界，学习掌握有关集装箱运输、集装箱和集装箱船舶的相关知识。

第一节　集装箱运输发展简介

一、集装箱运输的定义

集装箱运输（Container Freight Transport），是指以集装箱这种大型容器为载体，将货物集合组装成集装单元，以便在现代流通领域内运用大型装卸机械和大型载运车辆进行装卸、搬运作业和完成运输任务，从而更好地实现货物“门到门”运输的一种新型、高效率和高效益的运输方式。

二、集装箱运输的起源与发展

集装箱运输虽然是一种现代化的运输方式，但其发展却经历了漫长的过程。集装箱运输的发展可分为以下几个阶段：

（一）初始阶段（19 世纪初—1966 年）

集装箱运输起源于英国。早在 1801 年，英国的詹姆斯·安德森博士就提出将货物装入集装箱进行运输的构想。1845 年，英国铁路曾使用载货车厢互相交换的方式（视车厢为集装箱），使集装箱运输的构想得到了初步应用。19 世纪中叶，在英国的兰开夏郡已出现运输棉纱、棉布的一种带活动框架的载货工具，俗称“兰开夏托盘”，这可以视为集装箱的雏形。1853 年，美国铁路也采用了容器装运法，这是世界上最早出现的集装箱运输的雏形。

20 世纪初期，以集装箱运输货物的新型运输方式得以推广。1900 年，在英国铁路上首次试行了集装箱运输，之后又相继传播到美国（1917 年）、德国（1920 年）、法国（1928 年）及其他欧美国家。

1966 年以前，虽然集装箱运输取得了一定的发展，但在该阶段集装箱运输仅限于欧美一些先进国家，主要从事铁路、公路运输和国内沿海运输；船型以改装的半集装箱船为主，其典型船舶的装载量不过 500 TEU（20 英尺集装箱换算单位，简称“换算箱”）左右，速度也较慢；箱型主要采用断面为 8 英尺×8 英尺，长度分别为 24 英尺、27 英尺、35 英尺的非标准集装箱，部分使用了长度为 20 英尺和 40 英尺的标准集装箱；箱的材质开始以钢质为主，到后期铝质箱开始出现；船舶装卸以船用装卸桥为主，只有极少数专用码头上有岸边装卸桥；码头装卸工艺主要采用海陆联运公司开创的底盘车方式，跨运车刚刚出现；集装箱运输的经营方式是仅提供港到港的服务。以上这些特征说明，1966 年以前集装箱运输还处于初始阶段，但其优越性已经得以显现，为以后集装箱运输的大规模发展打下了良好的基础。

（二）发展阶段（1966—1983 年）

自 1966 年至 1983 年，集装箱运输的优越性越来越被人们认可，以海上运输为主导的国际集装箱运输发展迅速，是世界交通运输进入集装箱化时代的关键时期。

1970 年约有 23 万 TEU，1983 年达到 208 万 TEU。集装箱船舶的行踪已遍布全球范围。随着海上集装箱运输的发展，各港纷纷建设专用集装箱泊位，世界集装箱专用泊位到 1983 年已增至 983 个。世界主要港口的集装箱吞吐量在 20 世纪 70 年代的年增长率达到 15%。专用泊位的前沿均装备了装卸桥，并在鹿特丹港的集装箱码头上出现了第二代集装箱装卸桥，每小时可装卸 50 TEU。码头堆场上轮胎式龙门起重机、跨运车等机械得到了普遍应用，底盘车工艺则逐渐趋于没落。在此时期，传统的件杂货运输管理方法得到了全面改革，与先进运输方式相适应的管理体系逐步形成，电子计算机也得到了更广泛的应用，尤其是 1980 年 5 月在日内瓦召开了有 84 个贸发会议成员国参加的国际多式联

运会议,通过了《联合国国际货物多式联运公约》。该公约对国际货物多式联运的定义、多式联运单证的内容、多式联运经营人的赔偿责任等问题均有所规定。公约虽未生效,但其主要内容已为许多国家所援引和应用。

虽然在20世纪70年代中期,由于石油危机的影响,集装箱运输发展速度减慢,但是这一阶段发展时期较长,特别是许多新工艺、新机械、新箱型、新船型以及现代化管理,都是在这一阶段涌现出来的,世界集装箱向多式联运方向发展也孕育于此阶段之中,故可称之为集装箱运输的发展阶段。

(三) 成熟阶段(1984年以后)

1984年以后,世界航运市场摆脱了石油危机带来的影响,开始走出低谷,集装箱运输又重新走上稳定发展的道路。有资料显示,发达国家件杂货运输的集装箱化程度已超过80%。据统计,到1998年世界上约有各类集装箱船舶6 800多艘,总载箱量达579万TEU。集装箱运输已遍及世界上所有的海运国家,随着集装箱运输进入成熟阶段。世界海运货物的集装箱化已成为不可阻挡的发展趋势。

三、集装箱运输的特点与优越性

由于集装箱的高度标准化,在运输中有如下特点:

(一) 高效益

集装箱运输经济效益高主要体现在以下几方面:

(1) 简化包装,大量节约包装费用。为避免货物在运输途中受到损坏,必须有坚固的包装,而集装箱具有坚固、密封的特点,其本身就是一种极好的包装。使用集装箱可以简化包装,有的甚至无须包装,实现件杂货无包装运输,可大大节约包装费用。

(2) 减少货损、货差,提高货运质量。由于集装箱是一个坚固密封的箱体,集装箱本身就是一个坚固的包装。货物装箱并铅封后,途中无须拆箱倒载,一票到底,即使经过长途运输或多次换装,不易损坏箱内货物。集装箱运输可减少被盗、潮湿、污损等引起的货损和货差,并且由于货损、货差率的降低,减少了社会财富浪费,具有很大的社会效益。

(3) 减少营运费用,降低运输成本。由于集装箱的装卸基本不受恶劣气候的影响,船舶非生产性停泊时间缩短,又由于装卸效率高,装卸时间缩短,对船公司而言,可提高航行率,降低船舶运输成本,对港口而言,可以提高泊位通过能力,从而提高吞吐量,增加收入。

(二) 高效率

传统的运输方式具有装卸环节多、劳动强度大、装卸效率低、船舶周转慢等缺点,而集装箱运输完全改变了这种状况。

(1) 普通货船装卸,一般每小时为 35 t 左右,而集装箱装卸,每小时可达 400 t 左右,装卸效率大幅度提高。同时,由于集装箱装卸机械化程度很高,因而每班组所需装卸工人数很少,平均每个工人的劳动生产率大大提高。

(2) 由于集装箱装卸效率高,受气候影响小,船舶在港停留时间大大缩短,因而船舶航次时间缩短,船舶周转加快,航行率大大提高,船舶生产效率随之提高,从而提高了船舶运输能力,在不增加船舶艘数的情况,可完成更多的运量,增加船公司收入,高效率导致高效益。

(三) 高投资

集装箱运输是一种高效率的运输方式,同时又是一种资本高度密集的行业。

(1) 船公司必须对船舶和集装箱进行巨额投资。根据有关资料表明,集装箱船每立方英尺的造价约为普通货船的 3.7~4.0 倍。集装箱的投资相当大,开展集装箱运输所需的高额投资,使得船公司的总成本中固定成本占相当大的比例,高达三分之二以上。

(2) 集装箱运输中的港口投资也相当大。专用集装箱泊位的码头设施包括码头岸线和前沿、货场、货运站、维修车间、控制塔、门房以及集装箱装卸机械等,耗资巨大。

(3) 为开展集装箱多式联运,还需有相应的内陆设施及内陆货运站等,为了配套建设,这就需要兴建、扩建、改造、更新现有的公路、铁路、桥梁、涵洞等,这方面的投资更是惊人。可见,没有足够的资金开展集装箱运输,实现集装箱化是困难的。

(四) 高协作

集装箱运输涉及面广、环节多、影响大,是一个复杂的运输系统工程。集装箱运输系统包括海运、陆运、空运、港口、货运站以及与集装箱运输有关的海关、商检、船舶代理公司、货运代理公司等单位和部门。如果互相配合不当,就会影响整个运输系统功能的发挥,如果某一环节失误,必将影响全局,甚至导致运输生产停顿和中断。因此,要求整个运输系统各环节、各部门之间的高度协作。

(五) 多式联运

由于集装箱运输在不同运输方式之间换装时,不需要搬运箱内货物而只须换装集装箱,这就提高了换装作业效率,适于不同运输方式之间的联合运输。在换装转运时,海关及有关监管单位只须加封或验封转关放行,从而提高了运输效率。

（六）优越性

由于国际集装箱运输与多式联运是一个资金密集、技术密集及管理要求很高的行业，是一个复杂的运输系统工程，这就要求管理人员、技术人员、业务人员等具有较高的素质，才能胜任工作，充分发挥国际集装箱运输的优越性。

(1) 保证货物运输安全。集装箱运输大大减少了传统运输方式中人力装卸、搬运的次数，这就可以避免人为和自然因素造成的货物破损、湿损、丢失等货运事故，减少经济损失。

(2) 节省货物包装材料。使用集装箱运输，可以简化或不用运输包装，节省包装材料和费用，降低商品的成本。

(3) 简化货运作业手续。货物采用集装箱运输后，以箱作为货物的运输单元，减少繁杂的作业环节，简化货运作业手续。

(4) 提高装卸作业效率。由于集装箱的装卸作业适于机械化，其装卸作业效率得到大幅度的提高。同时，大大缩短集装箱站（港）的停留时间，加速车船的周转和货物的送达。

(5) 减少运营费用，降低运输成本。货损、货差大为减少，货物保险费也随之下降；开展“门到门”运输业务后，可大量节省仓库的建造费用和仓库作业费用等。

(6) 便于自动化管理。集装箱是一种规格化货物运输单元，为自动化管理创造了便利条件。

第二节　集装箱标准化

一、集装箱定义

集装箱（Container）是指具有一定强度、刚度和规格专供周转使用的大型装货容器。在我国台湾和香港等地称为“货柜”或“货箱”。

按国际标准化组织（International Organization for Standardization，ISO）的规定，集装箱应具备下列条件：①能长期反复使用，具有足够的强度和刚度；②有装卸、搬运的装置，便于进行机械装卸；③能方便地在各种运输工具之间直接换装、固定，不翻动箱内的货物；④便于货物满装和卸空；⑤容积不小于 1 m^3。满足上述 5 个条件的大型装货容器才能称为集装箱。

二、集装箱分类

集装箱分类可以有多种方法，这里以集装箱的用途不同进行分类，罗列几种常用的集装箱。

干货集装箱(Dry Container),简写 DC,是最普通的集装箱,主要用于运输一般杂货,适合各种不需要调节温度的货物使用的集装箱,也可称为通用集装箱(General Purpose Container,GP)。

冷冻集装箱(Reefer Container),简写 RF,是一种附有冷冻机设备,并在内壁敷设热传导率较低的材料,用以装载冷冻、保温、保鲜货物的集装箱。

开顶集装箱(Open Top Container),简写 OT,用于装载玻璃板,钢制品,机械等重货,可以使用起重机从顶部装卸,顶部可开启或无固定顶面的集装箱。

框架集装箱(Flat Rack Container),简写 FR,适用于长、大、超重、轻泡货物,在装运大件货物时,可同时使用几个框架集装箱。

罐式集装箱(Tank Container),简写 TK,罐装集装箱是由箱底面和罐体及四周框架构成的集装箱,适用于液体货物。

挂衣集装箱(Dress Hanger Container),简写 DH,是专门运输成衣的集装箱,在箱内上侧梁上装有许多根横杆,每根横杆上垂下若干条皮带扣、尼龙带扣或绳索,成衣利用衣架上的钩,直接挂在带扣或绳索上。

通风集装箱(Ventilated Container),一般在其侧壁或端壁或是箱门上设有4~6个供通风用的窗口,适用于装运不需要冷藏但须通风、防止汗湿的杂货,如原皮、水果、蔬菜等。

牲畜集装箱(Pen Container)是一种专门设计用来装运活牲畜的集装箱,有通风设施,带有喂料和除粪装置。

三、国际标准集装箱的标记

国际标准化组织规定,标准集装箱的标记有"必备标记"和"自选标记"两类,每一类标记中又分为"识别标记"和"作业标记"两种。除此之外,还有"通行标记"。每类标记都必须按规定大小,标识在集装箱规定的位置上。

(一)必备标记

1. 识别标记

(1) 箱主代号(Owner Code),即集装箱所有人代号,它用三个大写拉丁字母表示。为防止箱主代号出现重复,所有箱主在使用代号之前应向国际集装箱局(BIC-Bureau International des Conteneurs)登记注册。国际集装箱局每隔半年公布一次在册的箱主代号一览表。

(2) 设备识别代号(Equipment Category Identifier),分别为"U""J""Z"三个字母。"U"表示集装箱,"J"表示集装所配置的挂装设备,"Z"表示集装箱专用车和底盘车。箱主代号和设备识别代号一般为四个字母连续排列,如 MSKU,其箱主代号为 MSK,设备识别代号为 U。

（3）顺序号(Serial Number)，由6位阿拉伯数字组成。若有效数字不是6位时，则在有效数字前用“0”补足6位。如有效数为1234，则集装箱箱号应为“001234”。

（4）核对数字（Check Digit），由一位阿拉伯数字表示，列于6位箱号之后，置于方框之中，由前4位字母和6位数字经过校验规则运算得到。设置核对数字的目的是防止箱号在记录时发生差错。运营中的集装箱频繁地在各种运输方式之间转换，如从火车到卡车再到船舶等，不断地从这个国家到那个国家，进出车站、码头、堆场、集装箱货运站。每进行一次转换和交接，就要记录一次箱号。在多次记录中，如果偶然发生差错，记错一个字符，就会使该集装箱从此“不知下落”。为防止出现此类“丢失”集装箱及所装货物的事故，在箱号记录中设置了一个“自检系统”，即设置一位“核对数字”。

根据校验规则箱号的每个字母和数字都有一个运算的对应值。箱号的前10位字母和数字的对应值从0到Z对应数值为0到38，11、22、33不能对11取模数，所以要除去。

第N位的箱号对应值再分别乘以2的$N-1$次方（$N=1,2,3\cdots\cdots10$）。例如：箱号为CBHU3202732的集装箱它的第1位代码为C，它的代码值=代码的对应值×2的0次方=13×1=13。类推第2位代码为B，它的代码值=代码的对应值×2的1次方=12×2=24。以此类推得到箱号前10位代码的代码值。将前10位的代码值乘积累加后对11取模，箱号为CBHU3202732的集装箱前10位箱号的代码累加值等于4061，取11的模后为2，就是这个箱号第11位的识别码的数值。

2. 作业标记

（1）额定重量和自定重量标记。额定重量即集装箱总重，自重即集装箱空箱质量（或空箱重量），原ISO688规定应以公斤（kg）和磅（lb）同时表示。

（2）空陆水联运集装箱标记。由于该集装箱的强度仅能堆码两层。因而国际标准化组织对该集装箱规定了特殊的标志，该标记为黑色，位于侧壁和端壁的左上角，并规定标记的最小尺寸为：高127 mm，长355 mm，字母标记的字体高度至少为76 mm。

（3）登箱顶触电警告标记。该标记为黄色底黑色三角形，一般设在罐式集装箱和位于登顶箱顶的扶梯处，以警告登顶者有触电危险。

（二）自选标记

1. 识别标记

1984年的国际标准中，识别标记有国家代码，由2到3个拉丁字母组成。1995年的新国际标准中，取消了国家代码。识别标志主要由“尺寸代号”与“类型代号”组成。

（1）尺寸代号以二个字符表示。第一个字符表示箱长，其中：10英尺箱长代号为“1”；20英尺箱长代号为“2”；30英尺箱长代号为“3”；40英尺箱长代号为“4”。特殊箱长的集装箱用英文字母A～P表示。第二个字符表示箱宽与箱高，其中8英尺高代号为“0”；8英尺6英寸高代号为“2”；9英尺高代号为“4”；9英尺6英寸高代号为“5”；高于9英尺6英寸代号为“6”；半高箱（箱高4英尺3英寸）代号为“8”；低于4英尺代号为“9”。另外，用英文字母反映箱宽不是8英尺的特殊宽度集装箱。

（2）类型代号可反映集装箱的用途和特征。类型代号用2个字符表示。其中第一个字符为拉丁字母，表示集装箱的类型。如：G（General）表示通用集装箱；V（Ventilated）表示通风集装箱；B（Bulk）表示散货集装箱；R（Reefer）表示保温集装箱中的冷藏集装箱；H（Heated）表示集装箱中的隔热集装箱；U（Up）表示开顶集装箱；P（Platform）表示平台集装箱；T（Tank）表示罐式集装箱；A（Air）表示空陆水联运集装箱；S（Sample）表示以货物命名的集装箱。第二个字符为阿拉伯数字，表示某类集装箱的特征。如通用集装箱，一端或两端开门，类型代码为“G0”。

2. 作业标记

（1）超高标记，该标记为在黄色底上标出黑色数字和边框，贴在集装箱每侧的左下角，距箱底约0.6 m处，同时须贴在集装箱主要标记的下方。凡高度超过2.6 m的集装箱都应贴上此标记。

（2）国际铁路联盟标记。凡符合《国际铁路联盟条例》规定的集装箱，可以获得此标记。该标志是在欧洲铁路上运输集装箱的必要通行标志。

（三）通行标记

集装箱在运输过程中能顺利地通过或进入他国国境，箱上必须贴有按规定要求的各种通行标志，否则，必须办理烦琐证明手续，延长集装箱的周转时间。

集装箱上主要的通行标记有安全合格牌照、集装箱批准牌照、防虫处理板、检验合格徽及国际铁路联盟标记等。

四、集装箱构件

通用的干货集装箱是一个六面长方体，它是由一个框架结构，两个侧壁，一个端面，一个箱顶，一个箱底和一对箱门组成的。

参考国际集装箱出租商协会（Institute of International Container Lessors，IICL）验箱的主要构件（Container Components），名称如下：

角柱（Corner Post）；前/后上端梁（Front/Rear Header）；前/后下端梁（Front/Door Sill）；顶板梁（Roof Bows）；顶板（Roof Panel）；叉孔（Forklift Pockets）；侧壁板（Side Panel）；角件（Corner Fliting）；左/右门板（Left-hand/Right-hand Door）；底板（Floor）；底梁（Cross Member）；门锁链（Door Hinge）；门把手（Door Handle）；门锁杆（Locking Bar）。各构件如图4.1~4.4所示：

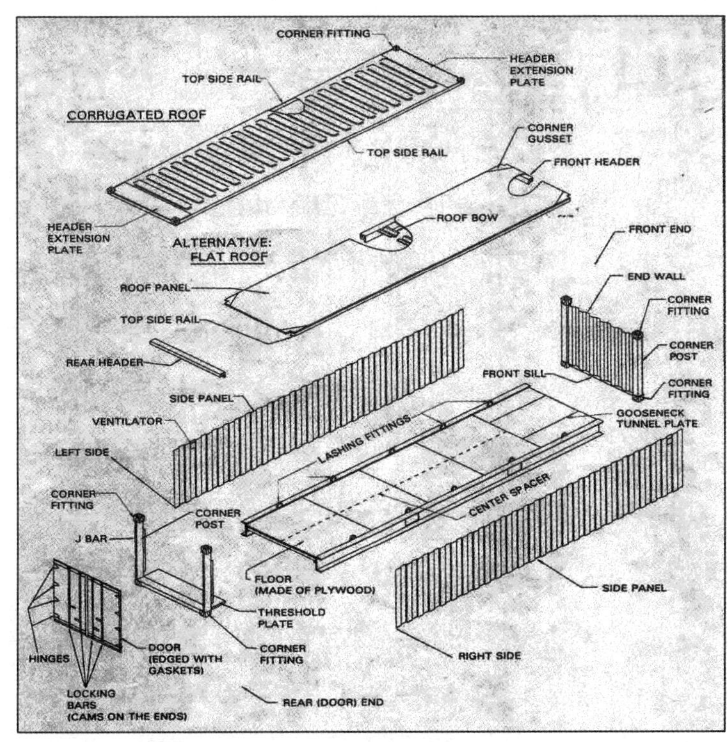

图 4.1　40 英尺集装箱部件总览

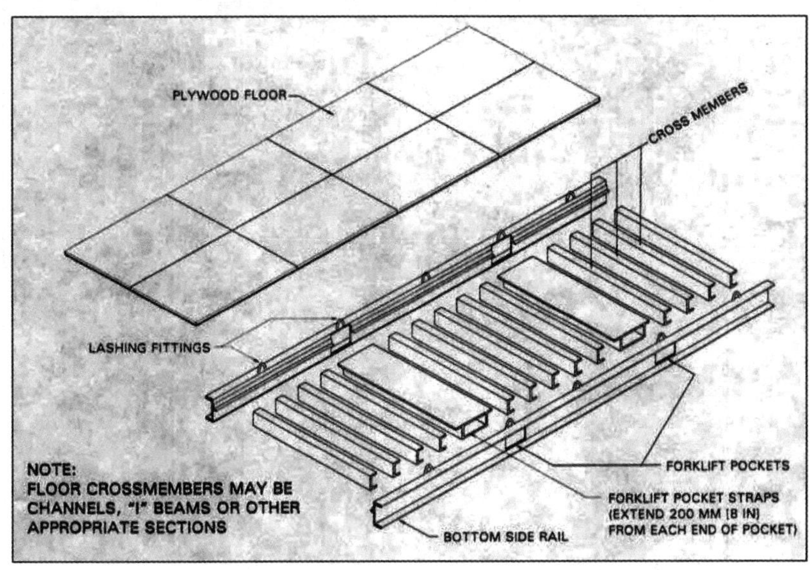

图 4.2　20 英尺集装箱箱体及底板基本分析

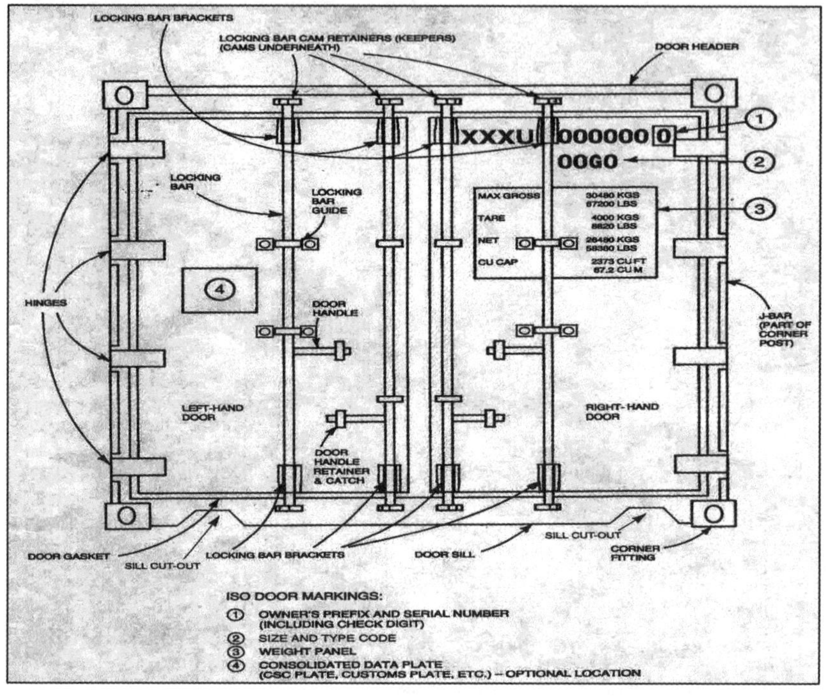

图 4.3　集装箱前后部件明细

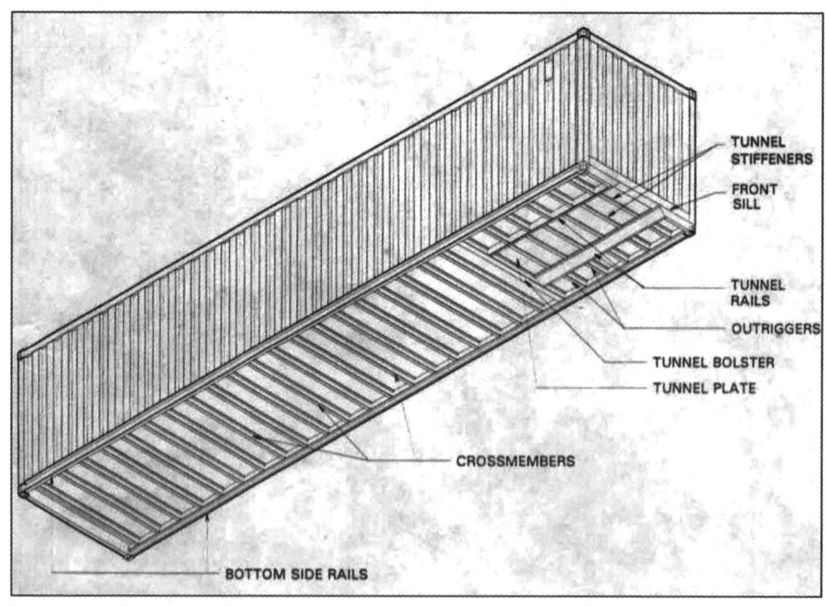

图 4.4　40 英寸集装箱地板结构

第三节　集装箱船舶运输简介

集装箱运输以其高效优质低成本的特点，成为当今最重要的一种货物装载形式，适合海洋运输、铁路运输和航空运输等各种运输方式。在集装箱运输的基础上，发展了把多种运输方式有机地结合起来的国际连贯运输，即国际多式联运。

集装箱船舶是实现集装箱海洋运输的唯一运输工具，它的发展经历了萌芽期、开创期、成长扩展期和现代成熟期。

本节对集装箱船舶的发展经历不作一一介绍，仅以标志性事件为引，简要介绍集装箱船舶的种类、集装箱码头和集装箱船舶的积载等相关知识。

一、集装箱船舶

1956 年 4 月，美国泛大西洋船公司使用一艘经改装的 T－2 型油船马科斯顿号，在甲板上装载了 58 个大型集装箱，试运行纽约至休斯敦航线。3 个月的试运行取得了巨大的经济效果，显示了集装箱运输的巨大优越性。

1957 年 10 月，该公司又将 6 艘 C－2 型件杂货船改装成了带有箱格的全集装箱船。该船设有集装箱装卸桥，载重量 90 000 t，装载 35 尺集装箱 226 只，箱总重 25 t，航行于纽约到休斯敦。这标志着海上集装箱运输方式正式开始。从此，集装箱船舶得到迅速发展，到 20 世纪 70 年代已成熟定型。

集装箱船舶没有内部甲板，机舱多设在船尾，所以为尾机型或者中尾机型的船舶。船体其实就是一座庞大的仓库，再用垂直导轨分为小舱。当集装箱下舱时，这些集装箱装置起着定位作用，船在海上遇到恶劣天气时，它们又可以牢牢地固定住集装箱。因为集装箱由金属制成且是密封的，里面的货物不会受雨水或海水的侵蚀。

集装箱船可分为部分集装箱船、全集装箱船和可变换集装箱船：

部分集装箱船——仅以船的中央部位作为集装箱的专用舱位，其他舱位仍装普通杂货。

全集装箱船——指专门用以装运集装箱的船舶。它与一般杂货船不同，其货舱内有格栅式货架，装有垂直导轨，便于集装箱沿导轨放下，四角有格栅制约，可防倾倒。集装箱船的舱内及甲板上堆放多层集装箱。

可变换集装箱船——其货舱内装载集装箱的结构为可拆装式的。因此，它既可装运集装箱，必要时也可装运普通杂货。

集装箱船航速较快，大多数船舶本身没有起吊设备，需要依靠码头上的起吊设备进行装卸，这种集装箱船也称为吊上吊下船。

二、集装箱码头

随着海上集装箱运输的发展,世界各国普遍建设集装箱专用码头。

集装箱码头是指包括港池、锚地、进港航道、泊位等水域以及货运站、堆场、码头前沿、办公生活区域等陆域范围的能够容纳完整的集装箱装卸操作过程的具有明确界限的场所。集装箱码头是水陆联运的枢纽站,是集装箱货物在转换运输方式时的缓冲地,也是货物的交接点,因此,集装箱码头在整个集装箱运输过程中占有重要地位。

集装箱码头的基本构成:

(1) 泊位,指在码头港内,供船舶停靠的岸壁线与对应水域构成的区域,码头的长度和水深是确定其所能靠泊集装箱船、大小的基本条件。

(2) 码头前沿,是装卸桥进行集装箱装卸作业的场所。

(3) 集装箱堆场,是集装箱等待装船或卸船后疏运的场所,包括前方堆场和后方堆场。

(4) 装卸机械、搬运机械和堆码机械,包括装卸桥、牵引车、跨运车、叉车、龙门起重机、正面吊。

(5) 仓库(CFS),是装、拆集装箱的场所。

(6) 道口(闸口、集装箱检验桥),是集装箱陆路进出码头的通道,区分码头内外的一个责任分界点。

(7) 办公大楼,是码头生产指挥、管理中心。

三、集装箱船舶积载

集装箱船舶的快速发展给海路联运的发展带来了巨变。而在集装箱船舶的安全平稳运输中与积载的分配是息息相关的,积载的合理分配是集装箱船舶在海面上平稳而又安全运行的先决条件,影响一艘集装箱船舶在海面上遇到风浪能否安全地度过危险。集装箱船舶在不同港口的装卸作业是否能快速地进行都需要积载的合理分配和统一管理等。集装箱船舶积载既要满足船舶稳性、船体强度等方面的要求,又要满足码头生产组织方面的要求。积载要注意以下几项事项:

(1) 稳性要求。由于集装箱船结构的特殊性,集装箱有可能在甲板上堆几层高,随之船舶稳性要求升高,初稳心高度大小对船舶的安全航行有着密切的关系。同时,初稳心高度的大小应满足海协提出的要求,通常来说,初稳心高度视航线长短、港口要求,保持在 0.6~1.2 m 为佳。

(2) 倾斜平衡水柜是集装箱船在设计建造时为消除单边可同时装卸,或装卸重大件时所造成的不平衡,或者扭力矩超过限度,而装置倾斜水柜,以达到平衡或消除扭力矩。但在实际工作中,如加强与港方之间的联系,事先作出安排,

通常可避免上述情况的发生。

(3) 危险品在配载危险品箱时,应满足安全运输及排除货物互抵、变质反映的要求。

当贸易双方货物发生物权转移,交接手续委托理货机构办理时,理货业务就随即产生。在贸易的运输价格条款中,明确了贸易双方对货物交付的责任划分,其中很大部分都是以船舷为界作为交付责任划分。因此,从某种意义上说,理货工作是把守进口货物的第一道关、出口货物的最后一道关。

随着现代航运业的飞速发展,集装箱运输的优越性亦越发体现。因此,集装箱船舶理货业务在整个理货行业中占有举足轻重的地位。由于集装箱船舶理货服务的前期信息采集工作全都在现场进行(码头、船上),而码头快装、快卸以及纷繁复杂的现场环境,对理货工作提出了不小的挑战。因此,只有科学的管理手段、严密的理货业务流程,才能使理货质量得到保障,才能使理货服务工作满足甚至超越客户和市场的需求。

2019 年,上海外轮理货有限公司业务部接到××船公司法务部门的电话,希望外理公司协助处理一起海事法院诉讼案件。案件起因是: 该船公司承运的 X 集装箱由东非肯尼亚蒙巴萨港起运经中国上海港振东码头转运至中国江西九江,集装箱运至九江,收货人提货发现箱内货物缺失,集装箱底部有损,收货人一纸诉状至海事法院,认为箱损、货物缺失应由承运人负责,并应承担相关经济损失。由于上海外轮理货有限公司参与了该箱的整个装卸过程,作为第三方应协助船公司出具相关理货单证,海事法院以此作为该箱是否存在箱损的依据。

第五章 集装箱船舶理货业务

本章节,将带大家走入集装箱船舶理货业务的世界,了解掌握相关业务知识。

第一节 集装箱船舶理货依据

一、进出口船舶理箱依据

(一) 进口——以进口舱单为准

集装箱进口卸船以进口舱单(Import Cargo Manifest)为依据,进口舱单又称进口载货清单。进口舱单是一份按港口逐票列明全船实际装载集装箱及货物的明细清单。

进口舱单逐票列明货物的提单号、标志、件数、包装、货名、重量和体积,以及装货港、中转港、卸货港和目的港;同时详细记载了所载运集装箱的箱号、铅封号、类型、数量、箱内货物情况,以及交付方式。

在上海港,进口舱单以电子报文形式进行传输。船舶靠泊前,船舶代理和船公司发送的电子舱单、船图报文,经公司计算机系统处理后,生成核对清单、分港清单、分持箱人清单、进口积载图,提供现场理货使用。

(二) 出口——以出口预配图为依据

出口预配图(Export Stowage Plan)是出口装载集装箱的原始凭证,是由集装箱码头根据船公司或其代理人装载指令,以及已进码头堆场集装箱的装箱单,与海关已放行的电子放关信息核对后,制作集装箱预配图。

(三) 集装箱货物清单——以电子装箱单为依据

电子装箱单是各预录站将集装箱货物信息经港口 EDI 中心转换后发送至各相关单位的信息。

二、出口集装箱货物信息更改依据

（一）信息更改

集装箱货物信息更改依据：货代工作联系单、海关出口货物报关单、海关查验入库单、装箱单。

集装箱信息更改依据：货代工作联系单、装箱单、危险品堆场查验清单、港区海关查验清单及理货现场制作“集装箱溢短/残损单”。

货代工作联系单：说明信息更改的事由和项目。

海关出口货物报关单及海关查验扣货单：用来核对货代更改相关信息的正确性和有效性。

装箱单：集装箱运输特有的单证，记载集装箱箱内货物情况。每一个重箱都必须制作一份集装箱装箱单，根据所装入集装箱内货物而编制。

危险品堆场查验清单、海关查验清单：用来更改集装箱海关查验后的货物及铅封号信息。

出口集装箱发生铅封断失、灭失，经重新施封后，须更改集装箱铅封信息。

（二）集装箱改配

出口集装箱订舱时，托运人或其代理人与承运人或其代理人约定将该批货物（集装箱）配载在双方约定的航次上，确立了订舱协议，但由于在该船舶开航前该货物（集装箱）未能完成通关手续或其他方面原因，未能按约定正常出运，就产生了货物（集装箱）改配的现象。

货物（集装箱）的改配需重新定舱、报关，其信息发生变化，故须到理货进行办理改配手续。

集装箱改配依据：货代工作联系单、装箱单。

联系单上列明前艘次船名、航次及改配的船名、航次，以及提单及箱内货物变化情况。

重新制作的正确装箱单。

（三）集装箱漏装

由于船公司原因造成未在已放关船名航次出运的集装箱，须再次安排其他船名航次出运。托运人或其代理人无须重新订舱和报关。

漏装集装箱须由船公司或其代理人出具工作联系单和漏装清单。

第二节　集装箱箱体检验

集装箱装卸船作业过程中，理货人员检验集装箱箱体外表和铅封状况，检验结果对确认集装箱箱体残损和箱内货物损失的责任划分具有重要意义。

一、集装箱理箱验残工艺

（一）进口集装箱

（1）卸船前，理货长应与船方商定对发现原残集装箱的处理、残损记录的编制和签认等工作的要求，将有关内容记录在“理货长交接班记录”上并予以布置执行。

（2）卸船时，理货与码头双方应在船边交接，做好验残工作，发现箱体损坏、铅封断失，要及时通知理货长联系船方验看、确认，编制集装箱残损记录，取得船方签认。对铅封断失的重箱应及时由责任方重新施加铅封。若发生工残，应当即通知港方确认，编制工残记录并取得签认。

（二）出口集装箱

（1）装船前，理货长应与船方商定对发现残损集装箱的处理、残损记录的编制和签认等工作的要求，将有关内容记录在“理货长交接班记录”上并予以布置。

（2）装船时，理货与码头双方人员进行交接，理货员在船舶甲板检验集装箱箱体和铅封状况，发现箱体残损、铅封断失应及时通知码头有关人员验看，编制集装箱残损记录并取得签认。

（3）若发现集装箱箱体严重残损或铅封失落，应及时告知船方，船方同意后方可装船。

二、集装箱箱体残损标准

集装箱作为在国际贸易运输中的“运输设备”具有特殊的含义，理货作为承运双方交接中具有公正性质的第三方，在集装箱的交接中应该分清残损性质（工、原残），记录集装箱在交接过程中的真实情况。

（一）集装箱箱体残损标准

（1）检查集装箱外表，查看外部是否有残损、变形、破口等异状，如发现有弯曲、凹痕、擦伤等痕迹时（凹损不超过内端面 3 cm，凸损不超过角配件外端面），应在其附近加以特别仔细地检查。

（2）检查箱门的关闭状态，箱门周围是否水密、门锁装置是否完好。

（3）检查开顶箱专用布篷是否破损，安装用的索具和板架的支柱状态是否完好。

（4）检查平板箱、框架箱内积载的裸装或箱装货物是否有明显的残损，如发现，应记录货物残损状况，并联系有关方进行确认。

（5）装载危险品货物的集装箱是否按规定贴有相应的危险品标志，贴有危险品标志的集装箱装载普通货物时，危险品标志是否被清除。

（6）检查冷冻箱的冷藏压缩机、控制箱表面是否完好，有无 PTI 标贴。

（7）在检查箱体残损的同时，应注意观察铅封状况是否完好，是否断失。

（二）有关集装箱残损的定义

铅封破损：是指在有关运输资料上载明的，能够表明集装箱箱门是否开启的装置，已经失去原有的效能。

脱落、失落：是指铅封已经不在应该施加的位置或已经遗失；铅封外观由于外力的因素造成外观损坏。

刮伤：集装箱箱体受外力的因素造成箱体损坏。

破洞：集装箱箱体因外力因素或锈蚀造成箱体的破损。

箱体变形：集装箱因外力的因素框架发生变化，一般指用集装箱吊具无法正常起吊。

焊缝爆裂：因外力因素造成集装箱电焊接口开裂或脱焊。

箱体污染：集装箱箱体被箱内货物或其他物质污染。

箱体凹损：集装箱箱体一处或多处凹陷在超内端面 3 cm 以上。

箱体凸损：集装箱箱体一处或多处凸出角件外端面 3 cm 以上。

（三）验残处理方法和要求

（1）理货人员在理货过程中对集装箱六个面进行全面的检查，发现箱体残损、箱封断失等情况应及时通知理货长，联系相关方验看确认并做好图像采集，图像采集时应注意记录集装箱的残损部位、程度等状况及该集装箱的箱号，“集装箱残损”的描述必须与实际相符。

（2）理货长要及时做好“集装箱残损记录”的签认工作，工残则做好“工残记录”，并及时取得责任方的签认。

（3）编制“集装箱残损记录”时，要在箱体图上标示出残损部位、残损类型。同时，要在“残损情况”栏内填写残损发生在哪个面的具体部位、程度及尺寸（精确至厘米）等。

三、集装箱残损的主要类型

集装箱残损记录由理货员负责编制，原残使用“集装箱残损记录”，工残使用“工残记录”。

残损的主要类型：铅封破损(Seal Broken)、铅封脱落、失落(Seal Missing)、铅封无法辨认(Seal can not Discern)、箱体刮伤(Scraped)、箱体有破洞(With a hole)、箱体变形(Deformed)、焊缝爆裂(Welding Line or Joint Brushed)、箱体污染(Container Polluted by ……)、箱体凹损(Container Dented)、箱体凸损(Container Bulged)、集装箱部件损坏或灭失(Parts of Container Broken or Missing)、开顶集装箱油布、钢丝绳、支架损坏或灭失(Tarpaulin、Steel Wire、Bracket on Open Top Container Broken or Missing)、集装箱安全铭牌遗失(CSC Plate Missing)、冷藏、冷冻集装箱的温度没有达到进出口文件上记载的要求(Temperature is Higher or Lower than It Shows in the Documents of Import and Export)、危险品集装箱无危险品运输标志或标志不全(Dangerous Label Missing or Inperfect)。

第三节　集装箱船舶传统理箱程序

一、集装箱船舶理箱工作概述

外轮理货是对外贸易和国际海上货物运输中不可或缺的一部分,也是国际物流供应链中关键的一环。理货工艺的优劣直接影响理货服务的质量和效益。随着国际贸易的迅速发展,外贸运输从业者的多样化需求对不断提高理货工艺的科学化、信息化水平,切实发挥外轮理货的服务能效提出了更高的要求,优质高效的理货服务对维护相关从业者的经济利益、促进理货行业的可持续发展具有十分重要的意义。

集装箱船舶理货内容：理清集装箱箱号、检查铅封、分清集装箱外表残损、确认昼夜装卸的集装箱箱数和装船实际积载位置、提供经理货现场实时采集的集装箱信息、制作溢卸报文、短卸报文、残损报文、实装卸报文、出口船图报文出口及集装箱货物清单报文等理货产品。

二、进口船舶理箱作业程序

(一) 卸船前的准备工作

(1) 由业务组人员了解、掌握船舶靠泊计划、船舶性质、卸箱数量、箱外货、特种箱等情况,联系、接收船代理提供的电子进口舱单、电子船图,做好验证、登记工作,在“理货长交接班记录”上布置工作。

(2) 理货长将电子船图报文、电子舱单报文(支线船电子清单)导入操作系统,以进口电子舱单报文(或电子卸驳清单)为进口卸箱理货依据,核对电子船

图上的有关内容，核对进口总箱数、分港数、分持箱人数、箱外货件数和整、拼箱数、中转箱数、出翻舱箱数等情况，发现相关资料不完整、明显错误情况时，联系船舶代理补发或更正重发。

(3) 理货长了解、掌握业务组人员在“理货长交接班记录”上布置有关作业要求、注意事项等。

(4) 理货长检查系统及设备运行状况。

(5) 理货长对理货员布置工作。

(二) 卸船过程中的理箱工作

(1) 船舶靠泊后，理货长向船方了解集装箱积载、航运途中情况和危险品、过境货、出翻舱的积载位置等情况，商定验残及签证方法，征求船方对理货工作的特殊要求，将详细情况记录在“理货长交接班记录”上，在“理货员交接班簿”做好布置。

(2) 理货长核对并维护船舶 IMO 编号、船名航次、国籍、船代理、船公司、船舶规范、航线等基础信息。

(3) 理货员了解和掌握理货长在“理货员交接班记录”中布置的工作要求和有关注意事项，并予以落实。

(4) 理货员使用终端机(PDA)采集原始信息，作业开始前检查 PDA 系统运行状况。

(5) 理货员在作业过程中必须仔细核对 11 位箱号、认真检查集装箱箱体和铅封状况。

(6) 理货员在理箱工作中发现异常情况时，及时汇报理货长作出处理。

(7) 理货长检查理货员防护穿戴、操作行为、工艺执行和环境条件等情况，每工班不少于 3 次，指导理货员工作，并将检查情况填制在“理货员交接班簿”上。

(8) 理货长在系统平台进行实时监控，掌握船舶的实时信息、卸箱进度、理货员操作情况等，做好残损、溢卸、出翻舱及其他特殊情况的信息维护。

(9) 理货长协助理货员做好开顶箱、箱外货等特种箱理箱验残以及图像取证工作。

(10) 理货长与码头中控、船公司、船代理保持联系、协调，处理现场理货业务问题，发生重大、疑难问题及时汇报业务组人员处理。

(11) 发生 PDA 设备、网络信号、操作系统等故障时，应立即采取应急措施，保证理货信息采集和业务处理工作的连续进行，并及时汇报信息管理员处理。

(12) 工班结束，理货长与码头核对卸箱数量，填写船舶交接班情况记录。

(三) 卸箱结束后的理货工作

(1) 理货长复核全船信息数据，与码头收箱人或其代理人核准箱量，数字不一致时，应及时查明原因，进行二次复核，按实际结果办理交接手续。

（2）理货长根据理货员确认的实际卸箱数据与进口电子舱单（或电子卸驳清单）比对，按比对结果和“集装箱残损记录”汇总生成“集装箱溢短/残损单”；按实际卸箱数据生成“理货业务凭证”；经值班经理验证理货结关单证后，理货长与船方办理签证工作。

（3）理货长仔细复核相关数据，在系统平台中实施船舶“现场理货结束”操作。

（4）信息员核准并整合相关信息数据，制作溢卸、短卸、残损、实卸等报文，按规定时间节点发送相关客户。

（5）理货长整理、复核理货单证、资料等，上交业务组验收。

（6）业务组对结束船舶资料、单证等进行汇总、验收、整理、归档，做好数据统计，落实并分清费用承担人，正确录入费用承担人数据，与“理货业务凭证”一并上传至生产业务部。

（7）生产业务部负责费收结算、核对开账、指导协助处理重大业务问题等工作。

三、出口船舶理箱作业程序

（一）装船前的准备工作

（1）业务组人员了解、掌握船舶靠泊计划、船舶性质、装箱数量、箱外货、特种箱等情况，在“理货长交接班记录”上布置工作。

（2）理货长在接到任务后，收取预配图信息（支线船电子清单），做好验证、登记工作。

（3）理货长汇总出口总箱量、箱外货件数等数据，了解出翻舱、直装箱、过境箱、危险品等特殊集装箱装船计划和要求。

（4）理货长了解、掌握业务组人员在“理货长交接班记录”上布置有关作业要求、注意事项等。

（5）理货长检查系统及设备运行状况。

（6）理货长对理货员布置工作。

（二）装船过程中的理箱工作

（1）船舶靠泊后，理货长向船方了解集装箱积载要求、征求船方对理货工作的特殊要求及其他注意事项，并将详细情况记录在理货长交接班记录上，对理货员作补充布置。

（2）理货长核对并维护船舶IMO编号、船名航次、国籍、船代理、船公司、船舶规范、航线等基础信息。

(3) 理货员了解和掌握理货长在“理货员交接班记录”中布置的工作要求和有关注意事项,并予以落实。

(4) 理货员使用终端机(PDA)采集原始信息,作业开始前检查 PDA 系统运行状况。

(5) 理货员必须仔细核对 11 位箱号,认真检查集装箱箱体和铅封状况,记录实际装箱位置。

(6) 理货员在理箱工作中发现异常情况时,及时汇报理货长处理。

(7) 理货长检查理货员防护穿戴、操作行为、工艺执行和环境条件等情况,每工班不少于 3 次,指导理货员工作,并将检查情况填制在“理货员交接班簿”上。

(8) 理货长在系统平台进行实时监控,了解船舶的实时信息、装箱进度、理货员的操作情况等,做好残损、出翻舱及其他特殊情况的信息维护。

(9) 理货长协助理货员做好开顶箱、箱外货、危险品箱、冷藏箱等特种箱理箱验残以及图像取证工作。

(10) 发生 PDA 设备、网络信号、操作系统等故障时,应立即采取应急措施,保证理货信息采集和业务处理工作的连续进行,并及时汇报信息管理员处理。

(11) 理货长与码头中控、船公司、船代理保持联系、协调,处理现场理货业务问题,发生重大、疑难问题发生重大、疑难问题及时汇报业务组人员处理。

(12) 工班结束,理货长与码头中控室核对装箱数量,填写船舶交接班情况记录。

(三) 装船结束后的理箱工作

(1) 理货长复核全船数据,与码头收箱人或其代理人核对箱量,防止货物漏装、错装,数字不一致时,应及时查明原因,进行二次复核,按实际结果办理交接手续。

(2) 理货长根据理货员确认的实际装箱数据生成“船舶出口积载图”“理货业务凭证”,按“集装箱残损记录”汇总生成“集装箱溢短/残损单”,打印积载图、箱量统计表、持箱人清单、危险品清单、冷藏箱清单等报表。经值班经理验证结关理货单证后,理货长与船方办理签证工作。

(3) 理货长仔细复核相关数据,在系统平台中实施船舶“现场理货结束”操作。

(4) 信息员核准并整合相关信息数据,制作出口船图报文、实装报文、集装箱货物清单报文,按规定时间节点发送相关客户。

(5) 理货长整理、复核理货单证、资料等,上交业务组验收。

(6) 业务组对结束船舶资料、单证等进行汇总、验收、整理、归档,做好数据统计,落实并分清费用承担人,正确录入费用承担人数据,与“理货证明书”一并上传至生产业务部。

(7) 生产业务部负责费收结算、核对开账、指导协助处理重大业务问题等工作。

四、交接工作规范

为了便于理箱工作正常有序地开展,确保现场作业连续进行,明确交接双方的责任划分,交班人员应将本工班实际作业情况如实反映在"交接班记录"上,使接班人员清楚明了地续接理箱工作。

(一) 理货员交接班工作

1. 交接班要求

(1) 书面交接。交班理货员必须按要求认真填写交班簿,做到内容齐全、字迹清晰。交班者无交班簿,接班者不得接班。

(2) 现场交接。在作业岗位上当面交接,不得委托他人代交班。

(3) 交前由交方负责,接后由接方负责。

(4) 交班理货员须经交班理货长同意后,方可离船。

2. 交接班内容

(1) 交任务: 交作业线路的任务、重点货、特种箱等。

(2) 交情况: 本工班作业中发生待解决的情况;本条作业线装/卸箱的BAY;理货长布置的重点要求;设备运行情况等。

(3) 交资料: 交接班人员对于交接的资料应实行点交点接。

(4) 交残损: 交班者应向接班者介绍验残的方法、残损箱数字情况。

(5) 交数字: 交清作业 BAY 已装/卸箱数、剩余箱数、出翻舱箱数等情况。

(6) 交安全: 交作业环境、安全隐患及安全防范措施。

(二) 理货长交接班要求

1. 交班前准备

(1) 检查作业线路理货员上岗指标、了解全船装卸进展情况及 PDA 设备状况。

(2) 检查、复核已制作单证和账目,整理妥单证、资料,填写"理货单证资料交接记录表"。

(3) 梳理本工班发生情况及处理经过、结果;梳理上一班交班的业务问题处理落实情况及要求接班理货长引起注意的情况。

2. 交接班要求

(1) 现场交接,书面交接。在接班理货长未到达船上时,交班理货长不得离开工作岗位。

(2) 交前由交方负责,接后由接方负责。

（3）交班理货长应在交班理货员全部离船后方可离船。

3. 接班后情况落实

（1）检查核实各作业线路理货员岗位和交接方法。

（2）检查复核上一班数据、理货单证资料和信息维护情况。

4. 交接班内容

（1）交任务：交船舶装/卸作业路数、重点舱、重点货、特种箱等。

（2）交情况：作业船舶开工、计划结束时间；信息的接受、发送和处理情况；设备的运行情况；理货员交接班情况和交接方法；装卸进度和船图变动情况；船方、港方、货方对装/卸中的要求和注意事项；装/卸过程中发生的问题、处理方法及有待解决的问题。

（3）交资料：按“理货单证资料交接记录表”所列内容进行点交点接。

（4）交残损：验残的方法，残损记录签认情况，残损信息维护情况。

（5）交数字：全船计划装/卸总箱量、已装/卸箱数、装/卸剩余箱数、溢短情况、出翻舱箱数等情况。

（6）交安全：交作业环境、安全隐患及安全防范措施。

五、理货现场应急处置

当现场发生信号、设备等故障，短时间内无法排除时，应根据相应的应急预案采取纸面理货工艺，待恢复后维护进行理货系统，以确保理货生产不间断。

（1）在采取应急操作时，理货长应在规定时间内打印进出口船图，并分发至各作业路线理货员。

（2）理货员凭纸面船图核对、验看集装箱，进口卸箱在船图相应的箱号处标注卸箱顺序号，出口装箱在船图相应箱号处标注实装箱位。

（3）对采用纸面操作的集装箱，理货员应根据实际卸/装箱号编制集装箱理箱单。

（4）计算机运维人员应及时处置，尽快排除故障。

（5）当设备和网络系统恢复正常运行后，及时将经纸面核对、验看的集装箱信息，使用 PDA 录入理货操作系统。

第四节　集装箱船舶智能化理货

一、智能化理货概述

随着全球经济一体化进程的不断加快，港口作为综合运输网络的节点，在国际经济活动中已扮演着越来越重要的角色。同时，科学技术的日新月异，也使得打造信息技术密集型的"智慧港",成为了当前港口建设和物流发展的新趋势。

作为海运物流的重要一环,外轮理货行业也迎来了新机遇和新挑战。传统的集装箱理货方式已无法满足当下物流运输更加高效化、智能化、信息化的趋势要求。唯有不断加快信息化建设步伐,通过运用智能化理货等科技手段,采用科学、准确、实时的数字化理货来坚守公正的行业标准,才能不断为客户提供一流的理货服务,才能保证行业的健康可持续发展。

在此大背景下,上海外轮理货有限公司(以下简称上海外理)秉承"公正、准确、创新、卓越"的发展宗旨,积极推进集装箱智能化理货项目。2016 年 8 月 12 日,上港集团总裁会议通过了《建设上海港智能理货可行性研究报告》的审批,正式立项,由集团牵头、统筹,上海外轮理货有限公司、上海海勃物流软件有限公司分工合作,先行在上海沪东集装箱码头有限公司开展智能理货项目的试点工作,并于 8 月 30 日,正式启动了沪东码头的智能理货系统项目的安装改造工程。2017 年 2 月 28 日,第 1 部安装调试完毕桥机正式交付使用,标志着上海外理公司集装箱船舶理货正式进入智能化时代。2017 年 12 月 10 日,洋山四期全自动化码头的建成和投产标志着中国港口行业在运营模式、技术应用以及装备制造上实现了里程碑式的跨越升级与重大变革。尚东全自动化码头开港是 2017 年集团的重点项目,举世关注。上海外理公司根据码头建设和装卸服务要求,全力以赴,积极融入,为尚东全自动化码头 12 月 10 日正式开港和后续正常生产作出了应有的贡献。

2020 年 8 月,上海外理公司完成上海港所有传统集装箱码头智能理货项目建设,全面实行集装箱智能理货模式,集装箱船舶理货全面进入新的智能时代。通过 AI 识别系统对装卸集装箱的箱号、箱型、箱位等理货元素进行实时捕捉、识别,极大提升了理货数据的准确性和理货服务质量,人员作业效率得到空前释放,有力保障了码头快速装卸、快速通关需要。同时,依托部署在桥机上海量高清相机,装卸过程轨迹图像及箱图片成为客户区分装卸责任、海关增强监管力度的重要手段和依据,理货地位和存在价值得到进一步凸显。智能理货项目的建成,有效服务了公司高质量发展,公司也全面进入后智能理货时代。

(一)集装箱智能化理货定义

应用光学字符识别、AI 人工智能、信息化技术等手段,对码头岸边装卸作业的集装箱,实施实时抓拍,自动识别箱号、箱型等信息,计算实际装船积载位置、与船图数据比对等功能,实现集装箱理货工作的集成化、规范化、智能化升级,为降低理货劳动强度、提升理货质量、创新理货服务、提升理货服务能级创造条件。

(二)集装箱智能化理货系统简介

1. 集装箱自动化理货系统

自动化理货系统采用了智能理货操作确认系统(TOS)、光学字符识别系统

(OCR),上游对接桥吊远程操控系统(STS)、码头营运系统(TOPS),下游对接新理货信息系统(现场理货处理确认),并且与尚东自动化码头装卸作业共享一套OCR系统,使得理货服务在整个港区生产系统中发挥了重要的作用。该系统于2017年2月28日全面上线运行。

2. 集装箱智能理货系统

智能理货系统采用了智能理货作业系统(TOS),上游对接码头营运系统(TOPS),下游对接新理货信息系统(现场理货处理确认),与码头装卸作业系统分离,按需向码头推送实时理货数据。该系统于2017年12月10日全面上线运行。

3. 自动化理货和智能理货的主要区别

(1) 系统应用环境不同。自动化理货系统是为了配合洋山四期自动化码头的作业需求,而开发的一套理货系统,也可以说是定制版的智能理货系统。智能理货系统所有系统相对独立,通过对现有集装箱码头的设备改造,实现智能化理货作业模式。

(2) 硬件设备安装不同。自动化理货系统采用26个摄像头的硬件安装模式,且PLC模块、OCR模块、网络数据传输设备等都与码头共享。智能理货系统采用球形摄像机(简称球机)的硬件安装模式(每部桥机12台+),且PLC模块、OCR模块、人工智能(AI)模块、网络传输设备、基站等相对独立。

(3) 系统运行机制不同。自动化理货系统以OCR为主要操作系统。智能理货系统以TOS系统为操作系统。二者从页面布局、功能、识别机制都有所不同。

(4) 数据处理方式不同。自动化理货系统是按任务量进行箱记录的随机推送。智能理货系统是按所选桥吊推送箱记录。

(5) 作业模式不同。自动化理货采用分工审核模式,即"箱号""箱型""箱位""箱门方向"等要素与"残损""铅封""危险品标志"等要素的审核工作按分工、分任务、分岗位实施。

智能理货采用人工逐箱审核模式,即由一个岗位完成所有理货要素的审核,包括系统提示的人工审核、箱位初始、危险品标志验看以及所有箱的"残损""铅封"验看。

4. 传统理货与智能(自动)理货作业模式的差异

相较于传统理货作业模式,智能(自动)理货是将原本由人工在船边采集装卸集装箱数据的方式,交由前端摄像头、箱号识别系统进行处理,在数据采集的效率、质量、准确性和可追溯性上都大大提高。

图5.1为上海外理TWCS系统传统理货与智能化理货作业模式对比。

5. 智能(自动)化理货的优势

(1) 作业效率显著提升。由"一人对一条作业路"转变为"一人对多作业路

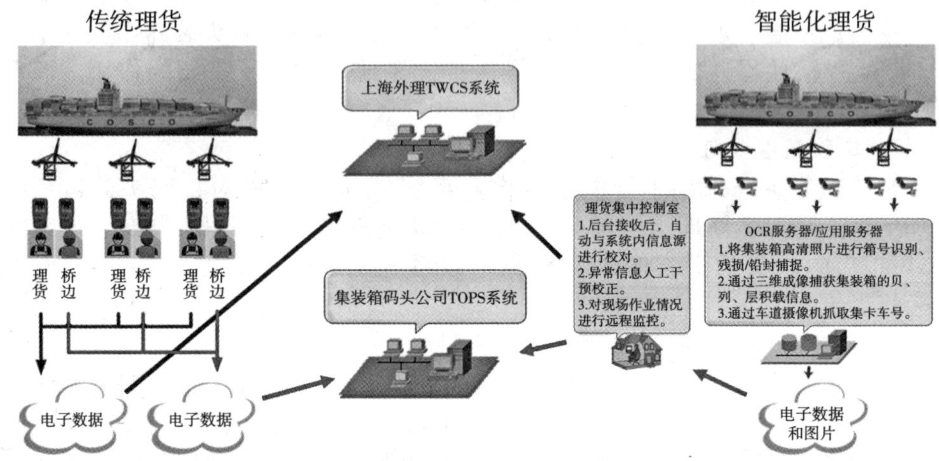

图 5.1　上海外理 TWCS 系统传统理货与智能化理货作业模式对比

(任务)”。一名理货人员可以非常轻松地同时监控码头多台桥吊装卸作业或多任务处理,实现一人多岗、一岗多能的岗位配置,让生产力得到充分释放。

(2) 理货质量有效提高。以往的传统理货,需要人工采集数据。现在,OCR 系统、AI 识别等实现了箱信息图片的自动采集、识别和校验。通过借助视频监控系统和智能(自动)化理货平台,真实地还原了码头现场作业过程,客户可以得到全程装卸监控视频服务和更加准确的实际装船积载图,为客户进出口货物贸易提供最可靠的保障,有效提高客户的服务体验,提升理货服务能级(图像保存 3 年、视频保存 3 个月的存储服务)。同时,智能(自动)化理货系统的使用,也可有效规避因人工作业造成的误操作和作业差错,从而更好地做好“货物进口管控第一关,货物出口最后一关”的职能要求,并极大地提升外轮理货公正性的属性。

(3) 生产安全更有保障。采用智能(自动)化理货后,从根本上解决理货行业劳动强度大、作业环境恶劣等问题。理货岗位从露天转移到室内,实现人机分离,有效解决人、机、物混合作业状况,能显著提高理货工作的安全性,有效保障港口的作业安全。

(4) 企业成本大幅降低。通过实现一人多路(任务)的工作模式,大幅精简了现有的岗位人员数量需求,从而有效降低企业用工成本。

(5) 企业竞争力有效提升。智能(自动)化理货操作系统与港区 TOPS 系统实现对接后,理货数据将在港口物流中得到更广泛的运用,将有助于提高外轮理货行业在整个产业链中的地位。同时,智能(自动)化理货系统的全面推进,也使公司的核心业务在技术上始终处于国内乃至世界的领先水平。

二、智能化理货操作流程规范

（一）理货准备

1. 计划申报

业务组人员掌握昼夜作业计划、船舶航线、货种等情况，实施船舶计划申报及 TOS 系统干线艘次绑定。

2. 资料核对

业务组人员实施对计划船舶进口舱单、进口船图等数据入库情况的检查，当进口舱单与积载图上记载的内容不一致时，应及时联系船公司、船代理解决。

3. 作业布置

（1）业务组人员掌握计划船舶作业任务，针对船舶危险品、特种箱、新靠船舶等重点船、重点货情况，结合公司、理货部工作要求，实施理货部昼夜安全生产布置。

（2）值班经理掌握了解作业情况、作业任务、安全生产重点，召开工班会，实施工班安全生产布置。

4. 作业派工

（1）值班经理根据昼夜生产计划，实施人员出勤及派工安排，确保满足现场生产和理货质量管控要求。

（2）后台理货长协助值班经理实施操控员作业安排，确保操控员及时就位，并及时（投屏）发布作业详细及作业要求。

5. 作业准备

1）值班经理

（1）巡视现场，检查督促理货人员按规定交接班，根据现场实际，实施人员安排和调配。

（2）检查现场办公室设施设备、纸面单证等使用情况，确保满足现场生产及随时应对应急操作所需。

2）前台理货长

（1）了解掌握安全生产作业布置，以及重点船、重点货、特殊工况等作业任务情况，落实应对措施。

（2）准备船舶开班资料，协助值班经理检查设备设施、纸面单证资料等使用、配备情况。

（3）检查平板电脑和对讲机等随身设备状况，确保正常使用。

3）后台理货长

（1）检查系统（TOS/OCR/外轮理货信息平台管理系统）、监控视频状况，及时排除可能影响智能（自动）化理货系统运行的故障。

(2) 在 TOS 系统中检查干线船舶计划绑定情况,实施异常情况处置,并记录。

(3) 检查进口舱单、进口船图、出口预配等数据的入库及信息检查情况,汇总进出口总箱量、分港数、箱外货件数、中转箱、特种箱、出翻舱等数据,发现数据异常,应及时汇报业务组处置。

(4) 核准船舶基础信息,依据船代、船公司提供的船舶规范,实施校核和维护。

(5) 实施工班道口验封残损箱、历史残损箱信息检查和维护,及时反馈、布置前台理货长和操控员。

(6) 主动联系船公司等客户、及时查看业务邮件,了解理货服务需求,根据业务规定,及时实施任务布置,特殊情况及时汇报处置。

(7) 实施船舶情况记录和作业重点布置。

4) 操控员

(1) 服从派工安排,掌握作业布置要求、交接班情况及安全质量注意事项。

(2) 登录 TOS 系统,检查绑定作业桥机、船舶靠泊方向选项等事项,检查无误后,准备或开始作业,发现异常问题,及时汇报。

(二) 理货实施

1. 船舶开班

1) 前台理货长

(1) 向船方了解集装箱的积载、航行途中情况,危险品、过境货的积载及出口配载要求等情况,及时记录并反馈后台理货长。

(2) 向船方介绍智能(自动)化理货工艺、电子签证模式,商定验残方法,征求船方对理货工作、理货单证及理货信息提出的要求,并汇总记录。同时,协调码头作业人员,加强与理货人员配合,共同做好验残工作。

(3) 确认船舶靠泊时间,核实船舶信息,包括中英文船名、船舶 IMO 号、国籍,及时了解船舶危险源情况,并记录、反馈后台理货长。

2) 后台理货长

在"外轮理货信息平台管理系统"中船舶抵港时间维护,检查和维护"船舶结构""船舶基础信息"(国籍、船代理、船舶 IMO 号和船公司等信息),落实与前台理货长船舶信息确认工作,确保完整、正确。

2. 理货过程

1) 业务组人员

(1) 每天不少于 1 次检查操控室及现场(1+1),指导和协助理货长开班、签证及业务问题处置工作。

(2) 对照昼夜生产布置要求,检查各岗位工艺执标、操作规范、安全执标情

况,落实提醒和纠偏工作要求,并填制操控室检查记录表、单船理货服务检查表。

2）值班经理

（1）每工班不少于 2 次检查操控室及现场(2+2),指导和协助理货长处置过程中发生的安全生产事宜,重大情况做好上报处置。

（2）加强与码头、船方、船公司的沟通协调,根据现场实际情况,及时调整工艺和人员,确保理货服务无缝衔接。

（3）落实重点船、重点货作业要求,对照昼夜生产布置,检查各岗位工艺执标、操作规范、安全执标情况,落实提醒和纠偏工作要求,并填制操控室检查记录表和单船理货服务检查表。

（4）协助理货长进行开班、箱位核实、残损箱等重点货验看、签证等工作。

（5）每工班 2 次定时向公司调度上报理货作业、人员安排等具体情况。

3）前台理货长

（1）协助操控员进行箱号、箱位、舱内翻舱、残损箱验看等情况的核实和确认工作,加强与船方联系沟通,协调处置船方诉求。

（2）发现箱体、铅封灭失等残损情况,应及时联系船方、港方验看、确认,并编制“集装箱残损记录”“工残记录”进行签认。卸船时,发现箱封断失应及时予以施加“外理封志”,并记录维护。装船时,发现箱体有较重残损和封志失落等情况,应及时告知船方,船方同意后方可装船。全船卸装结束,理货长应汇总“集装箱残损记录”,编制“集装箱溢/短残损单”,并在理货业务凭证上注明施加箱封枚数,与船方进行签认。若纸面编制“集装箱残损记录”“工残记录”“集装箱溢/短残损单”,则需一式三份。

（3）对分体吊、箱组等特种箱作业,后大梁、非指令箱及其他特殊工况作业过程的实施监控与处置,加强与后台理货长、操控员之间的信息互通,协助操控员实施箱信息维护。

（4）协助后台理货长,及时导入支线船舶预配及清单信息,确保操控室作业有序衔接。

（5）现场采取应急 PDA 作业时,应及时准备理货员交接班记录,布置船舶危险源、作业重点等情况,每工班检查不少于 3 次。

4）后台理货长

（1）实时监控作业过程,及时处置异常情况。对于溢短卸、残损、铅封、箱型、箱位、出舱翻舱、重空状态、港口、持箱人等箱信息异常情况,应及时予以联系反馈码头、船公司处置。

（2）掌握作业动态,实施支线船舶作业计划申报和 TOS 系统船舶绑定,实施支线船舶预配及清单信息导入,确保操控室作业有序进行。

（3）协助前台理货长进行签证前的箱信息维护、(电子)单证编制及船公司等外部联系,及时维护和处置出运表等外来信息数据。

(4) 完成 TOS 系统中的必检和抽检任务，及时审核操控员艘次结束作业记录情况(电子交班簿)，发现问题，及时处置。

(5) 协助值班经理实施对操控室人员的作业管控，执行“顶岗必须实施派工、顶岗派工必须结合人员和现场实际、顶岗时间不超过 1 小时”的顶岗作业原则，确保理货质量可控、理货服务无缝衔接。

5) 操控员

(1) 使用 TOS、视频系统实施理箱作业，并根据系统提示“泛红”的异常情况，实施人工干预。当照片、视频无法进行有效确认，应及时联系前台理货长协助核看。对于折叠箱、码头暂放箱、大件设备等特殊情况，要加强视频监控，及时记录处置情况，艘次结束要及时上报。

(2) 根据系统提供的集装箱 5 个面的照片，实施验封、验残。发现箱体残损、箱封断失、危险品危标失落、油布破损以及油布、钢丝绳缺失等情况，应及时通知前台理货长，联系船方、港方验看确认，并在系统中做好残损信息维护。

(3) 定时进行“完工审核”。应在阶段性停工时、一个贝位装卸完成时或 2 小时 1 次，实施“完工审核”操作，检查是否有漏箱、未推送或箱位重叠等情况，发现异常情况，应汇报后台理货长，并及时调取视频核对确认，并记录、截屏留档处置。

(4) 装箱过程中，舱内或甲板起始装载第 1 箱，应参照集装箱预配图或装船顺序清单，对该箱实施箱位定位，并运用“箱位初始化”功能，实施位置校正。定位困难时，应及时联系前台理货长协助核准箱位。同时，应通过船图监控程序实时刷新已装船船图，通过监控画面核对装载情况与实际是否一致。

(5) 对发生溢卸、短卸、错卸、错装、压港、非指令箱等情况，应及时汇报前、后台理货长处置解决。

(6) 对于实施人工干预操作，每部桥机单条记录处置必须在 10 分钟内完成，同时滞留未处理记录不得累计超过 6 条，发现异常情况，应及时汇报后台理货长处置。

3. 理货签证

理货签证应坚持实事求是原则。在办理签证手续中遇到疑难问题时，应及时汇报、处理。船方在理货单证上批注与实际情况相符的内容时，可同意船方批注。船方在理货单证上批注与实际不相符的内容时，应说服船方不加批注或商洽双方可接受的批注内容或加反批注。

1) 前台理货长

(1) 掌握船舶作业进度与开靠动态，落实签证前数据核准等准备，及时下载或打印单证，确保签证顺利进行，发现问题应及时汇报值班经理处置。

(2) 作业完毕，使用电子签证设备与船方、港方办理签证手续，交付签证结果。

(3) 签证结束，及时反馈后台理货长，汇总、记录艘次作业情况。

2）后台理货长

掌握船舶开靠动态、作业进度，及时汇总、核准理货结果数据，进行“集装箱残损记录”、“集装箱溢/短残损单”、“理货凭证”、出口船图等信息维护、传输和单证编制，确保单证数据正确无误，实施“现场理货结束”，为前台理货长顺利签证提供保障。

3）操控员

（1）船舶完工，及时检查箱信息的确认情况，删除无效记录。实施“完工审核”，协助理货长对艘次船舶信息进行校验，发现问题及时联系理货长处置。

（2）上报“完工”，汇总作业情况并记录。

4. 报文发送

1）后台理货长

（1）签证完毕，校验理货结果信息无误后，完成作业船舶理货报文的生成，在艘次船舶完工 2 小时内，完成向公司及相关委托方的发送。

（2）在信息发送之前，应及时检查以下内容：信息向导检查；改单、改封号；实装卸数字；信息接收人代码；经营人代码（修正 SOC、×××等非法经营人代码）；水水中转、国际中转、出运表、清关箱等信息。

（3）信息发送后，及时检查是否发送成功，确保及时、有效（进口海关理货报告实施“重箱确认 1 小时后系统自动发送、空箱按整票发送”机制，当发现重箱确认 4 小时还未收到回执，应及时上报公司运维处置）。

（4）进口干线船舶理货报文包括：实卸报文、溢卸报文、短卸报文、残损报文、海关理货报告。

（5）出口干线船舶理货报文包括：实装报文、船图报文及 00002. ASC 清单等。

（6）进出口支线船舶理货报文包括：实卸、实装报文。

（三）理货交接

执行《交接班控制实施细则》规定，交接应在作业岗位上进行，交接班人员必须双方签认（系统交接）。交接完毕后，接班人员应对交班人员的工作进行核查。

1. 值班经理

（1）掌握现场、操控室作业实际，落实人员、设施设备等检查，综合汇总现场及操控室作业情况，做好交接班准备。

（2）执行后方（配工室）交接制度，交接班人员须于工班会开始前 15 分钟完成交接班，交班人员须参加下一班工班会，传达、布置上级要求，介绍现场安全生产作业情况。

2. 理货长

1）前台理货长

（1）执行现场交接制度，未完成交接不得擅自离岗。

（2）汇总现场作业情况，根据“六交”原则，交清相关设备、当前船舶作业进度（完成的作业贝在船图封面上进行圈销）、残损、危险源、延伸业务等情况及其他工作事项。

2）后台理货长

（1）执行操控室或码头水手间交接制度，未完成交接不得擅自离岗。

（2）汇总船舶、操控室作业等情况，根据“六交”原则，交清重点船、重点货、船舶作业进度、残损处置、残驳、完工审核、操控室设备等情况及其他工作事项。

3. 操控员

（1）执行操控室交接制度，未完成交接不得擅自离岗。

（2）汇总作业情况，根据“六交”原则，交清重点路、重点货、作业进度、残损处置、完工审核、使用设备等情况及其他工作事项，以“电子交接班簿”形式实施交接。

（四）资料归结

1. 业务组人员

（1）审核艘次船舶电子签证单证情况，确保完整有效。

（2）审核艘次船舶理货结果数据，联系确认理货费分摊情况，实施收费录入。

（3）实施电子资料周转，确保电子单证资料、收费录入正确无误后，提交生产业务部船舶室。

2. 理货长

签证结束后，后台理货长应及时汇总艘次船舶理货单证、资料，进行整理、复核，分类实施归档、上传，完毕后交业务组验收。

三、异常情况处置

当智能化理货系统发生软硬件故障时，为保证理货服务质量，应及时排查故障原因，并联系运维处理解决，必要时可启动相应应急预案机制，采用 PDA 理货模式或纸面理货模式，并做好汇报工作。意外情况类型及应急措施具体操作流程如下：

（一）单路桥机或局部区域的 TOS 系统或摄像头等硬件故障无法排除

（1）当单路桥机或局部区域的 TOS 系统或摄像头发生故障时，应先由理货长进行补位，在现场进行 PDA 理箱操作。同时，值班经理应及时联系系统运维处理解决相关故障。

（2）当故障无法排除时，应改变智能理货工艺，值班经理及时从操控室抽调相应人数到现场进行 PDA 的理箱操作。

（3）人员分配由值班经理根据故障路情况进行统筹安排。必要时，视人员

情况，现场可进行1人带2路PDA作业；操控室可由1人2路或3路监控操作变为1人3路或4路作业。

（二）全码头智能化理货系统瘫痪，包括TOS系统瘫痪或硬件故障无法排除

（1）当智能化理货系统瘫痪，但港区网络正常，新理货信息系统可正常使用时，应先由理货长进行补位，在现场进行PDA理箱操作。同时，值班经理应及时联系系统运维处理解决相关故障。

（2）当故障无法排除时，应改变智能理货工艺，值班经理及时安排全体操控员到现场进行PDA理箱操作。

（3）启动部门劳动力应急预案，按PDA现场作业工艺要求补齐现场劳动力配置。

（4）人员分配由值班经理根据现场作业情况进行统筹安排。必要时视人员情况，现场可进行1人带2路PDA作业。

（5）报备公司调度，随时准备启动公司劳动力应急预案。

（三）港区网络故障或瘫痪无法排除

（1）当港区网络故障或瘫痪，TOS系统无法使用，但公司服务器正常时，应先由理货长进行补位，在现场使用PDA连接4G路由器，进行PDA理箱操作。同时，值班经理应及时联系港区运维处理解决相关故障。

（2）当故障无法排除时，应改变智能理货工艺，值班经理及时安排全体操控员到现场使用PDA连接4G路由器，进行PDA理箱操作。

（3）启动部门劳动力应急预案，值班经理按PDA现场作业工艺要求补齐现场劳动力配置。

（4）人员分配由值班经理根据现场作业情况进行统筹安排。必要时视人员情况，现场可进行1人带2路PDA作业。

（5）报备公司调度，随时准备启动公司劳动力应急预案。

（四）公司服务器及系统瘫痪无法排除

（1）当公司服务器故障或系统瘫痪，但港区网络正常，TOS控制台系统能够正常使用时，值班经理应先及时联系公司运维处理解决相关故障。

（2）当故障无法排除时，应继续采用操控室的操控人员通过监控视频及控制台发送的方式进行智能理货作业。同时，为了防止公司系统恢复后，箱信息未接收或遗漏等情况，操控室后台理货长应打印相应作业船图，操控人员采用在纸面船图圈销的方式进行双轨作业。

（3）船舶办理签证时，可手工导入港区预配信息，使用“出口应急程序”生

成出口船图,进行相应理货结关操作。

(五) 港区网络及公司服务器同时发生故障或瘫痪无法排除

(1) 当港区网络及公司服务器同时发生故障或瘫痪,TOS 系统、PDA、新理货信息系统均无法使用时,应先由前台理货长进行补位,在现场进行纸面手工理箱操作。同时,值班经理应及时联系港区、公司运维处理解决相关故障。

(2) 当故障无法排除时,应改变智能理货工艺,操控室理货长打印装卸船图清单,全体操控员到现场进行纸面手工理箱操作。

(3) 启动部门劳动力应急预案,值班经理按纸面理箱工艺要求补齐现场劳动力配置。

(4) 人员分配由值班经理根据现场作业情况进行统筹安排。必要时视人员情况,现场可进行 1 人带 2 路纸面理箱作业。

(5) 船舶办理签证时,可手工导入港区预配信息,使用“出口应急程序”生成出口船图,进行相应理货结关操作。

(6) 报备公司调度,随时准备启动公司劳动力应急预案。

四、验残方式及处置

OCR 系统采集集装箱箱体照片后(正常情况下,一箱除底部之外的 5 个面),会由系统自动识别或需要操控员人工根据箱体照片和视频,判别箱体的残损部位、类型及程度,并将残损照片保存到船舶文件夹内进行归档。具体规范如下:

(1) 在作业过程中,操控员应仔细验看 OCR 识别的集装箱箱体图像,检查箱体是否有残损、铅封是否有灭失等情况。

(2) 系统自动发送模式下,应有专人对系统自动识别发送的集装箱图片进行残损、铅封的复检工作。

(3) 发现残损后,操控员将根据箱号、残损部位、残损类型等要素在系统内确认,系统将根据确认结果自行归档。

(4) 如有异常情况,应及时汇报理货长或值班经理处理解决。

第五节　集装箱船舶理货产品交付与售后服务

集装箱船舶理货交付业务是指集装箱船舶理货服务工作汇总结果的交付,即将集装箱船舶理货服务过程的汇总处理结果,以理货单证、电子报文等形式,通过当面交付及 EDI 数据中心、E-mail、传真等传输方式交付委托方。集装箱船舶理货服务的委托方主要有:船方、船公司、船代理、货方(或货代)等。

一、理货产品交付内容

（一）理货单证

进口船舶:“集装箱溢短/残损单”“理货业务凭证”等理货单证。

出口船舶:“集装箱积载图”“集装箱溢短/残损单”“理货业务凭证”等理货单证。

（二）电子报文

进口船舶：实卸报文、溢卸报文、短卸报文、残损报文、进口理货报告。

出口船舶：出口船图报文、实装报文、集装箱货物清单报文。

二、理货产品交付工作

（1）前台理货长负责向船方交付有关理货单证,并取得船方签认。当在办理签证手续中遇到疑难问题时,应及时向值班经理、业务组、公司调度汇报处理,完成结关签证工作。

（2）后台理货长整合数据(进口：将电子舱单与现场理货数据整合;出口：将电子装箱单、水水中转信息、国际中转信息、更改数据与现场理货数据整合),制作报文,按规定时间节点,向委托方及海关发送相关电子报文。

（3）支线船舶作业结束,由后台理货长将装卸箱清单、出口预配与现场理货数据进行整合,按时间节点向相关船代理发送电子报文。

（4）理货部业务组、公司调度负责交付中重大、疑难业务问题的处理,保证船舶正常开航。

三、电子签证工作

为了满足和适应船方、港方不断提高的装卸效率,践行“零签证”的服务承诺,作为智能化理货系统的配套系统,电子签证项目应运而生。通过在便携设备 iPad 中植入现场安全布置、现场理货记录、箱位抽检、残损清单、电子签名、电子交付等六大业务模块,实现集安全、生产、质量、服务为一体的移动办公平台功能,为进一步提升工作效率和理货服务能级创造了条件。

同时,我们将现场理货处理系统的部分功能植入其中,为集装箱实时装卸信息和作业进度精准查询、签证交接理货数据的准备及理货产品实时交付的准确性提供支撑。

通过将原有的纸面单证电子化,实现了理货产品实时移动交付、无纸化电子签证交接等功能,大大缩短了理货长办理签证的时效,有效提高了作业效率。

随着上海外理“数字化”转型步入快车道,加之港口疫情防控措施的不断升级,为更好地贯彻落实《上港集团一线人员新冠肺炎疫情防控工作指南》,避免与船方直接接触的风险,自2021年8月1日起开始试运行船舶远程电子签证。

(一)线下电子签证

1. 操作流程

(1)理货长应在船舶装卸作业完工后,生成“集装箱积载图”“集装箱溢/短残损单”“理货业务凭证”等电子理货业务凭证,并将正确无误的电子理货单证通过iPad提交船方,与船方办理签证签认手续。

(2)与码头办理“集装箱交接单”签认。

(3)将电子签证单证进行上传。

电子签证操作流程界面见图5.2。

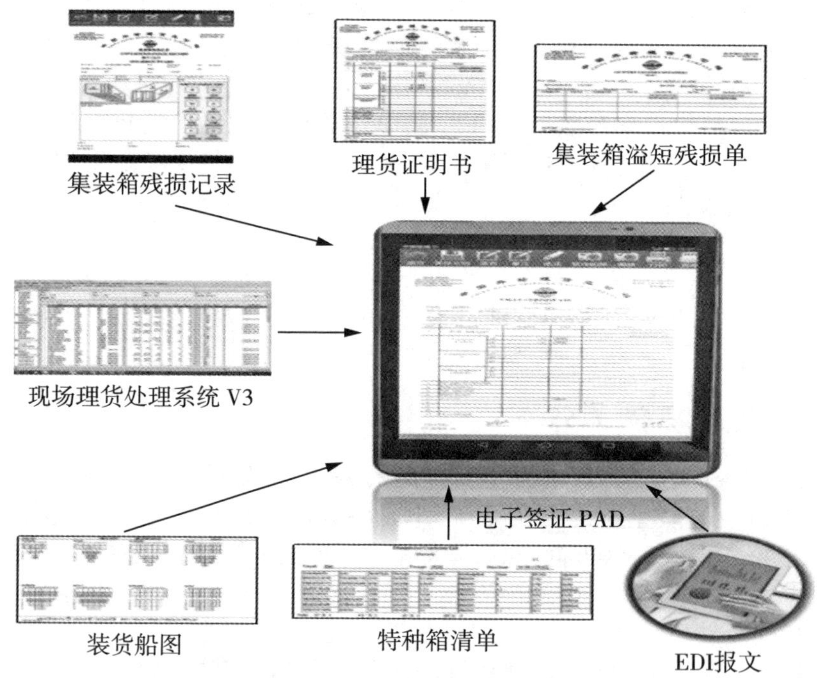

图5.2 电子签证操作流程界面

2. 工作要求

(1)在办理电子签证手续中如遇到疑难问题或设备故障时,应及时汇报值班经理,必要时及时采用纸面签证等应急处置方式。

(2) 签认的电子单证应进行验证,验证内容包括:电子单证内容及数字、船方签名、批注内容、交付者签名。

(3) 完成电子单证签认后,理货长应及时上传,如有异常情况,及时向值班经理汇报排查原因。

(二) 远程电子签证

1. 操作流程

船舶结束后,会通过电子邮件(见图 5.3)的方式,将理货证明书、溢短残损单等数据发送至船方邮箱。船方可采用点开邮件中链接,直接在浏览器中进行在线签证或邮件中的附件下载后进行签证并回传邮件两种方式进行签证。

收到邮件后,点击签证链接(见图 5.3)会显示签证界面(见图 5.4)。

2. 远程签证工作及归档要求

为进一步规范船舶远程邮件签证操作行为,保证签证文件的合规性及有效性,要求当船方采用邮件附件签认方式,即船方下载签证邮件附件,打印并进行纸面单证签认,扫描上传后,通过邮件回传给我司办理理货单证交接的,需对相关船方回传邮件、理货签证文件在新理货信息系统内进行留存归档。在线签名区域见图 5.5。

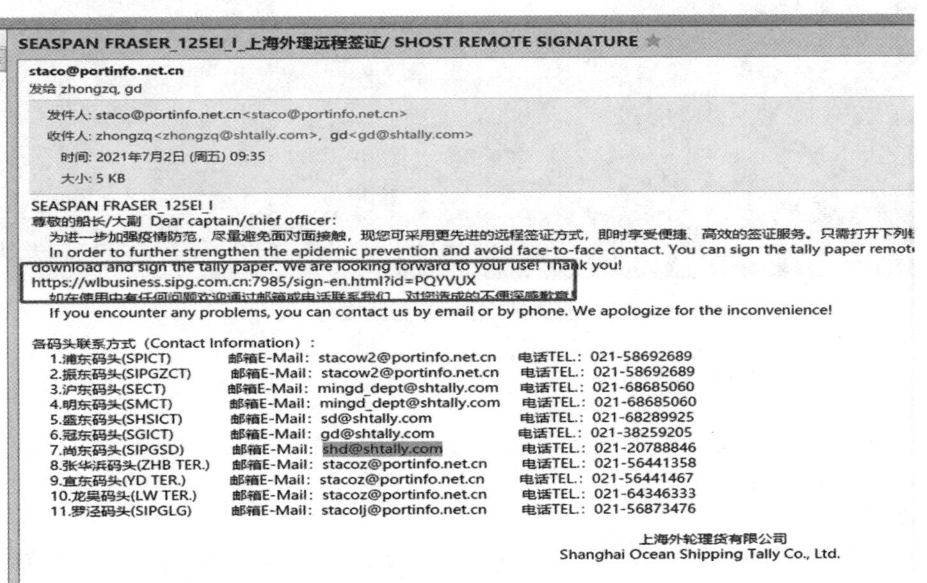

SEASPAN FRASER_125EI_I_上海外理远程签证/ SHOST REMOTE SIGNATURE

staco@portinfo.nct.cn
发给 zhongzq, gd

发件人: staco@portinfo.net.cn<staco@portinfo.net.cn>
收件人: zhongzq<zhongzq@shtally.com>, gd<gd@shtally.com>
时间: 2021年7月2日 (周五) 09:35
大小: 5 KB

SEASPAN FRASER_125EI_I
尊敬的船长/大副 Dear captain/chief officer:
为进一步加强疫情防范，尽量避免面对面接触，现您可采用更先进的远程签证方式，即时享受便捷、高效的签证服务。只需打开下列
In order to further strengthen the epidemic prevention and avoid face-to-face contact. You can sign the tally paper remot
download and sign the tally paper. We are looking forward to your use! Thank you!
https://wlbusiness.sipg.com.cn:7985/sign-en.html?id=PQYVUX
如在使用中有任何问题欢迎通过邮箱或电话联系我们，对您造成的不便深感歉意!
If you encounter any problems, you can contact us by email or by phone. We apologize for the inconvenience!

各码头联系方式 (Contact Information):

1.浦东码头(SPICT)	邮箱E-Mail: stacow2@portinfo.net.cn	电话TEL.: 021-58692689
2.振东码头(SIPGZCT)	邮箱E-Mail: stacow2@portinfo.net.cn	电话TEL.: 021-58692689
3.沪东码头(SECT)	邮箱E-Mail: mingd_dept@shtally.com	电话TEL.: 021-68685060
4.明东码头(SMCT)	邮箱E-Mail: mingd_dept@shtally.com	电话TEL.: 021-68685060
5.盛东码头(SHSICT)	邮箱E-Mail: sd@shtally.com	电话TEL.: 021-68289925
6.冠东码头(SGICT)	邮箱E-Mail: gd@shtally.com	电话TEL.: 021-38259205
7.尚东码头(SIPGSD)	邮箱E-Mail: shd@shtally.com	电话TEL.: 021-20788846
8.张华浜码头(ZHB TER.)	邮箱E-Mail: stacoz@portinfo.net.cn	电话TEL.: 021-56441358
9.宜东码头(YD TER.)	邮箱E-Mail: stacoz@portinfo.net.cn	电话TEL.: 021-56441467
10.龙吴码头(LW TER.)	邮箱E-Mail: stacoz@portinfo.net.cn	电话TEL.: 021-64346333
11.罗泾码头(SIPGLG)	邮箱E-Mail: stacolj@portinfo.net.cn	电话TEL.: 021-56873476

上海外轮理货有限公司
Shanghai Ocean Shipping Tally Co., Ltd.

图 5.3 远程电子签证电子邮件

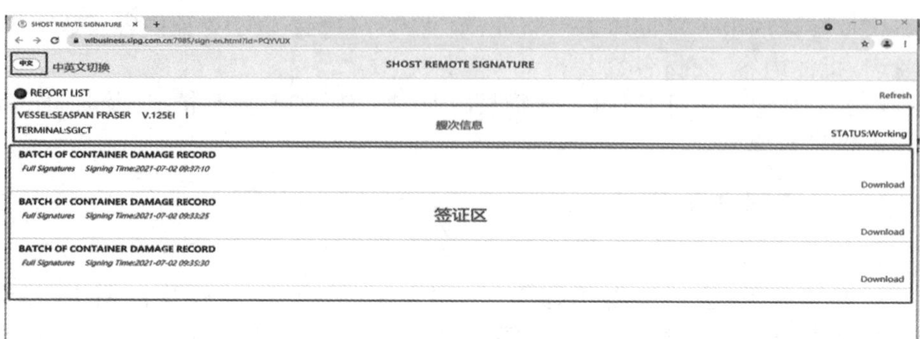

图 5.4　签证界面

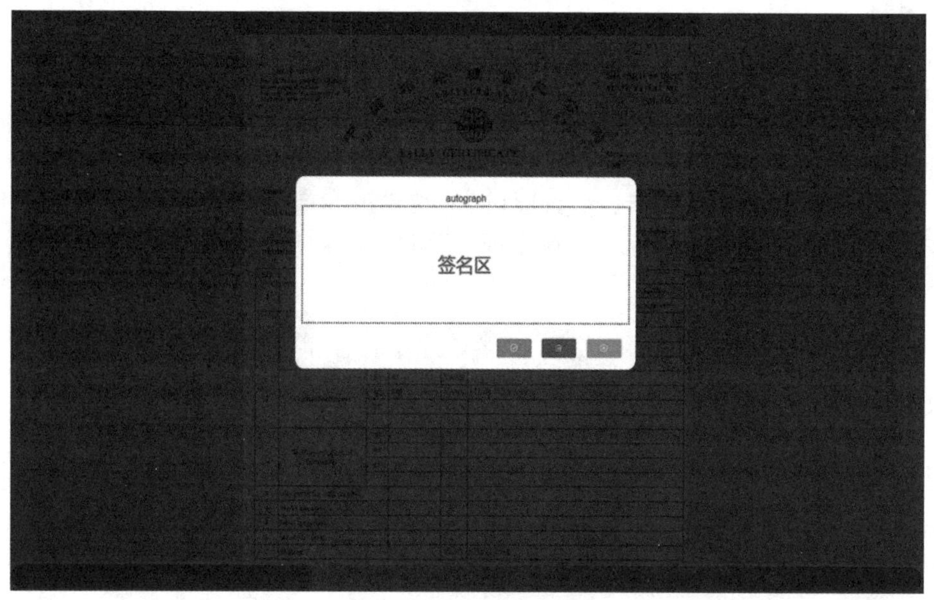

图 5.5　在线签名区域

四、售后服务

(1) 理货部业务组负责交付后质量跟踪，接受客户方查询、主动接待、走访、电访客户，及时处理好客户提出的问题、需求。必要时提交公司相关职能部门处置。

(2) 市场部负责公司理货服务跟踪，接受、处理客户咨询、投诉，根据客户需要提供各类理货出证等售后服务工作。

(3) 生产业务部负责公司理货质量管理，发现问题及时追溯、处置，确保服务质量。

第六章　装拆箱理货业务

第一节　装拆箱理货的基本内容

一、装拆箱理货的定义

收集、整理集装箱信息，核对集装箱箱号，检查集装箱箱体状况和封志状况，分清集装箱货物票数、残损，理清所装拆集装箱内货物的数量和状态，办理集装箱货物交接手续，出具理货报告等相关证明，提供相关信息等服务。

装拆箱理货的主要任务是：

(1) 检查集装箱外表状况，核对铅封号。

(2) 检验并核对装箱或拆箱的货物件数、标志、品名和外表状况。

(3) 指导装箱货物积载，装箱完毕后的施封。

(4) 以第三方公证人的身份办理货物交接。

(5) 出具有关集装箱货物的货损货差证明。

二、装拆箱理货的主要业务类型

主要业务：装箱理货、拆箱理货。

其他业务：二次集拼理货、新箱核验、查验施封等拓展业务。

三、集装箱装拆箱地点及交接方式

（一）集装箱货物的交接地点

1. 集装箱码头堆场(Container Yard，CY)

这是设在集装箱码头内的货运站(亦称港内货运站)。它是整个集装箱码头的一个组成部分，它的业务隶属于集装箱码头，承担着收货、交货、拆箱和装箱作业，并对货物进行保管。

2. 集装箱货运站(Container Freight Station，CFS)

集装箱货运站按地理位置可分为内陆集装箱货运站和集装箱码头附近货运站(简称货运站)。

(1) 内陆集装箱货运站。内陆集装箱货运站，亦称内陆中转站，这种货运站设在运输经济腹地，深入内陆主要城市及外贸进出口货物较多的地区。主要业务是将货物集中起来，然后进行装箱，再通过运输将集装箱运至集装箱码头堆场，具有集装箱货运站和集装箱码头堆场双重功能，它既接受托运人的交付托运集装箱货业务，也负责办理空箱的发放和回收工作，同时，它还办理集装箱装拆箱业务及代办有关海关手续等业务。

(2) 集装箱码头附近货运站。这种货运站设置在靠近集装箱码头地区，处于集装箱码头外面，它不属于集装箱码头，但其业务与集装箱码头联系十分密切，业务往来也频繁。其主要任务是承担收货、交货、装箱、拆箱以及货物保管等工作。

3. 发货人或收货人工厂仓库(Door)

这是指在货主单位内堆场或仓库进行装拆箱货物的场所。

(二) 集装箱货物的交接方式

按照上述 3 个集装箱装、拆箱和货物交接地点，可分为 9 种集装箱交接方式。

1. 门到门交接(Door to Door)

托运人负责装箱并在其工厂或仓库整箱交货，海上承运人在托运人工厂或仓库整箱接货，负责运抵收货人工厂或仓库整箱交货，收货人在其工厂或仓库整箱接货并负责拆箱。门到门交接方式，承运人对箱内货物不承担责任。

2. 门到场交接(Door to CY)

托运人负责装箱并在其工厂或仓库整箱交货，海上承运人在托运人工厂或仓库整箱接货，负责运抵装货港集装箱堆场整箱交货，收货人负责在卸货港集装箱堆场整箱提货并拆箱，空箱在规定限期内交至海上承运人指定的堆场。

3. 门到站交接(Door to CFS)

托运人负责装箱并在其工厂或仓库整箱交货，海上承运人在托运人工厂或仓库整箱接货，负责运抵卸货港集装箱装箱货运站拆箱按件交货，收货人负责在卸货港货运站按件接货。

4. 场到门交接(CY to Door)

托运人负责装箱并运至装货港集装箱堆场整箱交货，海上承运人在装货港集装箱堆场整箱接货，负责运抵收货人工厂或仓库整箱交货，收货人在其工厂或仓库整箱接货并负责拆箱。

5. 场到场交接(CY to CY)

托运人负责装箱并运至装货港集装箱堆场整箱交货，海上承运人在装货港集装箱堆场整箱接货，负责运抵卸货港集装箱堆场整箱交货，收货人负责在卸货港集装箱堆场整箱提货并拆箱，空箱在规定限期内交至海上承运人指定的堆场。

6. 场到站交接(CY to CFS)

托运人负责装箱并运至装货港集装箱堆场整箱交货，海上承运人在装货港

集装箱堆场整箱接货，负责运抵卸货港集装箱装箱货运站拆箱按件交货，收货人负责在卸货港货运站按件接货。

7. 站到门交接(CFS to Door)

托运人负责将货物运至海上承运人指定的装货港集装箱货运站按件交货，海上承运人在装货港集装箱货运站按件接货并装箱，负责运抵收货人工厂或仓库整箱交货，收货人在其工厂或仓库整箱接货并负责拆箱。

8. 站到场交接(CFS to CY)

托运人负责将货物运至海上承运人指定的装货港集装箱货运站按件交货，海上承运人在装货港集装箱货运站按件接货并装箱，负责运抵装货港集装箱堆场整箱交货，收货人负责在卸货港集装箱堆场整箱提货并拆箱，空箱在规定限期内交至海上承运人指定的堆场。

9. 站到站交接(CFS to CFS)

托运人负责将货物运至海上承运人指定的装货港集装箱货运站按件交货，海上承运人在装货港集装箱货运站按件接货并装箱，负责运抵卸货港集装箱装箱货运站拆箱按件交货，收货人负责在卸货港货运站按件接货。

四、集装箱货物的装拆箱形式

按照集装箱箱内货物的交接责任，可分为两种形式，即整箱货和拼箱货。

（一）整箱货(Full Container Load，FCL)

整箱货，是指一个货主的货物装满一只集装箱。一般认为集装箱容积利用率达到75%以上，或集装箱重量利用率达到95%以上。对整箱货，承运人不负责箱内货物交接，而由收、发货人负责装拆箱工作。

整箱货(FCL)，进口目的地为集装箱堆场(CY)或收货人工厂或仓库(Door)，出口起运地同样为集装箱堆场或发货人工厂或仓库，承运人的交接责任仅限于整箱交接，理货人员代表船方理货时，其交接责任也仅限于集装箱理箱过程。当货主申请对箱内货物理货时，理货人员以代表货主的身份进行理货。

（二）拼箱货(Less Than Container Load，LCL)

拼箱货，是指两个或两个以上收货人的货物拼装在一只集装箱内，对于拼箱货承运人负责箱内货物的交接，并负责装拆箱工作。

拼箱货的进口目的地为集装箱货运站(CFS)，出口起运地也是集装箱货运站，理货人员的交接责任应从理箱延伸到理箱内的货物，以代表承运人的身份进行理货。

第二节　装拆箱理货的依据

一、理货依据

理货依据，是指能够反映所装拆集装箱箱号、提单号/装货单号、封志、尺寸及所装货物名称、标志、件数、包装、状态等信息的单证（包括纸质或电子信息）。目前，在集装箱装、拆箱现场常见的，能够用来检查和核对货物数量和标志的单证资料较多，一般有进口舱单、集装箱装箱单、海运提单、交货记录、货物清单、场站收据、货物装载预配清单等。

（一）进口舱单（Import Manifest，M/F）

进口舱单又称进口载货清单，是一份按卸货港顺序逐票列明船舶实际承运货物的汇总清单。进口舱单一般由卸货港船公司或其代理人在船舶到港前送交理货公司和集装箱码头，作为货物的原始资料，是集装箱码头核对收货人的提单（交货记录），凭单发货的法定原始依据。

（二）集装箱装箱单（Container Load Plan，CLP）

集装箱装箱单是集装箱运输特有单证，是记载集装箱箱内货物情况、交付的方式。集装箱装箱单由货物装箱人按箱编制。如果是整箱货，则装箱人为货主或其代理人；如果是拼箱货，则装箱人为集装箱货运经营人。

（三）海运提单（Bill of Lading，B/L）

集装箱海运提单是承运人或其代理人签发的货物已装船的运输收据，是货物的物权凭证，即货物所有权的支配文件，是承运人与托运人之间运输契约成立的证明，是在目的港换发提货单的有效凭证。海运提单同样列明了集装箱内所装的货物情况。根据提单上有无货物不清洁批注区分，可分为清洁提单和不清洁提单。

（四）货物清单（Cargo List）

货物清单是收货人向贸易对方订购的货物明细单或装箱出运的货物明细单。

（五）交货记录（Delivery Record）

交货记录是收货人从船公司或其代理人取得签发的海运提单后，在目的港

换取的一份港口码头提货凭证。它也是码头堆场或集装箱货运站在向收货人交付货物时，用以证明对方已完成货物的交接状态的证明。交货记录的签发是承运人责任的终止，收货人履行责任的标志。

（六）场站收据（Dock Receipt，D/R）

场站收据又称码头收据，它是承运人委托集装箱码头或集装箱货运站在收到重箱后签发给托运人证明已收到货物，托运人可凭此换取提单（待装提单）的收据。场站收据也是集装箱出口理货的依据。场站收据共有10联，其中第5、6、7联由货代（代运人）向海关报关，海关审核后在第5联上加盖海关放行章，送交码头，集装箱码头据此配船。

（七）集装箱货物装载预配清单（Container Cargo Loading List）

集装箱货物装载预配清单是装箱单位根据发货人及其代理人所提供的，并列明船名、卸货港、品名、数量、重量、尺码等内容，对某一集装箱所能装纳的货物进行装载预配的清单。集装箱货物装载预配清单也是货物装箱有关部门操作人员在货物装箱时安排作业计划，进行货物积载和核对实际装载货物是否相符的有效单据。

二、理货依据的确立

上述介绍多种运输单证，在集装箱（货物）运输中具有特别重要的作用。进口集装箱拆箱的理货依据为进口舱单或交货记录，出口集装箱装箱的理货依据为集装箱货物装载预配清单。

第三节　装箱理货业务

一、装箱理货的基本流程

装箱理货的基本流程为“计划受理—计划派工—装箱前准备—装箱作业—装箱结束”。

二、装箱理货的计划受理

装箱理货计划受理分两种模式：协议客户受理和委托监装受理。

（1）协议客户受理：根据客户服务需求和公司签订年度装箱协议的客户，装箱计划按照协议要求或双方约定的流程执行。

（2）委托监装受理：向公司委托监装理货服务的客户，以每票填写《理货委托书》的形式进行计划受理。客户根据实际需求在委托书内填写装箱时间、装箱地点、集装箱箱号、作业联系人、联系方式、装箱要求、装箱货物件数、包装、唛头等信息。

班长(点站负责人)根据以上两种模式的计划合理安排劳动力出勤,并根据掌握情况列明工作重点,制订当日装箱安全质量工作措施,并针对性进行布置。

三、装箱理货程序和理货工艺

(一) 装箱前准备工作

理货公司接到装箱理货业务后,首先要了解委托方的装箱形式,如整箱货还是拼箱货,装箱作业地点及装箱时间等。根据装箱业务的具体情况,安排理货员,并与装箱单位取得联系,做到理货人员到场方能开始装箱。如需理货公司施封的,还要携带封志。装箱前,理货人员应向有关方索取“集装箱货物装载预配清单”,并与实际货物进行核对,检查单证上记载的内容是否与实际一致。

(二) 装箱理货工艺

1. 整箱货理货

整箱货理货,按其交接方式和责任,应在集装箱堆场(CY)或发货人仓库(Door)进行。

(1) 装箱:理货人员根据“集装箱货物装载预配清单”,核对货物的标志、货名、数量、包装、重量、尺码等是否一致。

(2) 核对集装箱箱号是否正确,发现错箱应停止装货,并提请货运单位换箱。

(3) 检查箱体是否有破损、污染和异味,对箱体外部原粘贴的与所装货物无关的标牌(如危险品标牌)要清除。发现箱体有异状要提请有关方面修理,清洗或调换,防止因箱体残损等情况造成出口货物损坏。如果装箱单位坚持要求装货,则应提请其采取相应的防范措施,并做好有关记录。

(4) 坚持在箱边理货,与装箱单位工作人员点交点接,如车、驳直装与发货人或其代理人点交点接。

(5) 对于残损货物原则上不能装箱,如发货人或装箱单位坚持要求装箱理货人员应做好相关记录。

(6) 对本工班或当天不能装完毕的集装箱,要采取临时加封或加锁措施,以确保货物安全。第二次开箱装货时,要检查铅封或锁具是否有异常。

(7) 装箱工作一旦结束,理货人员应会同装箱人进行施封,并将铅封号填写在“理货交接单”上。

(8) 装箱结束后理货人员应如实编制“理货交接单”,一式两份经发货人签

认后提交一份给发货人留底。

2. 拼箱货理货

拼箱货理货，按其交接方式和责任，应在集装箱货运站（CFS）进行。一般情况，待装货物应预先进入货运站仓库。

(1) 装箱理货人员根据“集装箱货物装载预配单”或货运站提供的有关单证资料，逐票核查待装货物的标志、货名、数量、包装、重量、尺码等是否一致。计算所配货物的总重量、总尺码是否超过集装箱总载重量和总容积。

(2) 核对箱号和箱主代号，检查箱体有否异状。

(3) 坚持箱边理货，按预配单上顺序逐票装箱，并与货运站工作人员逐票点交点接，收取桩脚牌，防止货物串箱。

(4) 剔除残损货物，如发货人或货运站工作人员坚持装箱，理货人员则应做好有关记录。

(5) 装箱过程中，应按装箱注意事项督促装卸工做到装载整齐，并做好必要的衬垫、隔垫和加固工作。

(6) 对于个别未及时送到而又必须装箱的货物，应对该集装箱采取临时加封或加锁措施。在重新开箱装货时，要检查封锁是否有异状。

(7) 装箱工作结束后，理货人员会同发货人或其代理人及时对集装箱进行施封，并将封号填写在“理货交接单”上。

(8) 装箱结束后理货人员应及时按装箱顺序逐票编制“理货交接单”，经发货人或货运站工作人员签认，办妥货物交接手续，提交一份给签认方。根据发货人或其代理人要求，绘制“集装箱货物积载示意图”。集装箱施封后，如有关方提出需要变更出口货物（退关、加载、调换）或查验时，装箱单位要通知理货人员到场启封开箱，待变更和查验工作结束后，理货人员应重新施封，重新编制“理货交接单”，更正理货单上相应的件数、封志号，并重新取得签认。

四、装箱时应注意的事项

检查集装箱箱体是否完好，箱内是否清洁适货；装非危险品货物时，箱体上的危险品标志是否清除。

(1) 装箱时，要检查所装货物包装是否完好，并按包装牢固程度决定堆码层数和加铺衬垫。

(2) 重不压轻，装箱时切勿将重件货物置于较轻的货物之上。

(3) 切勿将湿货与干货一起堆放，不可避免时，应在湿货和干货之间用防湿衬垫隔开。

(4) 切勿将易渗漏货物与容易受潮货物堆放在一起。

(5) 不同货类拼装在同一集装箱内时，要注意其物理性能和化学性能，避免货物互相抵触和串味。

(6) 装载易滚动的卷状、筒状货物时,要垂直堆放,如卷纸、肠衣桶等。

(7) 装载易移动的货物,如车辆等,应在车轮下用木楔固定,并用钢丝绳或牢固的绳索与箱体绑扎牢固。

(8) 货物装载应紧密整齐,货物与货物之间,货物与箱体之间的空孔隙,应适当衬垫,防止货物移动造成货损和箱体损坏。

(9) 装载冷藏货的集装箱,要查看预检合格证书和预冷记录,达到规定温度才能装箱。装箱时制冷装置应停止运转,货物装载时不应堵塞冷气通道和泄水管,不能超越积载线。

(10) 危险品装箱要符合"国际危规"的包装要求和持有商检、港监认可书及国际海上运输规则所要求的危险品货物申报单,并在箱体外部四面贴上相应的危险品类别标志。

(11) 当危险品货物只占部分箱容时,应将危险品货物装在集装箱箱门附近。

(12) 当集装箱货物装满时,应在门端处采取适当的加固措施,以防开启箱门时货物倒塌,造成货损和人身伤害。在装载特殊货物时(如粮油食品、冷冻食品、危险品等),事先应由货物托运人或其代理人向港监、海关等主管部门申请检验出证后方可装载。

五、常见货物包装的集装箱装箱基本要求

(一) 板箱货物装箱

一般木箱、板条箱装集装箱时,如外包装无破损,则可以从下往上堆装,小型木箱可装在普通干货箱内,具有一定重量或超高的大型木箱,可装在敞顶式集装箱内。除了货物的特殊性质和包装脆弱外,一般在货物之间不需要插入衬垫。

(二) 纸板箱货物装箱

纸板箱因大部分压力是由周边支承的,因此,堆装时要把箱角对齐。在码垛时各箱之间若码堆不齐,或有一箱强度较弱,上面的箱子就会向一个方向倾斜。由于重心的移动,会引起箱内货物倒塌。砌墙码装和交叉码装时,因箱与箱相互联系在一起,即使有强度较弱的箱子,该箱也不会影响到整体。纸板箱在整个面上承受负荷时,其强度较大,如部分面上承受负荷,则强度弱,因此,应正确装载,使负荷承受在整个面上。

(三) 捆包货物装箱

捆包货承受压缩负载的能力较大,其装载可以与箱装货的装载方法相同。但对纤维制品,为防止捆包破裂,损坏包内货物,要避免与带角和带突出物的货

物混载。通常捆包货是用机械装箱的，使用叉车装箱时，应检查集装箱的箱底强度，并使用橡胶轮胎的叉车以免损坏箱底。捆包货如遇到火星、火花等会受损害，因此，应使用蓄电池发动机械。

（四）袋装货物集装箱

对于装砂糖、水泥等纸袋，装谷粮的麻袋等货物的装载，在装箱前箱底应铺设好聚乙烯薄膜或帆布，防止破袋而漏出货物，并可防止集装箱污损。如包装正常，则从下往上交叉码装。这种方法可使集装箱的侧壁和端壁承受的压力最小，而且对箱底的表面有一定的摩擦，故不易塌货。袋装货一般是重货，故装货时要注意不要超过集装箱载重量，同时还要注意重量的分配。

在装载袋装货时，为防止破袋而禁用手钩。此外，袋装货对防潮和防水湿的能力较差。为了防止货物因箱顶上滴水而受潮，应在货物上面进行遮盖。

（五）筒状型货和卷盘货物装箱

滚筒货通常要竖装，在侧面和端壁上要铺设胶合板，以增强承受能力。装载时从箱端开始要堆装紧密。货物之间如有空隙，则要用柔软的衬垫或纱头等填塞。如竖装两层时，货层间要铺设胶合板，防止损坏货物。这类货物最好不要横装，因横装容易产生变形和造成货损。当一定要横装时，首先要利用楔子使它离开端壁和侧壁，从第一层开始，每件都必须用楔子止动。卷盘货水平装载时，要铺满整个箱底。同时要制作若干个坚固的空心木座，插在货物和端壁之间，牢固地靠在侧壁上。垂直装载时，货物要紧紧地靠在端壁和侧壁上。装载上述货物时，要充分保护好端壁和箱门。

（六）长件货物装箱

长件货物容易移动，因此，对端壁门和箱门要特别注意。长件货都装载在板架集装箱和敞顶集装箱内，并利用机械进行装卸，这时如采用预扎吊索法，卸货时就会非常快，吊索回收会有问题。因此为了便于叉车叉起和便于摘挂吊索，要适当地利用衬垫。

（七）托盘货物装箱

装在集装箱内的托盘，货物本身必须用钢丝带（绳）、布带或有伸缩性的塑料带等牢牢固定在托盘上。为了充分利用集装箱的容积，必须注意使托盘的成组尺寸与集装箱的尺寸匹配。如果托盘上的货物不能充分利用托盘的底面积，即使托盘充分利用了集装箱的底面积，货物之间也会产生大量空隙，于是当运输中受到冲击时，托盘上的货物容易产生移动。根据托盘和成组货的尺寸，如在集装箱的横向只能放置一件货物时，则这一件货物必须放在集装箱的中央。

如托盘和成组的尺寸在集装箱的横向能放置两件以上货物时，则各件成组货最好紧靠在集装箱的两侧壁上，中间用木框架填塞加以固定，防止货物移动。

（八）危险品货物装箱

集装箱装载危险品货物时，应根据不同目的港的有关规定，及其有关国家和组织规则进行装箱，如：美国有《联邦章程》，英国有《蓝皮书》，联合国有《国际海事组织规则》等。

在接受危险品货物时，事先要查清该危险品的性质、危险等级、标志、装载方法、包装容器及发生事故时应采取的措施等。另外，不仅要核对装卸港的危险品货物规则，还要核对一般港口的危险品货物规则。由于船舶在运输中不能直接检查集装箱内危险品货物状态，故要求装船前在陆上就进行充分的检查。同时必须拟定好事故发生时应采取的应急措施方案。

1. 装载方法

装载危险品货物之前，要对集装箱进行彻底清扫，装载时必须使该危险品货物不会产生移动、翻倒、冲击、摩擦、压坏、泄漏等危险。

2. 混载的限制

不同类别的危险品货物禁止混装在同一个集装箱内。同一个集装箱内，只能装同一个等级的危险品货物。即使是同一等级的危险品货物也只限于装同一品种的危险品货物，因为虽是同一等级的危险品货物，相互作用时也可能发生危险。另外，危险品货物与非危险品货物相互作用也可能产生危险，故也不能装在同一集装箱内。

3. 标志

集装箱装载危险品货物，要把该危险品货物的分类名称和标志，标示在集装箱端壁容易看到的位置上。

六、集装箱货物积载示意图的绘制

（一）绘制依据

装箱货物的预配清单所列内容（关单号）及货物在箱内的实际积载位置是绘制货物积载示意图的依据。装箱单位（堆场）提供的装箱货物预配图是绘制货物积载示意图的参考资料。

（二）绘制要求

（1）集装箱货物积载示意图必须能如实反映箱内货物的实际位置，做到准确、清晰、简单、易懂。

（2）绘制集装箱货物积载示意图，应参照示意图左右两侧标明的四端相等

示意点绘制箱内货物实际占有位置。

（3）集装箱货物积载示意图的内容应包括箱号、箱型、装箱地点、关单号等信息。

（4）集装箱货物积载示意图的内容应与实际装箱理货结果和理货单证所列的内容一致。

（三）绘制方法

（1）集装箱货物积载示意图应在统一的“集装箱出口货物积载示意图”表式上绘制，箱顶端方向在上，箱门方向在下。

（2）集装箱货物积载示意图以平面图表示货物的积载位置，原则上每区域为俯视图。

（3）集装箱货物积载示意图上的位置大小，按货物所占箱容大致比例而定。

第四节　拆箱理货业务

集装箱拆箱理货是一项作业环节多、交付地点广、工作环境复杂的理货业务工作，要求理货人员具有较高的业务知识和责任心。

一、拆箱理货基本流程

拆箱理货基本流程为“计划受理—计划派工—拆箱前准备—拆箱作业—拆箱结束”。

二、拆箱理货的计划受理

拆箱理货的计划受理是理货公司接受收货人或其代理人委托，安排拆箱理货作业的工作，是理货操作部门安排理货人员进行具体实施的依据，也是收取拆箱理货费的原始记录。因此，拆箱理货的受理工作十分重要，务必准确无误。

现有的计划受理有两种模式：网上模式和柜面模式。

（一）网上模式

2016 年 3 月开始，拆箱理货计划受理通过上港集团港口业务计划受理中心有限公司（以下简称“受理中心”）系统平台开展拆箱理货计划受理业务。港口业务受理中心系统平台是上港集团为方便客户、简化客户业务办理流程而开发的港口业务受理平台。所有客户均可在该系统平台办理包括理货委托在内的相关港口业务。受理中心实时将客户委托的理货计划信息推送给理货公司。

理货公司负责与受理中心进行业务对接。工作内容主要有以下几点：

（1）计划接收，即对集团业务受理中心推送的理货计划进行接收操作。

(2) 计划确认,即对接收的理货计划内容进行确认,包括提单号、箱号、尺寸、客户信息等。

(3) 作业流向分配,即对已经确认的理货计划进行作业流向分配。

(二) 柜面模式

1. 计划步骤

(1) 客户出具一式两份《集装箱拆箱理货委托书》,受理人员接受客户理货委托,核对委托书与提货单上有关内容(船名航次、提单号、箱型、箱数、流向等)。

(2) 受理人员依据客户提供理货委托书和港区提货单,通过输入箱号确认准确的船名航次、提单号、箱型、箱数,并按要求输入拆箱单位、地址、联系人、电话号码以及委托单位的联系人和电话号码等。

(3) 受理收费人员审核委托书和理货费收无误后,在提货单上加盖"受理收费"章并交还客户。

(4) 每天受理信息输入完毕,受理计划员及时核对当日计划校验清单,保证输入信息与委托书一致。

(5) 受理计划人员在信息输入中发现委托书内容与输入信息不符时,应查明原因并及时更改,防止错误信息输入。

(6) 加急、查验、中夜班、查询等信息,输单人员在输入时应在备注内注明。

(7) 受理人员一经发现无集装箱信息源,及时联系公司职能部门处理解决,确属无信息源须全部进行人工输入,并做到及时、正确。

(8) CFS 条款的拼箱货受理(门/门运输除外),按正常计划信息输入,不收费。

2. 理货费结算

1) 当场结算客户

(1) 无理货协议客户受理按公司标准费率当场收取拆箱理货费。

(2) 协议月度结算客户提出现场结算需求的,可按费收系统生成费率当场重新结算并核销收费。

(3) 每日计划受理完毕后,受理人员核对"当场结算客户受理箱量费收实时统计",交受理收费员核对无误后,连同现金(支票)交理货部核对、结账、归档、保管。

2) 协议月度结算客户

(1) 受理人员确认协议客户资质无误加盖"月结账"章后,将《集装箱拆箱理货委托书》第一联按协议客户编号归档保存,作为客户月结账单结费凭证。

(2) 每日计划受理完毕后,受理人员按委托单位核对"月度结算客户受理箱量实时统计",《集装箱拆箱理货委托书》按委托单位(VIP 客户编号)分类归档,一并交理货部核对、归档、保管。

3. 数据统计

各联办受理计划员按委托单位、流向,统计当日、当月箱量、费收,联办负责人核对后汇总上报部门。

4. 结算核销

(1) 非公司协议客户委托拆箱理货,应当场根据公司拆箱理货标准费率现场结算核销和收取理货费。

(2) 公司协议客户按规定结算周期由所属结算部门(理货部或市外公司)负责结算、核销。

(3) 各结算部门(理货部或市外公司)每月依据费收系统生成当月“协议客户受理汇总信息”,对负责结费的协议客户进行重新结算,结算无误后进行核销并开账,由部门费收人员向客户收取理货费。

(三) 计划变更/撤销

(1) 受理人员接受客户委托,须核对委托书和提货单上收货单位地点是否一致,不一致时提请客户是否存在疑问,并在委托书第一联上注明“查询”字样并进行信息输入,由实施部门进行信息跟踪、反馈。

(2) 客户在拆箱作业前理货人员未派出,提出变更/撤销拆箱要求时,须填写“计划变更/撤销单”,理货受理处接受变更/撤销手续,并按实际流向调整理货费,变更计划经联办负责人审核签字后进行信息更改,同时做好变更/撤销统计。

(3) 客户在拆箱前理货人员已派出后,提出变更/撤销拆箱要求时,须填写“计划变更/撤销单”,理货受理处接受变更/撤销手续,经联办负责人审核签字后由受理人员将信息传真给实施部门予以落实或退回。

(4) 客户在拆箱后提出变更/撤销拆箱要求时,应提供“货物有关凭证、运输状况及实际收货说明”等,理货受理处才接受办理,填写“计划变更/撤销单”经联办负责人审核签字后,由受理人员将信息传真给实施部门予以落实。

(5) 上述变更/撤销理货计划发生例外增收费用,发票须单项开票。

(6) 联办负责人每月统计客户原因发生变更/撤销数据,交部门汇总、分析。

(四) 其他

CFS 条款的集装箱受理(门/门运输按正常计划受理),须填制集装箱拆箱理货委托书,只受理、确认、不收费,受理流程按“月度结算客户”方法操作。

三、拆箱理货的程序与理货工艺

(一) 计划接受和计划派工

通过计划接收和计划派工,生成“拆箱计划表”。“拆箱计划表”详细列明了进口仓单上的提单号、箱号、件数等信息，该计划表是现场拆箱理货作业的依据。

(1) 各部门业务负责人每日负责接收计划受理信息，并按拆箱区域进行计划分配，发现不属于本部门拆箱区域计划应及时“退回”。

(2) 部门班组(实施点)依据计划信息阅查进行计划派工、输入作业理货人员工号，发现不属于本拆箱区域实行“拒绝”，由部门重新分配。

(3) 审核“拆箱计划表”信息数据的完整性和正确性，发现问题及时与联办受理点联系解决。

(4) 打印“拆箱计划表”或“工作联系单”，提供理货人员使用。

(5) 班长(点站负责人)每日应合理安排劳动力出勤和休息，依据当日“拆箱计划表”对所辖区域内拆箱理货计划负责认真预览分析，掌握情况并列明工作重点，制订当日拆箱理货安全质量工作措施，并针对性进行布置。

(6) 班长(点站负责人)每日向部门汇报作业和劳动力安排情况，出现劳动力不足时提请部门解决，部门可采取内部挖潜或向公司调度部门借调加以落实。

(7) 在劳动力无法解决时，班长(点站负责人)可采用以下方式予以处置。①套路：根据不同作业时段(如早/中班、上/下午、不同车班次等)可“套路”作业。②带路：在同一区域内相邻作业线上，一般为半小时路程左右为宜(一旦有情况发生便于及时赶到处置)可“带路”作业。③放路：除了废料可待签外，一般其他货种不宜“放路”作业。

(二) 拆箱理货程序和理货工艺

1. 拆箱前准备工作

1) 班长(点站长)工作要求

每日召开工班会，合理安排劳动力出勤和休息，认真预览“当日计划表”；并根据货类、提示信息及区域收货单位实际情况，派工布置如下：

(1) 重点理货：对“拆箱计划表”列明货类和货名——机器、设备、精密仪器、贵重物品、羊毛、酒、有色金属、危险品等货物；备注栏标注——拆箱到位及其他要求；收货方需要理货到场及收货方容易发生货物短少的单位(依据各区域重点客户一览表)。派工时，作业线(半小时内)每名理货员计划路数1～2条，大票箱量作业时，可根据现场情况增派理货员，计划表作提示标识；另危险品货物参照有关要求操作。

(2) 分拨理货：对“拆箱计划表”列明分拨的货类，派工时按分拨堆场和作业量配备理货员。

(3) 一般理货：对“拆箱计划表”列明货类——一般货及委托客户和收货方没有特定需求；派工时按作业线、作业量配备理货员。

(4) 基本理货：对“拆箱计划表”列明货类——三废货类，派工时按作业区

域配备理货员。

上述重点及分拨理货的理货员必须到场进行全程理货；一般理货应掌握现场实时作业动态，当日拆箱未完成或连续多天作业情况下，应安排好作业人员；基本理货按拆箱批次定期派人看货签单。

2）理货员工作要求

（1）理货员接受当班（点站长）计划派工和工作布置，并认真核对“拆箱计划表”相关内容，根据服务方式和方法及实际掌握情况，合理安排理货作业顺序。

（2）按派工重点货、重点路、重点单位作业提示安排当天理货作业。

（3）理货员依据计划及时到达拆箱地点，并向收货方表明身份和理货工作职责，检查理货作业环境、选定安全站位、确定双方交接方式。

2. 拆箱理货工艺

拼箱货（LCL）理货，其作业地点在货运站（实际上具备货运站的 CY 也进行拼箱货作业）。拼箱货在货运站拆箱作业中，主要有拆箱进仓库和拆箱卡车现提。

1）拆箱进仓库

（1）根据“计划单”，核对集装箱箱号，铅封号是否相符，不符暂不能拆箱，经有关单位核查决定能否拆箱，检查箱体异状。

（2）开箱后，查验货物积载是否良好，是否因货物严重移位而导致货物破损、污染等情况。如发现严重残损，应建议货运站工作人员拍照备案，并保存封志。

（3）在箱边与仓库人员进行点交点接，按票分清标志，理清货物件数，剔出残损货物。发现“计划单”上未列明的货物，应通知仓库人员另行堆放，以便进一步复核。

（4）拆箱作业时，要根据货物性质和包装情况等，督促装卸工进行合理拆箱作业，以免破坏货物。

（5）拆箱结束，要检查集装箱箱内有无遗漏货物，并按集装箱和货物拆出集装箱的顺序，填制“装/拆箱理货单”。对“计划单”上未列明的溢出货物，要另行列项填制，并尽量完整地写明货物的标志、包装、重量和到货港名称等。“装/拆箱理货单”编制后要取得仓库人员的签认，并提供一份给仓库人员留底。

2）拆箱卡车现提

（1）根据“交货记录”上记载的标志、件数发货。发货前根据“交货记录”核对“计划单”，如有出入应进一步与“海运提单”或“进口舱单”核对。在确认“交货记录”错误时，必须通知有关方面更正。更正后的“交货记录”须经签发方重新确认后方能发货。

(2) 拆箱现提,与收货人及其代理人在箱边点交点接,交货结束,取得收货人签认。

(3) 当该箱货物未拆完或其他收货人暂未来提货时,理货人员应重新施封或加锁,并记录新封号或锁号,作为第二次作业时判断封志是否完好的依据。

(4) “计划单”、“进口舱单”和“集装箱装箱单”上未列明的溢出货物,应拆箱进库待查。对所提货物同标志,同货名(除危险品外),原则上可以接受保函(Letter of Guarantee, L/G)。接受保函前提是:出具保函人应具有“海运提单(副本)”或由发货人直接寄给收货人的有关单证,能从中判断该批货物确属该收货人。保函内容应包含:一旦证实该批货物属于他人所有,出具保函人应将货物运回或按价赔偿损失,由此而发生的一切损失,理货人员不承担任何责任等。

整箱货(FCL)理货,其作业地点主要在Door和CY,但国内有相当部分是在CFS内进行的。

1) 市内外拆箱作业

(1) 按“计划单”和货方提供的“海运提单”“货物清单”等,核对集装箱箱号和铅封号,如发现不符,及时与本部门联系,以决定能否拆箱。

(2) 检查箱体有否异状,封志是否完好。

(3) 开箱后,检查货物积载是否整齐,是否因货物移位,包装不佳等原因,导致货物残损或者货物明显短少。如发现有残损或短缺的可能,应建议收货人拍照备案,并保存封志。

(4) 在箱边与收货人进行点交点接,核对货物标志,理清件数,剔出残损货物另行堆放。

(5) 拆箱作业,要根据货物性质和包装状况,督促装卸工合理进行拆箱作业,以免损坏货物。

(6) 拆箱结束,要检查箱内货物有否遗漏,并及时按实际理货结果正确编制“装/拆箱理货单”,经收货人签认,提供收货人一份。对溢出的不同标志,不同货名的货物,原则上在拆箱结束后带回发箱处。

2) 码头场站拆箱卡车现提作业

凭“交货记录”发货,理货工作方法与市内外拆箱作业相同。对溢出的同标志、同货名的货物,经核实确属同一收货人时,可同意收货人以出具保函(L/G)形式给予提取。但危险品或溢出不同标志、不同货名的货物,应进仓库待查。

3) 码头内拆箱落驳和码头场站拆箱装火车作业

凭“交货记录”发货,理货工作方法也与市内外拆箱作业大致相同。对这种作业方式,理货人员要严格控制数字,特别是大宗货物,交接总数字应控制在规定的发货数字之内,不能超过规定的提货总数。

3. 过程控制

(1) 班长(点站负责人)应对所辖区域内理货人员拆箱到位情况进行电话跟踪或实地抽查,并将落实情况记录在案。

(2) 在拆箱作业过程中,客户反映货物发现货损、货差情况,理货员由于带路等原因未能及时到场理货,班长(点站负责人)应负责调配人员到场处理。

(3) 对废料放路作业,班长(点站负责人)应及时向收货人或委托人说明情况,取得谅解,一旦人员有空派人到场按规定签收交接,不允许代客签字或"只收费不派人又不管"等情况发生;对带路作业,理货人员应及时与收货人或委托人取得联系,告知行踪并了解集装箱和货物动态,做好书面记录备查。

(4) 由于海关部门查验或客户原因,造成理货计划失控,经联系收货方(委托方)无法明确拆箱时间的,可要求委托方办理理货计划变更手续及失控处理。

4. 溢短、残损处理要求

现场理货人员发现下述重大溢短、残损须与班长(点站负责人)沟通:

(1) 在拆箱过程中发现明显单、货不符或异常情况。

(2) 在拆箱过程中发现大量残损和价值较大的货物受损。

(3) 集装箱箱体破损,造成箱内货物残损。

(4) 拆箱理货中发现下列货种数量短少,超过以下所列数量的:电器、仪表、音响、设备、大件设备等短少1件以上;价值较高的货物,如涤纶棉、腈纶棉、羊毛、纺织品、皮革制品等短4件以上;树脂、切片、化工品及其他袋装货物短少40件以上。

(5) 由于包装严重损坏,造成内容大量灭失。

(6) 其他与以上相类似情况。

班长(点站负责人)应对现场理货人员汇报的溢短、残损情况进行复核和指导,并登记记录报部门。

部门应对上述情况认真落实,必要时报公司职能部门备案;并每月汇总一式两份"重大溢短、残损统计表"(一份交公司职能部门,一份留底)进行定期质量分析。

5. 拆箱作业结束

(1) "装/拆箱理货单"应按不同的船名,航次和不同的作业地点,作业日期分别编制,并取得收货人签认。

(2) 理货员在作业结束后,及时填写"装/拆箱理货现场作业情况记录单"。

(3) 理货员及时整理好每日的"装/拆箱理货单"和"装/拆箱理货现场作业情况记录单"一并上交班组(点站)。

(4) 班组及时做好拆箱理货计划的销账工作。

四、拆箱理货的销账

现有拆箱销账模式分为两种：实施点后台 PC 端销账和现场 App 实时销账。

（一）实施点后台 PC 端销账

1. 按"派工日期"销账

各信息接受点依据理货单据资料先在纸面"拆箱计划表"台账上圈销，再依据纸面"拆箱计划表"圈销记录和理货单据资源进行电子销账。

2. 销账内容

（1）拆箱日期、货物件数、货物包装、货物残损、溢短、失控原因。

（2）备注栏：实际拆箱单位/地址、实际箱号、实际铅封号、实际货物标记、其他。

（3）分拨货：在项目内按实际输入分拨提单号或杂唛/无唛、货物件数、货物包装、货物残损。

3. 原则

隔日销账，特殊和困难情况期限 7 日。

4. 销账修改

各信息接受点提出更改销账内容须附"情况说明"经部门审核后提交公司职能部门，经公司职能部门销账管理员进行审核通过后由部门专人进行更正（分流公司须经公司职能部门审核）。

5. 实行电子销账后，纸面单证等即就地归档。

（二）现场 App 实时销账

1. 按"拆箱日期"实时销账

理货员从"上海外理"App 内普通销账模式进入销账程序，依据实际拆箱日期在拆箱计划中根据拆箱地点找出该票计划进行销账。

2. 销账内容

（1）拆箱日期、货物件数、货物包装、货物残损、溢短、失控原因。

（2）备注栏：实际拆箱单位/地址、实际箱号、实际铅封号、实际货物标记、其他。

（3）分拨货：分拨货销账从分拨模式进入，在拆箱结束后按箱号查询计划后进行销账，在项目内按实际输入唛头、货物件数、货物包装、货物残损。

3. 原则

拆箱作业结束实时销账。

4. 销账修改

各信息接受点提出更改销账内容须附"情况说明"经部门审核后提交公司

职能部门，经公司职能部门专职销账管理员进行审核通过后由部门专人进行更正（分流公司须经公司职能部门审核）。

5. App 销账

实行 App 销账后无须再进行后台 PC 端销账，纸面单证等即就地归档。

（三）电子销账及信息管理

部门指定销账管理员，其职责：

1. 销账

CFS 条款无受理计划信息，依据理货单进行信息输入、销账。销账内容同上。

2. 信息归类

（1）按船舶归属部门对无信息源输入的受理信息，通过“查询”窗口核对实卸信息源船名/航次、提单号、箱型、箱数是否一致，正确归并；不正确提请实施部门核实。

（2）数据归类期限：7 日内。

（3）无法归类信息，3 个月为一周期进行汇总、归案。

3. 查询汇总

负责信息接受点销账质量状况，通过查询窗口监控销账内容、时效是否符合规定要求，对不符合规定的做好记录，并每月汇总“集装箱拆箱理货销账质量记录”上交部门审核。

4. 销账更正

凡涉及销账修改需附“情况说明”并由部门和公司职能部门审核后方可修改。

五、拆箱理货出证

理货公司在装拆箱作业中作为第三方公证人所出具的集装箱货物溢短残损单，不需要委托方签字确认即具有法律作用和索赔价值。客户对理货结果须出具理货证明，可进行直接和间接出证。

（一）出证原则

（1）进口拆箱理货的对外出证主要是指在开箱前已存在的货物外表残损、数字溢短、单货不符等原残现象（以铅封完好为前提）。

（2）凡须出证的集装箱，必须是委托拆箱且按实付费。

（3）凡须理货出证的客户，必须待该票提单内所有集装箱均已拆箱完毕，且该票货物全部申请理货公司理货后方可办理。

（4）理货员在现场拆箱理货中仅对事实存在的货物原残做记录，严禁擅自对箱体或内部状况出具书面证明。

（二）出证要求

（1）装/拆箱理货部各指定一名出证员，具体负责出证工作。业务范围：所归属负责的进口拆箱理货出证业务（特殊情况公司职能部门可直接办理）。

（2）出证工作贯彻“谁出证，谁负责”的原则，即由出证人员负责进行资料收集、情况核实、办理出证。一般情况根据理货员现场制作的理货单证列明的情况处理，重大残损、溢短必须请示部门和汇报公司职能部门，必要时会同有关人员到现场核实。

（3）现场理货人员应告知货主或委托人出证的详细情况并及时将理货结果通过电子销账形式反馈出证人员，如货主有困难须委托当地理货帮助出证，可予受理并适当收取费用或免费服务，但必须手续齐全。

（4）市外公司与外港拆箱分流模式相等，即由分流作业的公司负责信息反馈公司职能部门，然后由职能部门通知所归属负责的理货部具体办理。同样，公司可委托分公司代为办理出证。

（三）出证管理

（1）出证部门应严格按照公司要求做好出证和核实盖章分离，妥善保管好业务出证章，做到有专人负责保管。

（2）严格执行重大问题请示汇报制度，重大溢短和残损等情况均要及时请示汇报，待核实后再处理，必要时要附书面落实材料佐证。

（3）理赔出证员应认真做好出证工作的情况登记，如实填写“部门出证情况统计表”并按月一式两份汇总（一份交公司职能部门备案，一份留底）。

（4）职能部门和理货部要定期对出证情况进行总结，尤其对一定时期内突出的溢短、残损情况要进行分析，提出相应的对策和办法，以促进理货质量的提高和服务质量的改进。

（四）数据统计和核对

（1）信息接受点班长（点站负责人）每月 29 日依据当月计划信息统计本地箱型、箱数报部门，由部门业务员汇总各信息接受点数据，统一负责有关方数据核对、确认工作（分流公司由公司职能部门负责），并按公司要求制作当月报表月底前交公司职能部门。

（2）每月底各信息接受点班长（点站负责人）依据实际销账结果负责统计已销拆箱箱量、件数、重量报部门，由部门专职销账管理员按各流向汇总（分流公司由公司职能部门汇总），隔月 5 日前经部门业务员审核后交公司职能部门。

（五）船舶理货结果汇总

一般情况下，船舶拆箱理货结果以3个月为一周期进行情况汇总，其要求：

（1）部门专职销账管理员应将负责的船舶资料按卸船时间顺序打印船名录页名，同时将当航次船舶理箱溢短/残损记录附在一起，并按单航船舶汇总已计划受理、未计划受理和溢短/残损及失控箱原因，作为单航船舶拆箱理货结果情况附在船名录页面下，经出证员审核后按船名录进行归案。

（2）对单航船舶拆箱理货结果未计划受理和失控箱，尤其是大批量的箱子要向出证人员、业务员汇报并了解流向、原因，以促进管理、堵塞漏洞、维护公司利益；出证员、业务员应对上述情况进行分析，并反馈有关部门加以落实和沟通。

（六）提前出证

（1）提前出证，是集装箱船舶所特有的一项业务。理货公司出具的单证是对外索赔的有效凭证，处理得好与否将直接影响理货公司的信誉。

（2）提前出证，是由于整条船舶的集装箱拆箱理货时间长而产生的。一般来讲，一艘船舶的集装箱，从第一个集装箱拆箱开始，至该船所有集装箱全部拆箱完毕，大约需要3个月左右的时间。这样就出现了持有某一提单的收货人在未能按提单数收到全部货物或发生货损时，而要求提前出证理赔的问题。

（3）根据理货公司业务章程规定，只有在全船集装箱拆箱完毕后，理货人员才能编制“集装箱货物溢短残损单”，而不是按照每一提单分别编制。所以，在理货公司接受委托，办理货物交接手续时，为了维护委托方的正当权益，使他们能在规定的期限内提出索赔，减少损失，公司应配合做好该项工作。

（4）在办理提前出证业务时，应注意和掌握以下几项原则：

只有对装有某一提单号货物全部集装箱均由本公司办理拆箱理货时，才能承办此项业务。

只有在装有某提单号的所有集装箱全部拆箱完毕的情况下，才能办理提前出证。在某提单号货物尚有部分集装箱没有拆箱完毕时，仅根据剩余箱的分箱数进行推算，而提前出证的做法是绝对不允许的。

对同一装货港还有部分集装箱未拆箱完毕时（除了剩余箱箱内货物与要求提前出证的货物截然不同），应当考虑有“串箱”因素的存在，须暂缓办理提前出证。

六、分拨货物的理货

拆箱作业地点：具有海关认定分拨货作业资质的受海关监管的货运站。分拨货拆箱原则上应委托理货公司进行理货操作。

作业流程：货运代理人换取总提货单完成报关手续后，将总提单号下不同收货人的货物按不同批次制作分拨清单，提供给海关、货运站、理货公司等。理货人员依据分拨清单上列明的各个批号下的货物标志、件数、包装形式、件号、货名等内容，对集装箱内货物进行分票计数，与货运站人员办理货物交接。制作集装箱货物分拨销账清单。

原海关172号令中对分拨货的监管有明确的要求，货运代理人应在拆箱前将分拨清单以电子报文的方式发送给海关、理货等。分拨货拆箱完毕，由理货公司按实际结果制作分拨货清单报文，以电子文件形式发送给海关。

1. 分拨理货报告发送

1）发送要求

（1）客户委托理货参与的分拨拆箱作业，在拆箱理货交接完毕后2小时内发送理货报告。

（2）分拨拆箱理货结果核对无误后，点击发送理货报告按钮，完成整票理货报告发送。

（3）因客户需求或特殊情况下，经公司生产业务部同意后，分拨理货报告可单票发送。

（4）因业务需要延迟发送分拨理货报文，应汇报公司生产业务部。

2）海关回执查看

（1）理货报告发送数分钟后（一般在10分钟内），进入海关回执查看，如较长时间未收到海关回执，联系公司运维，查明原因后进行相应处理，不得擅自重发。

（2）海关回执如显示比对理货异常或其他除“理货比对正常”以外的回执，查明初步原因后汇报公司生产业务部。

（3）收到英文类EDI回执，所属部门应做好记录，联系公司运维，查明原因后进行相应处理。

2. 分拨理货报告删除和重新发送

理货报告的删除和重发，主管部门为公司生产业务部和市场营销部，各基层理货部未得到主管部门授权，不得擅自发送删除报告。

（1）公司主管部门审核同意后，由公司职能部门进行理货删除报告的操作。

（2）分拨理货删除报告，进入装拆箱系统中发送理货报告菜单下，选择需要删除的单票或整票，然后点击发送。

（3）删除理货报告发送后，将等待海关人工审核。如果审核通过，将收到“理货报告删除申请审核通过”回执，并由公司职能部门进行理货报文重新发送操作。

3. 回执种类和常见问题

（1）15301理货报告传输成功，比对结果为“理货正常”，即理货结果与船

代舱单数据及货代分拨申请数据在海关系统内比对正常。

（2）15302 理货报告传输成功，比对结果为“理货异常”，即理货结果与船代舱单数据及货代分拨申请数据在海关系统内比对异常。异常原因一般有：①分拨理货报告总单全部异常；②理货销账数和分拨堆场向海关发送的分拨数据不符；③分拨堆场向理货提供的分拨提单明细报文未发，由于无数据源或数据错误，导致理货报告内分单重量错误；④货代分拨申请未发；⑤堆场分拨运抵报告未发；⑥分拨原始舱单未发送；⑦船舶理货报告异常；⑧分拨理货报告部分分单异常；⑨理货销账件数与申报件数不一致；⑩分拨堆场提供分拨明细报文重量部分有误。

（3）收到英文类 EDI 回执，为理货报告格式有误，常见原因一般有：①原始舱单报告和分拨提单信息中内有阿拉伯数字和英文字母以外的非法字符，如“/”、“-”、“*”、中文乱码等；②铅封、航次、提单号码等中不能出现空格；③分拨货物销账包装代码超长或小写，包装代码必须为 2 位大写字母；④一个提单号下有多个箱号，货代分拨提单数据源只发送了一个箱号；⑤将“失控箱”销账信息作为理货报文发送。

（4）收到“15106 该提（运）单的理货报告重复申报，海关审核不通过”回执，海关系统不予接收，进行退单处理。

七、拆箱理货应注意的问题

（1）坚持理货人员到场理货，即要求理货人员在拆箱前到达作业现场，拆箱结束后方能离开。

（2）为正确判断交接责任，坚持理货人员到场后启封拆箱的规定，必要时对数量短缺、货物有误和严重残损的集装箱建议拍照及保存原封号作为理赔的依据。

（3）凡对 CY 和 Door 交接方式的集装箱，当海关开箱检验时，要提请有关单位重新施封，以防止货物灭失。

（4）要掌握集装箱进口卸船时的箱体残损情况。

（5）理货人员应具有货物积载知识和货物装卸知识，以便分清货物致残原因。

第五节　装拆箱理货其他业务

一、二次集拼业务

二次集拼业务，根据客户需求理货服务可分为入库理货和出口装箱理货。

（一）入库理货

现场理货依据“货物送货通知单”上收货记录，逐关复核货物主标记、进仓编号、货物件数、包装、货物残损；完毕后签名确认交回客户，并在货盘上做确认标识；同时使用PDA手持设备扫描桩脚牌条码，进行数据确认和提交。

（二）出口装箱理货

现场理货依据“装箱预配清单”核对集装箱号，逐关复核货物主标志、货物件数、包装，剔出货物残损；同时使用PDA手持设备按进仓编号对每关货物进行扫描核销；装箱完毕监督仓库人员施封，并记录封号；完毕后双方办理交接（备注：装箱过程中按要求做好图像采集）。

（三）二次集拼作业要求

1. 入库/出库计划信息的获取

（1）入库收货（按票）计划信息按客户“送货通知单”和电子信息安排现场理货作业。

（2）出库装箱（按票）计划信息按堆场“装箱预配清单”和电子信息安排现场理货作业。

2. 集拼理货过程操作

1）班组长

（1）作业前，做好理货交接班，包括：交任务、交情况、交资料、交残损、交数字、交安全；并组织召开理货工班会。

（2）查看入库/装箱作业计划，依据计划按作业方式、作业量合理派出理货人员，并有针对性布置安全质量等工作要求。

（3）根据现场作业方式、作业量、人员情况和变化，按规定可及时调整理货人员配备和作业指导；同时，协助现场理货员做好业务疑难问题的处理和有关方的协调。

（4）入库完毕后，审核“监管拼箱货物入库单”内容；合格后作检验标识，留底备案。

（5）装箱完毕后，审核理货员上交装箱理货凭证，合格后作检验标识，留底备案。

（6）每日统计入库/装箱理货数据，并按时上报部门和公司。

（7）每月汇总入库/装箱理货数据，填制入库/出库理货把关事例，月底前上报部门，由部门统一上报公司。

2）理货员

（1）作业前，依据计划指令及时到达入库/装箱货物库号门或场地。

（2）车→库：月台（车边），由监管仓库指定人员收货完毕后提交理货“货物送货通知单”；现场理货依据“货物送货通知单”上收货记录，逐关复核货物主标记、进舱编号、货物件数、包装、货物残损；完毕后签名确认交回客户，并在货盘上做确认标识；同时使用PDA手持设备对入库货物信息扫描确认和提交，货物方可入库。

（3）库→箱：月台（箱边），由监管仓库指定人员发货完毕后提交理货“装箱预配清单”；现场理货依据“装箱预配清单”核对集装箱号，逐关复核货物主标志、货物件数、包装，剔出货物残损；同时使用PDA手持设备按进仓编号对每关货物进行扫描核销；装箱完毕与监管仓库指定人员共同施封，并记录封号；完毕后双方签字确认；如发生一次装箱不能完毕须加封（锁），待再装箱时与发货方共同启封/锁（备注：装箱过程中按要求做好图像采集）。

（4）入库及装箱过程中发现货物溢短和残损应实事求是记录，并做好图像采集。

（5）入库操作时，后台人员依据理货员提交电子信息与“货物送货通知单”内容核对和修改，正确后进行电子信息确认；同时核对客户提交“监管拼箱货物入库单”上相关内容，正确无误后在“监管拼箱货物入库单”客户联上盖章确认交回客户，理货联签名留底；发生理货结果与“监管拼箱货物入库单”内容不一致时，如实在“监管拼箱货物入库单”理货盖章处批注。

3）入库/装箱结束

（1）入库/装箱结束，现场理货员应及时上交理货凭证，由班组管理人员审核和留底归档。

（2）每工班结束，做好理货交班情况记录，包括：交任务、交情况、交资料、交残损、交数字、交安全。

二、新箱核验业务

现场理货员根据造箱厂进场计划和新箱清单，按规定进行逐箱验看，并在理货联清单上逐箱圈销，核验完毕后与箱厂交接确认。

（一）新箱核验计划受理

造箱厂计划新箱进场时，按批次、协议规定提前一天向理货公司提出核验申请或通知，并提供进场新箱清单给现场核验理货人员（一式两份：一份理货联、一份客户联），清单内容包括：进场日期、申请单位、空箱堆放地址、箱型、箱号、箱数。

新箱核验前根据造箱厂申请计划，理货部合理安排人员及时到场核验，理货人员必须带好数码相机、理货核验章等有关理货工具。

（二）新箱核验过程

（1）根据造箱厂进场计划和新箱清单，核验理货人员必须按规定进行逐箱验看，并在理货联清单上逐箱圈销，核验完毕后在理货联清单上标注核验时间、姓名；核验正确后在客户联清单上加盖理货核验章提交委托方。

(2) 为了保证核验质量，每批次核验现场理货人员须用数码相机拍制现场状况并留存备案。

(3) 造箱厂新箱堆放场所须经海关指定并符合海关要求，新箱堆放必须二联桩，箱门朝外，便于核验理货人员进行验看。新箱堆放不规范，造成核验理货人员无法正常核验，核验理货人员有权要求堆场进行重新整理堆放或在理货确认报告上做好备注记录。

（三）新箱核验结束

(1) 造箱厂根据理货核验结果，按批次通过上海海关出口新箱管理系统发送至理货公司进行电子信息确认。

(2) 理货部根据现场理货核验结果，及时与造箱厂发送的信息核对，确认无误后进行电子信息确认。

(3) 造箱厂各堆场应在次月 5 日前，向理货公司提交上月末出场新箱库存清单，理货部将安排核验人员对场地库存状况进行抽验，并将抽验状况与造箱厂提供的库存清单进行核对后提供“理货盘点核查报告”给海关有关部门（报告一式三份，一份给海关，一份给造箱厂，一份理货部留底）。

三、查验理货施封业务

查验理货施封业务是理货公司根据客户需求，在查验场点对经过海关查验过的集装箱进行施加理货铅封的业务。

（一）具体现场操作流程

(1) 加封实施部门每日至查验场站了解和获取次日查验作业计划并根据作业量安排好现场劳动力，保证现场理货加封服务质量。

(2) 进口集装箱至查验场站查验后，凡客户委托理货加封的，由码头收费处或理货受理处统一收取理货施封费，并提供客户一式二联“客户查验加封委托单”。

(3) 现场理货员指导客户按要求完整填写一式二联委托单上相关信息和内容。

(4) 查验结束后，客户凭“客户查验加封委托单”，交由现场理货员核对被查验进口集装箱船名航次、箱号等相关信息，无误后，记录原始铅封、新加封封号及集卡车号。

(5) “客户查验加封委托单”经理货员和客户双方签字确认后，加盖理货查验加封专用章，客户留存联交由客户保存，理货留存联由实施部门留底备查，保存期 1 年。

（二）发票、封志申领、使用、管理及加封箱量费收统计

（1）理货施封费发票为普通增值税定额发票，现场现金、发票使用保管按公司资产财务部相关要求执行。

（2）理货专用封志由加封实施部门向公司后勤保障部申领并做好清点和登记。

（3）理货加封箱量、封志数量及定额发票使用数由加封实施部门负责统计，每月上报公司生产业务部。

（三）现场加封操作安全注意事项

（1）进入查验场地作业，必须遵守公司和作业单位相关安全规定，作业时必须戴好手套。

（2）作业单位验货作业期间，理货人员选择好站位，并与之保持安全距离，待工人关闭、关实箱门后，再进行施封和记录加封号等工作。

（3）施封作业前，应告知集卡司机和工人，防止集卡、铲车等机械移动伤人；如20英尺集装箱在集卡前部时，必须等集卡司机下来，再上集卡平台进行施封和记录加封号等工作。

四、装拆箱理货常见拓展业务

常见的装拆箱拓展业务有理小数、货物品名、产地信息检查、货物衡重、集装箱货物的监装监卸、货物丈量等。

第七章　集装箱理货单证

第一节　集装箱船舶理货单证

理货单证必须如实反映理货结果，记录有关情况，要求数字准确，内容确切，文字通顺、精练，字迹清晰、工整，不得涂改。

理货单证上书写具体内容和数字时，英文内容用英文印刷体大写字母表示，中文用正楷表示，数字用标准的（规范）阿拉伯数字表示。理货单证上使用的词语和缩略语，如包装、舱位、批注等，要使用国际航运通用的表达方式表示。理货单证上使用的重量，以吨（t）为单位。

理货单证上使用的时间以小时和分钟为单位。

一、集装箱理箱单（Tally for Containers）

（一）用途

集装箱理箱单是船舶装卸集装箱时理货员记载箱数的原始凭证，是判断集装箱溢短和编制理货业务凭证的依据。

（二）填制说明

（1）集装箱理箱单“箱号”栏，按实际装卸的集装箱箱号填写，内容包括箱主代号、顺序号和核对数。

（2）集装箱理箱单“铅封”栏，进出口集装箱应根据时间铅封号填写，目前暂时根据实际情况分别填写，如“完好（Ok）、断落（Broken）、失落（Miss）”，铅封起着划分承运人责任的作用，对于CY—CY的交接方式，集装箱在运输过程中铅封断失，由承运人承担箱内货物的风险。

（3）集装箱理箱单“尺寸”栏，按集装箱实际规格分20英尺和40英尺分别填写。对非标准集装箱（特殊箱），按实际尺寸规格填写，同一规格的空、重箱可以填写在同一份理箱单内。

（4）集装箱理箱单“重空箱”栏中，按集装箱实际情况分重箱“F”和空箱“E”分别填写。

（5）集装箱理箱单“总计”栏，填明各规定箱型的集装箱数量及重、空箱数量。

（6）集装箱理箱单右上角应加上编号，末页加写“End”。集装箱理箱单通常填写一份，另可根据委托方要求增加份数。

二、集装箱理货日报表（Container Daily Report）

（一）用途

集装箱理货日报表，是理货长向船方报告每工班集装箱装卸进度的单证，由理货长根据理货员填制的集装箱理箱单汇总编制。

（二）填制说明

（1）每工班（8小时）向船方报送日报表1份，进口和出口应分别填写。

（2）日报表“集装箱”栏，按不同类型的集装箱分别填写，一般分为3种，干货类集装箱用“GP”表示，危险品类集装箱用“DG”表示，冷藏类集装箱用“RF”表示，另可以根据委托方要求补充填写。

（3）日报表“重、空箱”栏，按实际装卸集装箱的自然箱和毛重吨位填写，重箱和空箱分别列明。对非标准集装箱（特种箱），如45英尺、48英尺、53英尺，在日报表中列明规格40英尺后，增补空格内填写。

（4）对出翻舱和重装的集装箱，应另行填制日报表，并在备注栏内分别表明“Shifting Outside Hold”和“Reloading Containers”，并将相对应的“进口/出口”划去。

（5）日报表填制完毕，由理货组长签字，无须船方签认。

集装箱理货日报表填写一式两份：理货、船方/委托方各一份。

三、理货业务凭证（Tally Certificate）

（一）用途

理货业务凭证，是船方/委托方确认所完成集装箱装卸理货工作的证明书，是理货公司据以向船公司或其代理人计收理货费用的凭证。该凭证需船方/委托人签字确认。

（二）填制说明

（1）业务凭证单上的作业开始时间根据理货单上的第一班开始作业时间来填写。

（2）根据实际理货结果，填写各类规格和重、空箱数量，夜班、节假日理货箱量填写在相应栏目内。

（3）对于出翻舱的集装箱箱数，翻舱下船和重新装船两个过程，应分开填

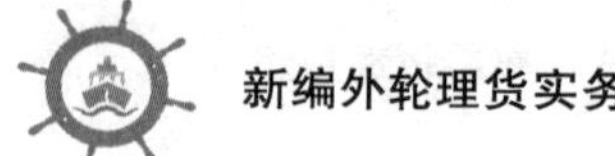

写在空行内。如有换成现象,应分开签证。

(4)“装/拆箱”栏内,进口作业根据进口舱单交付条款列明的箱数填写。

(5)零星捎带件杂货数字,按件杂货进口有关填制要求填写。

理货业务凭证填制一式三份:理货两份,船方/委托方一份。

四、集装箱溢短/残损单(Outturn List for Containers)

(一)用途

集装箱溢短/残损单,是记载集装箱箱数溢短和箱体残损情况的证明,由理货组长根据理箱单与集装箱残损记录单汇总编制。集装箱溢短/残损单一单两用。

(二)填制说明

(1)全船理箱结束,理货组长根据进口舱单、理货理箱单与集装箱残损记录单,填制“集装箱溢短/残损单”。整船集装箱无溢短、残损,“集装箱溢短/残损单”也应填制,在通栏内用对角线加“NL”表示。

(2)集装箱溢短/残损单上的作业开始时间根据理货单上的第一班开始时间来填写。

(3)对溢出集装箱,在溢卸箱号栏内,按实际箱号填写,并表明尺寸规格和重(空)状态。在铅封号栏内,表明该箱在船图上显示的装货港。

(4)对短卸集装箱,在短卸箱号栏内,按进口舱单上列明的箱号填写,并表明尺寸规格和重(空)箱。

(5)对箱体原残的集装箱,根据船方签认的集装箱残损记录内容,填写在残损栏内。

(6)对铅封断失的集装箱,在残损栏中如实反映,并记录集装箱箱号及重新施封的铅封号。

(7)在备注栏内,填写其他需要记录的情况。

集装箱溢短/残损单一式六份,分别提供船方、船代、码头等。

五、集装箱残损记录(Container Damage Record)

(一)用途

集装箱残损记录,是理货人员记载集装箱装卸船时残损情况的记录,是理货长编制“集装箱溢短/残损单”依据之一。

（二）填制说明

（1）集装箱残损记录的填制一箱一单，国际航线集装箱船舶应用英文填写。

（2）时间栏内应填写具体作业班次。

（3）填制集装箱残损记录，采用画圈方式在箱体图上标示出残损部位，并在残损代码上画勾体现相应的残损类型。同时，在“残损情况栏”内填写残损部位、程度及尺寸（精确到 cm）等。

（4）发现框架箱、开顶箱内货物外观有明显残损的，必须在集装箱残损记录备注栏内说明。

集装箱残损记录单一式三份，理货、船方、码头各一份。

第二节　集装箱装/拆箱理货单证

一、理货单证的种类及填制说明

（一）装/拆箱理货单（Tally Sheet for Stuffing/Stripping）

1. 用途

装/拆箱理货单，是理货员记载集装箱箱内货物票号、数字和残损情况的原始记录，是编制集装箱货物溢短/残损单的依据。在集装箱出口过程中，它也是集装箱堆场填制“装箱单”的参考资料。装/拆箱理货单分中、英文两种版本。

2. 填制说明

（1）在填制装/拆箱理货单时，通常使用英文版单证，用中文填写。货主有特殊要求可使用中文版单证或使用英文版单证，英文填写。

（2）装/拆箱理货单为装箱或拆箱一单两用单证，在装箱时划去“Stripping”和“B/L”字样，在拆箱时划去“Stuffing”和“S/O”字样。

（3）按装拆箱有关资料如实填写船名、航次，日期以“月－日－年”格式填写，一律用 8 位数字表示。

（4）在“装/拆箱地点”栏内，对“门/门”作业的集装箱，应填写装拆箱地点或单位名称。对在码头或理货公司设点的货运站作业的集装箱，只需写明单位名称和操作过程。

（5）在“集装箱尺寸”栏内，按所装箱或拆箱的实际集装箱尺寸填写。对特殊集装箱应同时表明集装箱类型代码，如冷冻箱用“RF”表示，框架箱用“FR”表示，开顶箱用“OT”表示，开边箱用“OS”表示，平板箱用“PF”表示，油罐箱用“TK”表示，超高箱用“HC”表示等。

(6) 在“货物包装”栏内，按实际货物包装分类填制，如箱、盒、包、托、袋、桶、亮格箱、捆、支、裸装、圈、卷等，不得笼统填写为“件”。

(7) 在“铅封号”栏内，装箱完毕后，理货人员如实填写所施铅封号。

(8) 在“残损情况”栏内，填写拆箱过程中发现的原残件数和残损状况。

(9) 在“合计”栏内，拆箱时应注明“空”或“未空”字样，装箱时应注明“完”或“未完”字样，如集装箱箱内货物未拆完或未装满，需加封(锁)时则应注明铅封(锁)号。

(10) 在“备注”栏内，应填写集装箱尺寸、箱号、货物总件数和总吨位，以及需要说明的情况等。

(11) 在“计数”栏内，每行数字结束后一空格内加小关门符号，在不用的空行处加上大关门符号。

(12) 每份装拆箱理货单一式两张，有唯一的单证编码。每张计数单上附有二维码，客户可以通过扫描二维码来跟踪货物理货作业进程和结果。

随着上海外理数据化的发展，装拆箱理货单证已经成功升级为电子版理货报告，同时纸面单证为“理货交接单”。

(二) 集装箱货物溢短残损单(Outturn List for Containerized Cargo)

1. 用途

集装箱货物溢短残损单是记载集装箱箱内货物件数溢出或短少以及原残情况的凭证，是海关对箱内货物进行监管和有关方进行索赔的重要依据。

2. 填制说明

(1) 集装箱货物溢短残损单，根据装/拆箱理货单汇总编制，加盖理货公司业务章后方为有效。

(2) 当全船集装箱拆箱完毕，未发现货物件数溢短和货物原残时，仍须编制“集装箱货物溢短残损单”，通栏内用英文“NL”表示。

(3) 对一票货物装多个集装箱，舱单列明分箱数字的货物，要分别按箱报件数溢短或货物原残。对未列明分箱数的货物，按实际处理。

(4) 对卸船时铅封完好，拆箱前铅封断落、丢失后拆箱单位自行启封的集装箱，箱内货物发生短缺或残损，由拆箱单位自行负责，理货人员不得为其填制“集装箱货物溢短残损单”。

集装箱货物溢短残损单一式四份，理货、海关、委托方等各一份。

（三）集装箱验封/施封记录（Record of Container Sealing/Seal-Examining）

1. 用途

集装箱验封/施封记录是记载集装箱铅封完好和施封情况的凭证，是收取验封/施封和铅封费的凭证。

2. 填制说明

（1）“箱号”和“原始铅封”栏内，根据实际情况填写。

（2）“原始铅封完好情况”栏内，按铅封实际存在状况填写，如完好写“Ok”、断落写“Broken”、丢失写“Miss”等情况。

（3）“新加铅封号”栏内，按重新施封的铅封号填写。

（4）“集装箱验封/施封记录”填写完毕，应取得船方/委托方的签字确认。

“集装箱验封/施封记录”一式两份：理货、船方/委托方各一份。

（四）装/拆箱理货现场作业情况记录单（Tally Record Sheet of On-Site Operation for Stuffing/Stripping）

1. 用途

装/拆箱理货现场作业情况记录单，是用来记载理货人员现场作业顺序、作业进度、完成情况和异常情况的单证。

2. 填制说明

（1）“总拆箱计划”、“重点理货计划”和“总拆箱完成”栏内，根据实际情况填写。

（2）拆箱作业情况按到达作业点时间的先后顺序填写“派工序号”“作业地点”“理货工艺”“客户单位名称”“联系人”“联系电话”“到达时间”等。

（3）“拆箱完成情况”栏内，按实际作业完成情况填写。

（4）“现场作业情况记录”栏填写现场实际发生的作业情况，如工班总共完成箱数、重大溢短残损、客户要求、异常情况以及工班结束时间等。

装/拆箱理货现场作业情况记录单每工班填写一份，工班结束上交班组或站点归档保存。

（五）理货检验报告（Tally Survey Report）

1. 用途

理货检验报告是根据客户委托，对所申请理货货物实际理货结束而制作的理货证明，是记载货物件数、品名、重点、货物标志等内容的单证。

2. 填制说明

（1）报告中的所有栏目内容，根据实际情况填写，如“申请人”“报关单号”

“作业时间”“作业地点”等。

（2）检验结果部分，按客户要求的项目实际理货结果进行编写，如提单号、货名、件数包装、残损等情况。

（3）“备注”栏用以对理货整体情况和特殊情况进行描述。

（4）附件部分，按客户需要附上理货现场照片。

二、装/拆箱理货无纸化应用

为了提升装拆箱理货服务的及时性，提高装拆箱理货中的信息化应用。上海外理有限公司在现场作业逐步推广 App 实施操作，推进装拆箱理货单的电子化。开发和完善配套的“上海外理”App、微信公众号查询平台。

第四部分　件杂货理货篇

第八章　件杂货

一、(货物定义)件杂货定义

货物,通常是指运输部门承运的各种原料、材料、商品以及其他产品和物品的总称。在国际进行运输的货物,称为外贸货物。

件杂货,通常是指在运输、装卸和保管中成件的有包装(或无包装的大件)货物。

二、(货物种类)件杂货种类

随着我国工农业生产和对外贸易的迅速发展,运输货物的种类,包装形式日益增多,货物性质也更为复杂,为了保护货物,便于运输、装卸和保管,按货物的共同特征进行分类是十分必要的。货物分类的方法,因用途和标准的不同而各有不同,水运货物按运输、装卸和保管的要求,一般有以下分类方法。

(一) 按货物装卸方式分类

1. 散装货物(Bulk Cargo)

简称散货,以重量承运,是无标志、无包装、不易计算件数的货物,以散装方式进行运输。散装按形态可以分为固体散装货、液体散装货等。

(1) 固体散装货: 如矿石,化肥,煤等。

(2) 液体散装货: 如原油,动植物油等。

2. 件装货物(General Cargo)

简称件货,以件数和重量承运,一般批量较小,票数较多,称为件杂货或杂货。有标志,包装形式不一,性质各异。这类货物货种极为广泛。

1) 件货按包装特点分类

(1) 包装货物(Packed Cargo)是指装入各种材料制成的容器或捆扎的货物,如袋装货物、桶装货物、捆装货物等。

(2) 裸装货物(Nude Cargo)是指在运输中不加包装(或简易捆束),而在形态上却自成件数的货物,如汽车、铝锭、电线杆等。

2) 件杂货按装卸清洁程度分类

(1) 清洁货物(Clean Cargo)是指在运输中本身不易变质,外观清洁干燥,对其他货物无危害,不能被玷污的货物,如棉毛织品、纸浆、茶叶等。

(2) 污秽货物(Dirty Cargo)是指货物在装卸运输中无包装或包装不良,受损时对其他货物容易造成污染损害的货物。包括,①易扬尘货物: 如水泥、炭黑、矿粉等。②易潮解货物：如糖、盐、化肥等。③易融化货物：如松香、石蜡、肥皂等。④易渗油货物：如大麻仔、豆饼、小五金等。⑤易渗漏货物：如酒、蜂蜜等。⑥散发强烈异味货物：如鱼粉、氨水、油漆等。⑦带虫害病毒货物：如未经消毒的生牛羊皮、破布、废纸等。

3）件货按装卸运输的特殊要求分类

（1）危险货物（Dangerous Cargo）是指有燃烧、爆炸、腐蚀、毒害和放射射线等性质，在运输过程中能引起人身伤亡、人民财产受到毁损的物资，如黄磷、硝酸等。

（2）贵重货物（Valuable Cargo）是指本身价值很高的货物，如金银、玉器首饰、历史文物、名贵药材等。

（3）笨重或长大货物（Heavy Cargo）是指单件重量或长度超过一定限量的货物，如机车头、钢轨、大型机械等。

（4）易腐货物（Perishable Cargo）又称鲜货，是指在常温条件下容易腐败变质的货物，如新鲜的肉、鱼、蛋、乳、果、菜等。

（5）冷藏货物（Refrigerated Cargo）是指使用冷藏船、舱、箱在指定的低温条件下运输的货物。主要是易腐货物。

（6）有生动植物货物（Live Animals And Plants Cargo）又称活货。是指在运输过程中，仍需不断照料，维持其生命和生长机能，不使其发生枯萎，患病或死亡的动植物货物，如蜜蜂、禽畜、鱼苗以及树苗盆景、花卉等。

（7）涉外货物（Cargo Relating Foreign Affairs）是指外交用品，如外国驻货使领馆、团体和个人的物品，以及国际礼品、展览品等物资的统称。

（8）国际过境货物（International Transit Cargo）是指中途经第三国港口进行运输的货物。按过境方式包括：①通过货物（Through Cargo）；②国际中转货物（International Transit Cargo）；③转船货物（Transhipment Cargo）。

不同国家的港口和运河当局，对国际过境货物的申报等手续有不同的规定，对危险货物过境控制尤为严格。

（9）甲板货物（Deck Cargo）又称舱面货物。是指装载在船舶没有遮蔽的甲板上的货物。一般是具有不怕湿、不怕晒、不怕冷等特性，或不适宜装载船舱内的货物，如原木、汽车、有生动植物等。

3. 成组装货物（Unitzed Cargo）

成组装货物是指用托盘、网络、集装袋和集装箱等将件杂货或散货集合成一个大单元进行运输装卸的货物。

（1）托盘货物（Palletized Cargo）是指将若干包件杂货物集合放在一个货盘上，用塑料薄膜等材料连同货物一起形成一个装运单元进行运输的货物。托盘货物种类广泛。

（2）网络货物（Net For Unitzed Cargo）是指使用棕绳或尼龙绳、钢丝绳等编制的网络所承装的货物，以一网络为运输单元。货类有散装货、件装货等，如生

铁、大米等。

(3) 集装袋货物(Container Bag Cargo)是指装入可折叠的涂胶布,编织布等软材料所制成的大型容器的货物。集装袋货类广泛,尤其适应粉粒货物,如矿砂、水泥、纯碱等。

(4) 集装箱货物(Container Cargo)是指装入集装箱内进行运输的货物。集装箱货类有散货、件装货。按货的性质和形态,可选用通用集装箱和特种集装箱装运。按装运方式可采用整箱货和拼装货装运。

(二) 按货物自然特性分类

(1) 吸湿性货物(Moisture-Absorbable Cargo)是指吸收空气中水蒸气或水分的货物,如茶叶、香烟、糖等。

(2) 热变性货物(Heat Change Cargo)是指环境超过一定温度时,会引起形态变化的货物,如石蜡、松香、绝缘胶等。

(3) 自热性货物(Spontaneous-Heat Cargo)是指在不受外来热源影响下自行发热的货物,如油纸、棉花、煤炭等。

(4) 锈蚀性货物(Rust Cargo)是指在环境中易于生锈而毁损的金属类货物,如金属罐头食品、铁桶货、钢材等。

(5) 染尘性货物(Dust Tainted Cargo)是指具有吸收周围环境中灰尘的货物,如纤维货物、液体货物、食品等。

(6) 扬尘性货物(Dusty Cargo)是指极易飞扬尘埃的货物,如矿粉、炭黑、染料等。

(7) 易碎性货物(Fragile Cargo)是指机械强度低,质脆易破的货物,如玻璃及其制品、陶瓷器、精密仪器等。

(8) 吸味性货物(Smokable Smelly Cargo)是指容易吸附外界异味的货物,如茶叶、香烟、糖等。有些吸味性货物本身还具有散味性。

(9) 危险性货物(Dangerous Cargo)即危险货物。

(10) 互抵性货物(Incompatible Cargo)又称忌装货物,是指当一种货物对另一种货物或多种货物的质量能产生不良影响或发生互相损害而彼此不能同装一处的货物。

(三) 按货物装船场所分类

(1) 舱内货物(Hold Cargo)是指装入船舱内进行运输的货物,如茶叶、食糖、棉布等。

(2) 舱底货物(Bottom Cargo)又称压载货物。是指装在船舱底进行运输的货物。一般是比重较大,不怕压的货物,如钢材、铝锭、矿石等。

(3) 衬垫货物(Dunnage Cargo)是指耐压,可以用作衬垫的货物,如旧轮胎、板条、旧麻袋等。

(4) 填空货物(Short Stowage Cargo)是指体积小,不怕挤压,可以用作填补舱内空当的货物，如藤成捆木柴、耐火砖等。

(5) 舱面货物(Deck Cargo)即甲板货物。

(6) 深舱货物(Deep Tank Cargo)是指装入船舶吃水最深的舱内进行运输的货物。一般为流质货物和扬尘货物，如动植物油、水泥、盐渍肠衣等。

(7) 房间货物(Locker Cargo)是指装入保险房或其他小舱室内进行运输的货物，如贵重货物、邮件、行李等。

(8) 冷藏货物(Refrigerated Cargo)是指装入冷藏船、舱、车、箱，在指定的低温条件下运输的货物。

(9) 非一般货舱货物(Non-Cargo Hold Cargo)是指装入杂货船的油柜、水柜以及过道、穿堂等非舱场所的货物以及用冷藏舱装运非冷藏货物。

(10) 扫舱货物(Sweep Cargo)又称地脚货物。是指在装运过程中，因包装破陋、飞扬、撒漏或遗漏在船舱内或作业现场上，经扫集起来的残留货物，如水泥、纯碱、玉米等。

(四) 按货物批量大小分类

(1) 大宗货物(Homogeneous Cargo)是指在运量构成中占百分比较大的货物，一般一张货物运单的托运量较大，如粮谷、木材、煤炭、钢材等。

(2) 零星货物(Parcel Lot Cargo)又称零担货物，指批量较小的货物。

三、货物的特性

在水路运输过程中，由于货物本身的自然属性、化学组成与结构等不同，当受到温度、湿度、日光、雨水和微生物等不利环境因素，以及运输中装卸搬运作业的外力影响时，货物有可能引起这样或那样的质量变化，造成货物使用价值的下降或丧失。货物发生质量变化的现场很多，主要有物理机械、化学和生物性质引起的变化。研究货物的特性，就是要通过货物质量变化的现象，找到其变化的实质，掌握质量变化的科学规律，以利于运输中减少或避免产生货损货差，提高货运质量。

(一) 货物的物理性质

货物的物理性质是指货物受到外界的湿、热、光、雨等因素的影响而发生物理变化的性质。货物发生物理变化时，虽不改变其本质，但却能造成货物的损坏或质量降低。

在水运中，货物发生物理变化的形式有货物的吸湿、散湿、吸味、散味、热变、膨胀、挥发、融化凝固、冻结等现象。

(二) 货物的机械性质

货物的机械性质是指货物的形态，结构在外力作用下发生机械变化的性

质。货物的机械变化决定于货物的质量、形态与包装强度。

货物和包装的抗压强度时最常用的机械性指标,单位为帕,它决定货物的堆码高度或耐压的强度。在水运中,货物受震动、翻倒、跌落冲击有时是不可避免的,因此,要求货物和包装强度具有抵抗水运中正常冲击技术处理,以增强其机械强度,防止受外力作用造成破损。

1. 货物的破碎

破碎是由于货物质脆或包装强度弱,承受较小的外力作用后容易造成破损性能,如玻璃制品、陶瓷制品、电视机及用玻璃、陶瓷做包装的货物。

2. 货物的变形

变形主要是具可塑性的货物发生的变化。这类货物虽不易碎裂,但受到超过货物所能承受的压力时就会引起制品变形,影响质量,如橡胶制品、塑料制品、皮革制品和铝制品等。有热变性的橡胶或塑料制品在高温条件下受重压和久压易变形。

在运输中,易变形的货物堆装时必须注意堆型平整,高度不宜过高,尤其不应在上面装重货。

3. 货物的渗漏

渗漏主要发生在液体货物中。由于货物包装容器质量有缺口,封口不严,灌装不符合要求,在搬运时撞击、跌落等导致货物发生渗漏现象。

4. 货物的结块

结块主要发生在粉粒晶体状货物中,由于装载时堆码超高或受重货所压以及在水湿、高温、冷冻等因素影响下造成货物的结块。

5. 货物的散捆

散捆主要发生在捆扎、捆束、称组托盘货物。由于捆扎不牢、底托材料差,或受到多次搬运中冲撞、摔落等原因,而造成散捆、散箍、脱底等情况并致使数量短缺、质量下降甚至报废。

(三) 货物的化学性质

货物的化学性质是指货物在光、氧、水、酸、碱等作用下,发生改变物质本质的化学变化的性质。在运输中,货物发生了化学变化,意味着货物质量起了变化。轻者使货物遭受损失,重者还会殃及其他货物发生严重事故。

在水运中,货物发生化学变化的形式有氧化、腐蚀、燃烧、爆炸等。

1. 氧化

氧化是指货物与空气中的氧或放出氧的物质所发生的化学变化,又称氧化作用,氧非常活泼,易与物质发生氧化反应因而使货物变质,甚至发生危险事故。易于氧化的物质很多。

一般情况下,氧化作用的进行十分缓慢。如果氧化产生的热量不易散发而积聚起来,就会发生自热、自燃现象,如煤炭、油质品等。对于一些发热量较大,燃点较低的要特别注意防止自燃事故的发生。

金属锈蚀也是一种氧化现象。特别是钢铁制品，在水、空气或酸、碱、盐的作用下，很容易氧化锈蚀。其反应式如下：

$$Fe+2H_2O = Fe(OH)_2+H_2\uparrow$$
$$4Fe(OH)_2+2H_2O+O_2 = 4Fe(OH)_3$$

铁锈的主要成分就是氢氧化铁（$Fe(OH)_3$）。

树胶的老化、茶叶的陈化等也是在氧化作用下产生的现象。

2. 腐蚀

腐蚀是指某些货物能对其他物质发生破坏性作用的化学性质。引起腐蚀作用的基本原因是货物的酸性、碱性、氧化性和吸水性所致。其反应式为

$$Fe+2HCl = FeCl_2+H_2\uparrow$$

烧碱（NaOH）能和油脂作用，灼烧人的皮肤。浓硫酸能吸收动植物水分，使之碳化发黑，漂白粉的氧化性，能破坏有机物等。在水运中，常见的腐蚀物品主要有酸类、碱类物质。

3. 燃烧、爆炸

燃烧是指物质相互化合而发生光和热的过程，一般指物质与氧的化合。所进行的化学反应称燃烧反应，例如：

$$P_4+5O_2 \xlongequal{\text{点燃}} 2P_2O_5$$

物质引起燃烧或继续维持燃烧，必须同时具备三个条件，即可燃物、助燃物、一定的温度，三者缺一不可，气体燃烧能直接燃烧并发生火焰，液体和固体燃料，通常需先受热变成气体后才能燃烧而发生火焰。

爆炸是指物质非常迅速的化学（或物理）变化而形成压力急剧上升的一种现象。爆炸分为化学性爆炸和物理性爆炸。化学性爆炸是指物质受到外因作用，产生化学反应而发生爆炸。爆炸反应的主要特点是反应速度快，放出大量的热和气体，产生冲击破坏力，如黑火药等爆炸品发生爆炸。爆炸和燃烧的主要区别在于反应速度。

物理性爆炸是指货物包装容器内部气压超过容器的承受强度而发生的爆炸，如氧气钢瓶的爆炸。

在水运中，应防止如下几种爆炸现象：

（1）易分解物质的爆炸，如爆炸品、有机过氧化物等。

（2）不相容物质接触引起的爆炸，如氯酸钾与乙醇、硝酸与硫黄等。

（3）容器爆炸，如石油气钢瓶、汽油桶、碳化钙（电石）桶等。

（4）易燃气体或易燃粉尘与空气的混合物引起的爆炸，如乙醚、汽油、铝粉、粮尘等。

四、件杂货标志

在按件托运的货物或运输包装上为了运输的需要，用涂刷、印染、栓挂、粘贴等方法，以简单的图案、符号和文字制作特定的记号，称为货物的标志，俗称“唛头”（Mark）。

货物标志的作用是便于运输中工作人员识别和辨认货物，以利于货物的装运、分票、清点、交接，避免错发、错运、错交；同时，显示出货物的重量、尺码、性质和注意事项等，在装卸搬运中，可指示工作人员正确操作，以保证货物的完整和人身及运输工具的安全。

货物标志由发货人制作，要求简要、清晰、正确、完整。标志在货物或包装的两面或两端部位明显处，尺寸大小适当。使用的材料应牢固、耐久，使用的颜料应具有耐温、耐晒、耐摩擦和不溶于水的性能，不致发生脱落、褪色或模糊不清的现象，能适合水上运输的特点，并符合国内和国际的有关规定，具有吸味性的货物、易自燃的货物，如食糖、棉花等，禁止用其制作运输标志，以免引起串味、污染和自燃等不良后果。

货物标志的种类按表达形式分为图案标志、文字标志和图文组合标志。图案标志醒目易懂，对不同文字和不同语言的地区及国家，具有特殊的作用。文字标志用字简短、口语化，表达清楚明了。图文组合标志兼有两者的优点。货物标志按其用途分为运输标志、包装储运指示标志、危险货物标志和原产国标志。

（一）运输标志

运输标志（Carriage Mark）是为运输货物的需要而制作的。它便于运输部门在运输过程中，借助运输标志，将货件与票据相对照，认定收（发）货人，进行理货、装卸、交接、查核等直至把货物正确运交收货人。它是防止错运、错转、错交以及产生无法交付货物的重要条件。运输标志又可分为主标志和副标志。

1. 主标志（Main Mark）

它是货物运输标志的主体，也是货物运输中识别同批货物的基本标志。主标志通常由货主自选，以简单明显的几何图形（如三角形、圆形、菱形等）配以文字表示，外贸进出口货物主标志的文字内容一般是收（发）货人名称的代号或缩写，贸易合同（合约）的编号、订单号或信用证编号等。国内货物主标志的文字内容一般是收（发）货人的简字，图文组成的主标志又称发货符号或发货标志，主标志也可用运输号码代替。货物主标志在装货单、提单、运单、舱单等运输文件上均应全部记载它的内容。

2. 副标志（Counter Mark）

它是对主标志的补充，又称辅助标志、附属标志。用于表明货物的重量、尺码、运往地以及区分同一大批货物中的几个小批或不同的品质、等级、规格等。其内容一般包括目的港、货物批号及件号、货物的尺码和重量等。货物副标志在装货单、提单、运单、舱单等运输文件上,可根据需要抄录全部或部分。

1) 目的港(Destination)

它用来表示货物运往的目的地,必须用文字直接写出到达港的全名,不得使用简称、缩写或代号。中转货物如有必要,可写上中转的换装港或地点。没有目的港的外贸货物,海关一般不予放行。

2) 件号(Package Number)

它是用来辅助主标志区分货组和计算包件的数量。件号编制形式通常有如下几种:

(1) 按顺序号码逐件编印。不允许有重号、错号或漏号,箱号、桶号等可在顺序号签名加以说明,如一批货物共20箱,逐件编为C/NO1(2\\3…20)。

(2) 按货组编成统号。对品质、规格相同的大批量货物,为了减少麻烦可编制统号。编制统号还可便于区分同批货物内的不同品种、规格,如一批货物共200袋,以100件为一组,两组货物的货件上可分别标上BAGS NO1/100、BAGS NO101/200或表示为BAGS NO1-100、BAGS NO101-200。

(3) 按货组编制组合号。为了方便运输过程中点数、验收、交接,货件上可将件号、总件号、批号组合编制在一起。编制方法为CASE NO4/20-10、DRUM NO15/50-14等。如前者表示该票货物系第10批,该批货物共20箱,此件是第4箱。

(4) 对成套设备等货可编制套号。对需要拆装成若干件进行运输的成套设备、仪器等货物,为保证其成套的完整性,件号编制时可增加一个套号(Set Number),一箱一号,便于发生溢短、残损时,及时正确地判明箱号。编制方法在件号前面增加一个套号以表示其成套性。如一套设备拆装成3件,逐件编为(SET. C/NO(1)-1/3、SET. C/NO(1)-2/3、SET. C/NO(1)-3/3)。

3) 货物的重量和尺码(Weight & Measurement)

它是用来显示货件的重量和尺码,便于计算运费、积载、装卸和堆存。尤其对笨重、超长件货物,须准确标明每件货物的重量和体积,货物的重量通常标明毛重(Gross Weight)、净重(Net Weight),使用的计重单位为公斤(kg)、吨(t),货物的尺码应为外包装或裸装货件外形的最大尺寸,表示为长×宽×高,亦可标明体积,并应标明所用长度单位,如米(m)、厘米(cm)或体积单位、立方米(m^3)、立方厘米(cm^3)。

国内货物运输标志内容包括:运输号码(或发货符号)、起运港、到达港、换装港、收(发)人、品名、总件数。在某些直达航线和一条龙运输上,常可采用“一标三用”的简明标志,即用一个标志表示发货符号、到达港和收货人三项内容,如武汉市百。对不易制作标志的货物,应用油漆等涂料在货件上制作简明的发

货符号。国内货物在符合下列情况之一者,可免制运输标志:

(1)同一托运人、收货人整船、整舱装运的原船直达运输的货物。

(2)使用原包装出口,到口岸不再变换包装的外贸出口货物。

(3)从外包装能识别属于同品名、同规格、同包装,而且是一张运单托运的件数超过100件以上的货物。

港口现场管理人员对货物运输标志的验收须严格把牢关。出口货物发现运输标志粘贴不牢、内容不完整、字迹模糊不清或旧包装上的原标志未清除掉时,应退回由托运人进行订正、整理或更换,然后再验收,进口货物发现运输标志与舱单的抄录不符合时,应以货物上标明的运输标志为准。运输标志脱落、模糊不清或无法辨认时,可作无唛货物处理。货物交付时,如发现运输表失落,难于判认或内容不符合,须经查实无误后方可交付或转出。

(二)包装储运指示标志

包装储运指示标志(Care Mark or Indicative Mark)按国内或国际的规定,以特定的图案或简短说明文字表示。其作用是反映货物性质,提醒人们在装卸、保管、开启等过程中应注意的事项,以确保货物的安全,故又称注意标志。

指示标志要按有关规定(如包装要求)使用,要防止乱用的倾向,乱用指示标志会带来极其恶劣的影响。同样,对于有指示标志的货物,装卸人员应充分重视,认真按所贴标志进行操作。

我国于1974年7月颁布和施行了《包装储运指示标志》的国家标准图案,其中“由此吊起”“由此开启”“重心点”应标示在货物外包装的实际位置上。在外贸进出口货物中,已形成了以普遍通用的图案做标记的指示标志。

(三)危险货物标志

危险货物标志(Dangerous Mark)是按国内或国际的规定,以特定的图案和文字表示危险货物的性质和类别的专用标志。其作用是反映货物的主要危险性质,告诫人们在运输、装卸及储存保管过程中引起警惕,采取相应的防护措施,以保证货物、运输工具和人身的安全。

具有多种危险性质的危险货物,除粘贴上主要危险性标志外,还须按《危规》要求粘贴所具有的较明显的其他危险性标志。如黄磷,主要危险性是易自燃,又具有毒性,故须同时粘贴上易自燃物质和有毒物质的危险标志。国际运输的危险货物,其他危险性标志不标上分类号码,以示区别。

危险货物标志有国内水运使用和国际海运通用两种。我国标准计量局颁布和施行了《危险货物包装标志》国家标准。标志的名称分为12类15个图形。联合国政府海事协商组织(简称“海协”)按危险货物的性质、类别,制有专门的图案标志,作为国际海运通用的危险货物标志。

(四) 原产国标志

原产国标志(Original Mark)是国际贸易中特殊需要的一种出口标志。它是标注在包装上的制造国国名文字,它不仅是为了满足海关需要,而且有的国家法律强制规定需要这种标志。其原因有以下几点:

(1) 识别货物的制造出口国家,树立商品制造国家的商品信誉。

(2) 许多国家实行贸易互惠原则或贸易歧视政策,对来自不同国家的进口货物,规定不同的关税税率。

(3) 有些国家限制某一国家的货物进口,以防止被禁止进口的国家货物假冒其他国家的货物进口。

(4) 大多数国家为保障其本国利益和市场管理,有利于国内产品生产发展,防止进口货与本国货混淆等。

大多数国家对原产国标志实行严格的检查,对不符合规定的进口货物要处以罚款。因此,在外贸货物的外包装上须标明这种制造国标志。我国规定出口货物一般都要注明“中华人民共和国制造”或“中国制造”,也有加注产区或企业名称,如“中国上海”“中国粮油进出口公司”等。

货物标志的种类,在使用中可以根据货物合同规定、性质特点、包装形式和运输规则等综合制作,适当增减。但是运输标志、外贸货物原产国标志的内容必须具备。

五、件杂货包装

对货物在流通过程中,加以一定的外部或内部包皮,称为货物的运输包装(Transport Packing)。货物运输包装的作用是保护货物质量和数量的完整无损,便于货物的运输、装卸、交接、保管和成组化,加快货物的周转,促进生产和销售。货物的运输包装是进行运送、装卸、堆垛等水运作业的重要依据。

货物运输包装的质量是水运部门货运质量的重要基础。货物包装材料和包装方法需符合一定的技术要求,以充分保证货物在运输、装卸和保管中的安全。货物因包装不良在运输中会发生破损、变质,甚至造成重大损失。对于危险货物来说,不符合规定要求还会危及人身、运输工具和设备的安全。因此,我国原交通部于 1981 年 3 月起试行《水路、公路运输货物包装基本要求》,对水运货物运输包装标准要求做了具体规定。在国际贸易合同中货物运输包装也被列为重要条件之一,可见运输包装在货物流通中的重要性。

(一) 货物运输包装的目的

(1) 防止货物破损、受潮、污染、变质。

(2) 防止货物散落、丢失、短缺。

（3）防止货物本身的毒害或其他危险的扩散。

（4）便于货物的运输、装卸和堆码保管。

（5）便于理货、交接、计数，提高装卸运输效率，加快船舶、货物的周转。

（二）货物运输包装的分类

1. 按货物运输包装的作用分类

按货物运输包装的作用，可分为外包装和内包装。

外包装是为防止货物受外界机械力量的冲撞、挤压或跌落等造成的破损或残缺，防止货物散落、散漏、短缺和便于装卸运输为目的的包装。外包装一般采用木制、金属和塑料等材料制作而成，这些材料程度大，韧性好，可以有效保护内部货物。

内包装是为防止货物受外界环境变化而受损、污染、变质，起着防潮、防震、防强烈异味感染为目的的包装。内包装一般采用金属纸（如锡箔纸等）、玻璃纸、塑料袋、沥青纸、蜡纸等材料。此外，缓冲填塞材料也是内包装中很重要的组成部分，如瓦楞纸、碎纸条、木屑、泡沫塑料等。

2. 按货物运输包装的形式分类

按货物运输包装分类，可分为单件包装和集合运输包装（成组包装）。

单件运输包装是指货物在运输过程中作为一个计件单位的包装。单件包装按类型有箱类包装、捆（包）类包装、袋类包装、桶类包装和其他类（如筐、篮、篓、坛等）包装等。

单件类包装类型、中英文名称与缩写及适用货种见表 8.1~8.5。

表 8.1　箱类包装的类型、货种简况

中文名称	英文名称	缩写	通常所装货物
木箱	CASE	C/-(S)	箱的总称
小木箱	BOX	BX(S)	五金器材、仪表等
三夹板箱	CHEST	CST(S)	茶叶等
明格箱	SKELETON CASE	C/-(S)	土豆、洋葱等
木箱	WOODEN CASE		杂货等
夹板箱	PLYWOOD CASE		罐头食品等
竹箱	BAMBOO CASE		草制品、竹制品等
纸板箱	CARDBOARD CASE		棉织品等
席包箱	MATTED BOX	M/BX(S)	杂货等

表8.1(续表)

中文名称	英文名称	缩写	通常所装货物
胶合板箱	VENEER		日用百杂货、干果仁等
亮格箱、框箱	CRATE	CRT(S)	自行车、机械、玻璃等
纸箱	CARTON	CTN(S)	易碎品、香烟、鞋类等
大木箱	VAN		杂货、家具、设备等

表8.2　捆(包)类包装的类型、货种简况

中文名称	英文名称	缩写	通常所装货物
包	BALE	BL(S)	棉花、棉织品、羊毛等
捆扎	BUNDLE	BDL(S)	五金钢材、胶合板等
铁皮包封	STEEL ENVELOP		铁皮、马口铁等
底架盘	SKID		马口铁、废铁片等
压缩捆包	PRESSED BALE	BL(S)	棉花、麻、羊毛等
麻布包	BURLAP JUTE CLOTH	BLP(S)	生丝、绸缎、籽棉等
包 裹	PARCEL		样品、赠品、行李、邮包等

表8.3　袋类包装的类型、货种简况

中文名称	英文名称	缩写	通常所装货物
袋	BAG	BG(S)	袋装总称
纤维袋	FIBRE BAG		化肥等
麻布袋	GUNNY BAG		谷物、豆、糖等
麻袋	JUTE BAG		山芋干、烤烟、辣椒干等
草袋	STRAW BAG		耐火砖、滑石等
纸袋	PAPER BAG		水泥、树脂等
牛皮纸袋	KRAFT BAG		化肥、石灰、水泥等
布袋	CLOTH BAG		面粉、滑石粉等
布袋	SACK	SK(S)	面粉、淀粉、糖等
聚乙烯袋	POLYETHYLENE BAG		化肥、纯碱等

表8.3(续表)

中文名称	英文名称	缩写	通常所装货物
小袋	POUCH		烟草袋、邮袋等

表 8.4　桶类包装的类型、货种简况

中文名称	英文名称	缩写	通常所装货物
桶	DRUM	DRM(S)	桶装总称
铁桶	IRON DRUM		油类、染料、化学品等
纤维桶	FIBRE DRUM		化学药品等
塑料桶	PLASTIC DRUM		液体化工产品等
鼓形桶(琵琶桶)	BARREL	BRL(S)	肠衣、酒类等
木桶	CASK	CSK(S)	松脂、化学药品等
夹板桶	PLYWOOD KEG		化学药品等
小木桶	KEG	KG(S)	小五金、钉子、油漆等
罐头桶	CAN	CN(S)	油漆等
听	TIN		猪肉、冰蛋、药品等
桶	TUB		酱、酱油等
手提桶	PAIL		油等
大木桶	HOGSHEAD	HGHD(S)	烟叶、油类等

表 8.5　其他类包装(筐、篮、篓、坛等)的类型、货种简况

中文名称	英文名称	缩写	通常所装货物
篮、篓	BASKET	BKT(S)	水果、蔬菜等
瓶	BOTTLE	BOTL(S)	油类、化学药品等
柳筐瓶	CARBOY	CBY(S)	醋酸、磷酸等
小颈大瓶	DEMIJOHN	DMJN(S)	液体化学品等
钢瓶	CYLINDER		液体气体、压缩气体等
细颈瓶	FLASK		化学药品等
坛	JAR		榨菜、皮蛋、油类等

表8.5(续表)

中文名称	英文名称	缩写	通常所装货物
笼	CAGE	CG(S)	鸟类等
围栏	PEN		兽类等
提箱	TRUNK		行李等
个、件	PACKAGE	PKG(S)	个、件的总称
盘	COIL	CL(S)	盘圆、铁丝、卷钢板等
卷	ROLL	RL(S)	卷席、卷筒纸、油毛毡等
卷	REEL		电缆、钢丝、胶片等
铸块	INGOT	IGT(S)	铸铁、铸铜块等
扁块	SLAB		铅块、锡块等
圆块	CART - WHEEL		豆饼块等
条、棒	BAR		铁棒、铁条、角铁等
片、张	SHEET	SHT(S)	铁板、钢板等
个、条	PIECE	PC(S)	铁条、型钢等
块	PIG		生铁块等
对	PAIR	PR(S)	成对的车轮等
组	SET		成套等轮胎等
头	HEAD	HD(S)	牛、马等头数
辆、部、件	UNIT(UNPACKED UNPROTECTED)		机械、车辆等

集合运输包装是指将若干单件货物组合成一件包装。集合运输包装的优点是可以简化单件货物内外包装,节约包装费用,提高装卸效率,加快船货周转,减少货损货差事故和简化包装标志,降低运输费用等。集合运输的优势明显,尤其在集装箱运输中有船、货周转速度快,货物装卸便捷安全的特性,目前在海运、内河以及陆地运输中使用广泛。集合运输包装的类型有托盘、网络、集装袋和集装箱。其类型、中英文名称与缩写及适用货种见表8.6。

3. 按货物运输包装材料分类

按货物运输包装材料,可分为纸和纸板、木材、塑料、金属材料和其他包装材料与辅助材料等。

(1) 纸和纸板包装材料:各种包装用纸、箱板纸和瓦楞纸板等。

表 8.6　集合运输包装的类型、货种简况

中文名称	英文名称	缩写	适用货种
托盘	PALLET	PLT(S)	袋、箱、筐、桶和裸装等形式的(集装盘)轻工、纺织、化工、矿产、土特产等种类繁多的货物
网络	NET FOR UNITIZED		袋装、捆装及散装货物,如袋装大米、化肥、玉米、豆类、饲料等,以及散装货物生铁块等
集装袋	CONTAINER BAG		粉粒状或晶体状货物,如食糖、豆(包)类、水泥、矿粉、化肥、染料等
集装箱	CONTAINER		箱、袋、桶、托盘、裸袋、吊挂装及散装的轻工、纺织、手工艺、化工、土特产等种类繁多的货物

(2) 木材包装材料：各种木材、夹板、胶合板和纤维板等。

(3) 塑料包装材料：各种塑料薄膜、收缩薄膜、复合薄膜、塑料编织带和钙塑材料等。

(4) 金属包装材料：各种黑铁皮、镀锌铁皮、镀锡铁皮和塑料复合钢板等。

(5) 其他包装材料与辅助材料：包装材料有棉麻织品、乳胶布与玻璃纤维布、玻璃、陶瓶和草竹柳等自然材料等;辅助材料有钢带、塑料带、铁丝捆扎材料、缓冲材料、黏结材料、黏合胶带材料等。

4. 按货物运送目的地分类

按货物运送目的地,可分为内销运输包装和外贸运输包装。

内销运输包装是指货物在国内流通的包装。它根据内装货物的性质和国内流通环境(装卸、运送、堆放)的具体条件对货物加以保护,避免货物受损的包装。

外贸运输包装是指发往国外的货物所需的包装。外贸运输包装一般运送距离长,装卸搬运次数多,流通环境变化大(如港口设施、装卸条件、自然气候等),所以包装应更加坚固。同时,还需考虑运往国家和地区的习惯及包装要求等规定。

六、货物运输包装的基本要求

为了保证水运货运质量,维护国家和人民的物资完好无损,货物运输包装应遵循“坚固、经济、适用、可行”的原则。其基本要求：

(1) 要根据货物理化性质、结构形态,选择适宜的包装容器、材质和封口。

(2) 要有一定的强度,经得起水运中正常的碰、震动、挤压等外力的冲击。包装的封缄、捆扎、加固应严密、坚固,以确保货物安全。

(3) 包装内要有适当的衬垫。根据货物性质需充填合适的防潮、防震、固定的缓冲材料,所用材料应清洁、干燥,与所装货物不会起任何化学作用。

(4) 包装要便于运输、装卸和堆码。包装的单件重量、规格尺寸与形式便于机械操作、人力搬运、装卸堆垛和理货计数。

(5) 包装经济上要合理,防止过分包装或过弱包装,应符合流通中实际要求。合理选用材料、减轻包皮重量,应选择用料少而容量大及能多次使用的包装,可因地制宜、就地取材。

(6) 包装上标志要清晰、正确、牢固、完整。符合国内和国际上的规定。

七、对货物运输包装验收的要求

认真验收货物运输包装状况,把牢进出港口货物运输包装验收的关,是运输中减少或避免货损货差、分清责任、提高货运质量的重要一环。验收货物运输包装的方法,一般以人的感官为主,运用"问、看、嗅、听、验"的方法进行。

1. 货物承运前运输包装的验收要求

(1) 按照国家或国家主管部门规定的标准包装要求。外贸出口货物则按外贸部有关标准验收。如国家或国家主管部门未规定统一包装标准的,应按交通运输部规定的货物包装基本要求验收。

(2) 对没有列明标准和要求的货物,应在保证运输安全和货物质量的原则下参照同类货物进行包装。对运输包装不符合标准要求或不具备承运条件的货物,应当拒运。

(3) 一批货物中如个别包装不符合标准和要求,应由托运人负责加固、整修,并会同承运人编制普通记录或加以批注随货同行。货物在中转港换装过程中发生包装破损,中转换装港应负责整修。

(4) 需要随附备用包装的货物,托运人应提供足够数量的备用包装。

(5) 对于某些无法采用任何包装的货物,如电线杆、铝锭等,在保证自身和其他货物的运输安全和质量条件下,可以裸装运输,但货物表面应按规定标明运输标志或发货符号。

(6) 对于集装箱按"门到门"运输的货物,托运人可以自行简化运输包装,但对拆箱后仍需经水运的货物,应按上述要求办理。

2. 货物装船前运输包装的验收要求

货物运输包装发现有下列现象,应向货主提出整修,并在运输文件上加以批注签证。

(1) 木箱板上有经过钉眼的纵向裂缝或有易拔出的较大节子。

(2) 桶、箱、捆、包等包装的全部或部分缺少三角铁或钢带、塑料带、钢带接头损坏,铅封脱落或裂断等。

(3) 包装内发出破碎声音。

(4) 包装上有漏渍、水、污渍。

(5) 桶塞、听盖或桶缝有脱落、桶孔。

(6) 袋装货的缝口过疏、不牢固,应缝双线的地方缝了单线、破包、散漏等。

(7) 带有螺纹口的钢管或铁管的两头或一头,没有保护螺丝帽或未加防护

包扎者。

(8) 包装上运输标志不齐全、模糊和脱落。

3. 货物卸船出舱时运输包装的验收要求

进口货物在卸船出舱时,应仔细地验收货物的运输包装,剔除残损货物,分清货物的工残和原残。所谓残损(Damage)是指货物包装外表出现破损、污损、水湿、锈蚀和异常变化现象,可能危及货物的质量和数量。对货物运输包装发生轻微残损,不危及内装货物质量或数量时,可不作残损货物处理。分清货物的工残和原残是货物验收的基本要求。工残(Stevedoring Damage)是指货物在装卸过程中造成的残损。对于卸货过程中造成的工残,应取得责任者的签认,如责任者拒不签认时,可将情况记录备查。原残(Original Damage)是指其卸货物前在船上发现的残损。对于卸货过程中发现的原残货物应取得船方签认后方可卸船出舱。未经确认而卸下船的残损货物,原则上按工残处理,除非是部明显的残损,如翻钉、干水渍等。

在装卸过程中,港口管理人员应充分注意货物在船舱内的运输包装状况,发现货物运输包装有破损、污损等残损,应及时联系有关方面验证签认处理。有些货物在装卸过程中会引起扩大残损,如重大件货物在船舱内侧倒,大箱底道木严重折断;有些原残货物包装破损会对装卸工人安全生产有影响,如有害货物包装破损引起渗漏扩散;有些货物运输包装严重破损引起散漏,影响装卸环境和装卸进度,如水泥、化肥、纯碱等大量残脚粉尘飞扬,需边灌残脚边卸货等。对此,要及时通知有关方面一起研究,采取措施、明确责任。防止因盲目卸货而造成货物损失扩大,互相扯皮的现象发生。

第九章 件杂货船舶理货业务

第一节 件杂货船舶理货依据

一、进出口船舶理货依据

（一）进口——以进口舱单为准

在上海港，进口舱单是以纸面舱单或电子报文形式进行传输的。船舶靠泊前，以船舶代理提供的进口纸面（电子）舱单为依据。

（二）出口——以出口装货单为准

以装（收）货单俗称关单，或海关放行的电子关单为依据。

第二节 件杂货传统理货操作程序

一、进口件杂货理货流程

（一）申请委托理货

（1）航行于国际航线进口船舶进入本地区港口卸货物，外轮理货机构以船舶代理理货合同方式与船方自动建立理货关系，不需要船方提出申请，船方也不能拒绝理货。

（2）航行于国内航线进口船舶或收货人及其代理人委托理货业务以理货协议、理货委托书形式建立理货关系。

（二）船舶作业计划

理货部业务人员依据港口作业码头昼夜作业计划，实施计划申报，公司生产业务部调度实施计划审核，并编制理货船舶昼夜作业计划表，明确件杂货船舶理货作业计划及注意事项，根据作业特点合理配备理货人员。

（三）接受进口舱单

理货部业务人员负责向船代索取进口舱单、货物积载图等理货所需资料，或接收船代提供的电子数据。

（四）现场理货作业

在进口货物卸货过程中，理货人员以理货依据为准，根据不同的货种和作业方式采取相应的理货计数方法，理清货物件数、分清货物标志和剔清货物残损。

（五）办理签证手续

全船卸货结束后，理货业务人员根据理货卸货结果，及时与船方或其代理人办理交接手续。

（六）结算理货费用

理货机构向航行于国际航线的船舶和其他委托方提供与理货工作有关的各项服务后，根据上级部门颁布的理货费率计收理货费用。

（七）提供查询出证

理货机构收到委托人或其代理人的书面情况说明，或者接待来访办理业务的委托人或其代理人，通过各种方式和途径，提供卸货理货实际结果证明。

二、进口件杂货工作程序和方法

（一）件杂货理货员理货工作程序和方法

1. 卸货准备

（1）向理货长索取卸船理货资料——舱口交接班簿、分标志单（分唛单）和分舱船图。

（2）听取理货长对本舱口货物种类、票数、舱内积载和分隔等情况的介绍。

（3）了解对本舱口理货工作的要求及卸货注意事项。

（4）记录与船方商定的对残损货物的检验和处理方法。

（5）开舱检查货物积载，分隔情况和货物包装或外表有否残损。如发现异常情况应通知船方验看,编制“现场记录”,并取得船方的签认。

2. 卸货过程

(1) 根据不同的货种和作业方式,采用相应的理货方法,理清货物件数。

(2) 指导装卸工组做到:大宗货物定钩、定量、定型;其他货种堆放整齐,标志朝外。

(3) 按进口舱单编制的分唛单,核对货物标志,发现杂唛或唛头不清时,应汇报理货长,并记录实际货物标志。

(4) 发现工残,应编制“工残记录”,取得责任工组签认。如发生重大工残应保留现场,立即汇报,待问题解决后方可继续卸货。

(5) 对装舱混乱、隔票不清及货物残损等情况要编制“现场记录”。

3. 卸货结束

(1) 检查作业线沿途有无掉件。

(2) 汇总本工班所卸货物件数和残损情况。

(3) 填制三联单,提请库场员或收货人签认。

(4) 根据分票结果,按每钩件数填制计数单。

(5) 应将本舱口作业情况及注意事项如实记录在舱口交接班簿上。

如下工班继续卸货,除书面交班外还应口头交班。

(二) 件杂货理货员理货操作方法

(1) 划钩计数:在计数单上逐钩记录货物数字。

(2) 小票计数:按每钩车货物实际数字填写小票,交接双方各执一联,凭小票计算货物数字。

(3) 发筹计数:对每一钩相等数字的货物发一根筹码,凭筹码计算货物数字。

(4) 点交点接:与库场员或收货人及其代理人点清每钩货物实际数字。

(5) PDA 扫描计数:滚装船对进口车辆车架号 PDA 扫描计数。

(三) 进口件杂货理货长工作程序和方法

1. 卸货准备

1) 单证资料准备

(1) 接收单证资料。在船舶卸货前,理货长了解进口舱单、货物积载图等理货所需资料或接收船代提供的电子数据。

(2) 整理资料并做好验证、标识和登记,掌握货物情况,做好卸货安排。重点了解和验证内容:①船舶的名称、性质和国籍;②货物的装货港,各舱装载货物的种类、性质、数量和积载情况;③特殊货物的卸货安排、注意事项和对理货的特殊要求等。

（3）备齐单证资料。应准备齐全的单证资料包括：①理货长交班本；②舱口理货员交班本；③理货计数单、货物交接单（三联单）、现场记录、日报表、待时记录、货物溢短和残损单、理货证明书及质量记录等；④准备好PAD。

2）与船方联系

（1）了解货物装载、隔票、衬垫、退关、溢短争议、批注等情况。

（2）了解装货港，中途港的装卸和理货情况，过境货的隔票情况。

（3）了解特殊货物的装舱具体位置和货物情况，如危险品货物、贵重货物、使馆物资和重大件等。

（4）了解装货港装货时的气候情况，装卸工艺和操作方法，理货方法，有无残损批注等情况。

（5）了解船舶在航行途中的情况，有无海事报告等。

（6）商定对原残货物的验残方法和要求。

（7）征询船方对理货工作的要求和卸货的注意事项。

（8）向船方借用装货港编制的理货资料，核对货物进口舱单。

（9）索取有关理货单证资料：①货物进口（电子）舱单；②进口货物积载图；③货物分舱单；④危险品货物清单；⑤重大件清单；⑥异常情况记录单（如货物残损单、溢短单、海事报告等）。

3）向理货员布置任务

（1）以书面和口头的形式布置各舱口卸货要求，指派舱口理货员。

（2）提出卸货注意事项（如残损的处理方法、货物的分票等）。

（3）介绍舱内货物积载、隔票等情况。

（4）确定理货员的工作岗位和理货交接方法。

（5）向理货员提供货物分标志单。

2. 卸货过程

（1）协助装卸工组联系船方做好卸货准备工作，在卸货作业开始时，准确记录开工时间。

（2）经常检查理货员上岗定位和安全理货工作；检查各作业舱口装卸工人卸货情况和理货员计数情况，并做好记录，帮助解决现场发生的业务问题；与船方保持正常的工作联系。

3. 卸特殊货物

卸特殊货物（危险品、贵重品和重大件）时，理货长应到现场监督卸货操作情况，协助理货员办妥交接。对卸危险品货物，应督促理货员按《危规》要求做好防护工作。

4. 复核有关理货单证资料

（1）依据货物进口舱单，核对理货销账大表和理货员分标志单。

（2）按货物分舱单在销账大表和分标志单上列明货物的积载舱位，并根据危险品货物清单在销账大表和分标志单上标明危险品货物的性质；对贵重品和使馆物质资等特殊货物做出识别记号，卸货时以便理货员重点检验。

(3) 计算每票货物的平均重量，对超长、超重货物应标明尺码和重量。

(4) 计算进口货物的总件数、总吨位，做到进口舱单与销账大表两单相符，并记录在销账大表上。

5. 编制理货单证

(1) 卸货工班结束，检查和复核各舱口理货员提供的本工班理货单证，如计数单、三联单、小票等（注意船名、日期、舱位、标志、包装、件数和重量的正确性）。

(2) 计数单按卸货工班编制，逐班在销账大表（卸货进度表）中销账。先将计数单核对三联单，无误后，亦可按三联单销账。

(3) 对船边现提货物要销清流向：如船→卡车，船→火车，船→驳船（不同地区驳船和火车要分别销账）。

(4) 按照计数单数据录入外轮理货信息系统生成日报表。

(5) 汇总编制待时记录；如果理货员编制现场记录确有困难的，则应帮助编制现场记录。

6. 卸货中的交接班事项

(1) 交任务：所卸货种、重点舱、重点货。

(2) 交情况：舱内货物及隔票情况；各舱卸货进度情况；理货员交接情况和交接方法；向船方了解的情况，以及船、货、港方的要求和卸货注意事项；本办事处理货的具体措施；卸货中发生的问题和处理情况。

(3) 交单证：货物进口舱单、原始船图、分舱单，以及向船方借用的资料和理货单证资料等。

(4) 交残损：验残的方法，处理工残和原残的结果，现场记录签认情况，舱内残损货物验看情况。

(5) 交数字：本航次进口货物总件数和总重量，舱内破票货物剩余数，现提货物发放剩余数，以及全船货物剩余数。

(6) 交安全：交作业环境、安全隐患及安全防范措施。

7. 卸货结束

1) 一般事务

(1) 全部卸货结束时，准确记录完工时间。

(2) 检查和整理全部理货单证的其他有关单证资料。

(3) 复核卸船货物的总件数和残损货物数量和内容。

(4) 向各舱理货员了解有否漏计数和漏卸货物。

(5) 与港口库场核对全船理货数字，与收货人或其代理人核对现提货物数字。

(6) 确定卸船货物的溢短数字、残损货物数字以及内容。

2）编制单证

（1）编制最后一份理货日报表和待时记录。

（2）按计数单和进口舱单汇总编制货物溢短单，如有捎带集装箱编制集装箱溢短/残损单。

（3）按每工班现场记录汇总编制货物残损单。

（4）按最后一份理货日报表上的总件数，编制理货证明书。

3）办理签证

（1）对理货证明书、货物溢短单、货物残损单等有关理货单证实施检验或提交值班经理最终检验。

（2）将最终检验合格的理货单证，提请船长或大副签认。

（3）签证结束后，应携带所有理货单证资料以及理货用品离船。然后整理全船单证资料，并向值班经理汇报全船卸货结关和签证情况。

（4）在上海外轮理货信息系统中汇总理货数据，实施船舶现场结束，按照时效发送海关理货报文，检查报文回执，异常情况及时汇报。

（四）理货长操作办法

1. 制作分唛单要求

（1）分唛单“船名”栏分别用中英文填写船舶名称。

（2）分唛单“舱单号码”“唛头”“件数”“包装”“重量”等栏应按舱单所列每票货实际填写。一票货有两种或两种以上包装形式的，应分别列明实际件数。“货名”应根据舱单英文名称正确译成中文填写。

（3）分唛单“库号”栏填写货物分舱数，分舱数应以分舱单或船图所载数为准。

（4）单一货种且同包装的应计算每件平均重量，并填写在分唛单“每件重量”栏内。

（5）一票货中有部分危险品或超长、超重等情况的，须在分唛单“备注”栏注明。

（6）卸大票大宗货的，应在销账表下部制作货物流向表，货物流向可根据实际分为船-库、船-场、船-车、船-驳，其中船-驳应按驳船实际不同卸港列清。

（7）卸机器、设备（车零件）应根据舱单或其他有关资料，按票编制销账箱号清单。

（8）分唛单和登账表合成销账表。

2. 销账要求

（1）登账按工人作业工班班次进行，每工班一次。

（2）销账表“编号”与“日、时”栏应与日报表“编号”“日期、时间”一致。

（3）“舱口”“件数”“包装”等项目的登载应在计数单和分唛单逐票核对一致后方可进行，如遇 N/M、什唛等时应另行登载。

（4）一票货的登账数与分唛单所列数字相符后，应在销账大表该票数字上圈销。

（5）卸大票大宗货应按计数单上注明货物流向，在流向表上销清货物流向。

（6）卸机器、设备（车零件）时，应根据抄箱号单在销箱号清单上分票、逐号圈销。

（7）每昼夜工作结束应对销账表上各票数字进行一次小结，结出各票的存余数及各流向的累计数，每工班应该将销账大表上的数据录入到上海外轮理货信息系统，并且销账大表数据和系统数据应该一致。

（8）全船卸货结束，结出各票登账总数及多、缺数，并分别填入销账表右边“合计”及“多、缺”栏内，结算各流向的累计数，复核销箱号清单，根据销账表和外轮理货信息系统中的数据核对理清账目，做好结关工作。

3. 货物验残要求

（1）船舶卸货前，开班理货长应与船方商定卸货中发现原残的处理、现场记录编制和签认等工作的方法和要求，并将与船方商定的验残方法和要求记录在“理货长交接班记录”上。

（2）理货长根据与船方商定的验残方法和要求并结合各舱口货物情况在“舱口理货员交接班簿”上对验残人员作具体布置。

（3）验残人员的岗位在舱内或甲板，卸货前应向舱口工人布置剔残要求。

（4）发现原残必须按商定的验看方法通知船方验看、确认；发现工残通知责任人确认。

（5）工班结束，验残人员必须将已记录的残损情况与本舱口三联单等交接单上开列的残损情况进行核对，如有不符，要查清原因。

（6）交接班时验残人员要书面交清负责验残舱口发现工、原残情况，包括已签认或未签认的残损情况。

（五）进口件杂货业务组人员工作程序和方法

1. 理货准备

（1）每天联系港区计划调度部门，了解船舶动态，备妥船舶资料，并按时将理货部昼夜作业船舶计划及劳动力出勤情况向公司调度申报。

（2）根据船舶类型、货种，确定理货部昼夜新靠船舶的理货工艺，并在“配工日志”上做好具体布置，同时报调度室审核。

（3）协助船舶靠泊前的资料验证与标识，并做好记录，船舶开工转交给理货长或值班经理（班长）。

（4）准时参加部门晨会、碰头会，提出单船措施和具体要求；凡属重点船和重点货种，应参加有关方面的船前协调会，接受有关方面对理货工作的要求，同时提出理货对其他部门的工作配合要求等。

2. 理货过程

（1）检查现场理货人员的工艺执标情况，检查船舶“现场安全布置”情况，并做好记录。

（2）检查重点船、重点货的单船措施执行情况。对于现场进口货物有监卸等情况，应与船方沟通，介绍理货工作性质和理货方法。

（3）现场检查中如发现原定理货工艺不适应现场操作，应立即汇报理货部做相应调整。

（4）指导协助理货长处理解决船舶理货一般质量问题，遇有严重情况及时向理货部汇报。

（5）上船听取船方意见，协助理货长做好与船方（船公司）、港方、货方的协调工作。

（6）指导协助理货长做好疑难船舶理货服务结果的交付工作，交付中有困难应及时汇报公司职能部门。

3. 理货结束

（1）核对昼夜现场理货结束船舶的理货数据及理货业务凭证。根据录入理货费收数据，实施理货艘次结束。

（2）整理理货长递交的结束船舶单证资料，做好单证的签收。对“货物溢短单”“货物残损单”加盖“Original”和“Copy”章。

（3）对于船公司的个性化服务按要求实施，并做好信息反馈。

（4）在理货服务过程中，接到委托方查询时，应做好接待与处理工作。

（5）对货物卸后短少、溢出或缺捆多支（片）等情况进行质量跟踪反馈，并将反馈信息及时向公司生产业务部汇报。

（6）接到顾客投诉，做好记录并立即向理货部和公司生产业务部汇报并协助查清情况。

（7）当理货部发生理货质量事故时，应及时向公司汇报，并按“四不放过”原则参与理货质量事故的调查、分析，在查清落实责任后协助制订和落实整改措施。

（8）参与理货部制订理货业务培训计划，并协助做好准备与组织实施工作。

第三节　出口件杂货理货操作

一、出口件杂货理货依据和流程

（一）出口件杂货理货依据

理货依据：装（收）货单俗称关单，或海关放行的电子关单。

（二）出口件杂货理货流程

1. 申请委托理货

（1）航行于国际航线出口船舶进入本地区港口装货物，外轮理货机构以船舶代理理货合同方式与船方自动建立委托理货关系，不需要船方提出申请。

（2）航行于国内航线出口船舶或收货人及其代理人委托理货业务以理货协议、理货委托书形式建立理货关系。

2. 船舶作业计划

理货部业务人员依据港口作业码头昼夜作业计划，实施计划申报，公司生产业务部调度实施计划审核，并编制理货船舶昼夜作业计划表，明确件杂货船舶理货作业计划及注意事项，根据作业特点合理配备理货人员。

3. 接受出口关单

理货部业务人员接受货代或发货人提供的出口装货单（关单）或海关放行的电子关单。负责向船代索取出口舱单、配载图等理货所需资料或接收船代等单位提供的电子数据。

4. 现场理货作业

在出口货物装货过程中，理货人员以理货依据为准，根据不同的货种和作业方式采取相应的理货计数方法，理清货物件数、分清货物标志和剔清货物残损。

5. 办理签证手续

全船装货结束后，理货业务人员根据理货装货结果及时与船方或其代理人办理交接手续。

6. 结算理货费收

理货机构向航行于国际航线的船舶和其他委托方提供与理货工作有关的各项服务后，根据上级部门颁布的理货费率计收理货费用。

7. 提供查询出证

理货机构收到委托人或其代理人的书面情况说明，或者接待来访办理业务的委托人或其代理人，通过各种方式和途径，提供理货实际装货结果证明。

二、出口件杂货理货员工作程序和方法

（一）出口件杂货理货员工作程序

1. 装货准备

（1）向理货长索取装（收）货单、附页、舱口交接班簿等资料。

（2）接受理货长对本舱口所装货物积载、隔票、衬垫和港序等要求的布置。

（3）向装卸工组提出装舱积载、隔票、衬垫要求，以及有关注意事项。

（4）按卸港顺序、货物轻重和特性整理好装（收）货单，按船方要求的程序按票装货。

2. 装货过程

（1）根据不同的货种和作业方式，采用相应的理货方法理清货物件数。

（2）按装货顺序将应装船货物的附页提交港区库场员或其他发货人，要求按单、按规格发货。

（3）按装货单核对货物标志、包装形式及港口等点清件数。如发现件数与装（收）货单不符，应及时通知港区库场员或其他发货人。

（4）认真检查货物外表状况，发现残损应予退回，并通知港区库场员或其他发货人，待调换或修理后方可装船。

（5）按船方要求及时通知装卸工组隔票，并随时检查装舱和隔票情况。

（6）对船方要验看的重点货物，装货时应通知船方验看。

3. 装货结束

（1）检查作业线沿途有无掉件。

（2）汇总本工班所装货物票数和件数，并与港区库场员或其他发货人办理货物交接签认手续。

（3）根据分舱口分层、分港口及操作流向逐票按钩填写理货计数单。

（4）按货物的实际装舱日期、位置和进舱件数，批注装（收）货单。

（5）对未装船货物，或因残损而被退回的货物，应将该票的附页取回，与装（收）单一并交给理货长。

（6）应将本舱口装货情况及注意事项如实记录在舱口交接班簿上。如下工班继续装货，除书面交班还外，还应口头交班。

（二）理货员件杂货理货操作方法

（1）划钩计数：在计数单上逐钩记录货物数字。

（2）小票计数：按每钩货物实际数字填写小票，交接双方各执一联，凭小票计算货物数字。

（3）收筹计数：对每一钩相等数字的货物发一根筹码，凭筹码计算货物数字。

（4）点交点接：与库场员或收货人及其代理人点清每钩货物实际数字。

（5）PDA 扫描计数：用 PDA 对货物上条形码扫描计数。

（三）出口件杂货理货长工作程序和方法

1. 装货准备

1）单证资料准备

（1）核对装货单和出口舱单。核对工作的依据是以装货单记载内容为准。

如发现装货单和出口舱单内容不一致,应以装货单内容修改出口舱单。核对工作的内容有:①核对港口名称,港口名称包括货物的卸货港和目的港。有些货物的卸货港和目的港是一致的,有些货物的卸货港不是目的港,而是转口港或选择港。②核对标志、包装、货名,标志包括主标志和副标志。③核对件数和重量,件数和重量是核对最重要的内容,不能有丝毫差错。

(2) 编制舱口装货计划表。舱口装货计划表是理货长根据货物配载图和装货单,在外轮理货信息系统中核对运抵、电子舱单、海关放关数据后按照不同卸货港生成的全船装货顺序计划表,俗称"进度表"。编制进度表,应按下列顺序进行:①将不同港口的装货单按号顺序进行。②根据货物配载图和装货单,按卸货港顺序,分舱口和层次圈配载图上的装货单号。③将同舱口同层次、同卸货港的装货单,按不同货类、不同性质、不同积载要求、不同包装式样、不同货物来源加以分开;同货类、同性质、同包装式样的零星小票货物集中在一起。④将不同的转口港和选择港的货物加以分开。⑤将危险品、贵重品、使领馆物资、重大件等特殊货物的装货单单独列开(在编制进度表时加以注明)。⑥将装货单的数据逐项和上海外轮理货信息系统中装货进度录入中的数据核对并且填制中文货名、包装、体积后同代理舱单和海关放关数据校验,数据校验时发现疑问,以装货单数据为准,修改上海外轮理货信息系统中的数据,同时及时联系船代和货代确认,汇报当班,做好记录。⑦大宗货、大票货和散装货,应根据配载图在进度表上分别注明装入各舱(层次)的货物数量和重量。⑧退关货物应在进度表上注明退关货物的件数和重量。⑨上海外轮理货信息系统按照卸货港(目的港)生成"进度表","进度表"的数据须和所有装货单汇总数据、出口舱单数据一致,也就是"进度表"上总的件数、重量、体积和装货单汇总以舱单一致,这个数据也叫船舶的"龙门"。

(3) 备齐单证。理货长在准备工作同时,应备齐下列单证资料:①理货长交接班本。②理货员交接班本。③空白计数单、三联单、日报表、理货证明书、船图、分舱单、进度表等。④准时参加船前会,提出单船措施和要求。凡重点船和重点货种,应参加有关方面的船前协调会,接受有关方面对理货的要求。

2) 与船方联系

在货物装船前,与船方大副联系有关事项,便于理货工作正常开展。

(1) 了解和核对卸货港顺序。货物配载图上的卸货港是由船方确定的,为了确保卸货港顺序的正确无误,理货长应与大副当面核对。如发现不妥之处,应与大副共同磋商进行适当调整。

(2) 修正货物配载图上的错配、漏配和重配。货物配载图上标明的装货单编号用来表明每票货物的装舱位置。理货长在编制进度表时,可能会发现货物配载图上错配、漏配和重配货物的现象。

错配,指将不同卸货港的货物或性质互抵的货物混配在一起。漏配,指部

分货物没有配置在配载图上。重配,指同票货物重复出现在配载图上。理货长将错配、漏配、重配的装货单交给大副,由其重新确定装舱位置。

(3) 纠正配载图中存在的问题。由于船方对货物的实际情况不了解,因此,编制的配载图难免存在一些问题,如货物的轻重、大小搭配不合理,货物前后、上下左右摘位不正确等。发现上述问题,应向大副提出以便及时纠正。

(4) 了解衬垫隔票要求。对衬垫隔票总的要求,船方在配载图备注栏内已标明,但在装货过程中,会遇到许多具体的问题,如衬垫隔票物料的来源问题、衬垫隔票的具体要求等都需要联系船方解决和进一步明确。

(5) 装货方面的问题。向船方了解船舶吊杆的安全负荷量,重大件的起吊设备,冷藏船打冷气的时间,夜间操作舱的安装灯光,外档作业提供绳梯等等。向船方介绍装卸作业时间,工班作业舱口等。

(6) 理货方面的问题。商定与大副联系工作的地点、时间,夜间作业发生问题如何处理,了解船方值班人员的安排等。介绍我国理货的概况、理货方法,征求对理货工作的要求等。

理货长应将与船方商谈的有关事项记录在交接班本上,供接班人员参考执行。

2. 装货过程

1) 发放装货单

根据配载图和进度表发放装货单,将本工班预计装船的货物装货单交理货员,作为理货的依据并在进度表上标上记号,以防止错发漏发。

2) 布置任务

(1) 根据理货长掌握的情况,向舱口理货员布置任务,主要包括:所装货物的种类、装货舱名称、积载位置和衬垫隔票要求、装载顺序,以及理货工作中的注意事项等。

(2) 向装卸工组介绍装货注意事项,主要包括:船吊的安全负荷量和操作注意事项、所装货物的种类和吨位、积载位置和衬垫隔票要求,大宗货物要做好定量关,小票货物要集中堆放,残损货物要剔除等。

3) 检查工作

在装货过程中理货长应经常巡视各舱口,了解装船进度,监督检查货物堆积和操作方法,制止违章作业、核对货物装舱积载和衬垫隔票是否符合要求,协助工人联系船方解决装货中的有关问题,检查理货员坚守岗位,理货交接情况,及时处理理货工作中发生的各种问题,重大问题及时汇报值班经理(班长)。

4) 业务处理

(1) 在货物装船工程中,理货长的日常业务主要有:复核计数单和装货单,首先应检查计数单上填写的内容是否完整、正确,然后核对计数单和装货单的内容是否相符。

(2) 圈销进度表。在复核计数单和装货单的基础上,圈销进度表俗称销账,这是全船理货工作中重要的一环。它是全船装货进度的综合反映,是绘制积载草图的依据,是确定出口总数的基础。具体做法:①根据计数单对照进度表,按舱口分层次,核对一致后在进度表的装货单编号和件数上画圈,以表示该货已装上船。②一票货物部分装船,在进度表上将该票货物件数上画半个圈,并注明已装船的件数和重量。③一票货物部分变更(拉动)装仓位置,在进度表上注明该票货变动后的实际舱位及货物件数和重量。货物装船后,则同样将其圈销。④一票货物部分损坏,暂不能装船,在进度表上注明损坏件数和堆放库场具体货位。如修好或更换后装船,在进度表上注明装船位置和件数,并将该票货圈销。⑤一票货物退关或部分短装,应根据货主或其代理人的通知和装货单,在进度表上将该票货物划去,并注明"退关"字样或注明货物实装件数和重量和体积,并注明短装件数、重量和体积。同时,分舱数、分港数和总数做相应修正。⑥一票散装货或大宗货分装几个舱内,根据计数单上的件数和重量,按不同舱位分别列明。⑦理货组长按照计数单将工班作业数据录入上海外轮理货信息系统,系统数据应该和纸面数据一致。

在圈销进度表时,不同班次的理货长尽可能使用不同颜色或不同记号进行圈销,以利便复核分清责任。

圈销进度表的目的在于全面掌握货物装船进度、了解各舱货物装舱积载,及时调整不合理的积载,配合港口调度装卸部门完成作业计划。便于及时发现理货工作中的问题,为理货结关签证工作做准备,确保理货工作的质量。

(3) 圈出口舱单。根据已装船的装货单,在出口舱单的件数栏件数上画圈,在发货人栏注明装舱位置,以表明该票货物已装船,交理货员的装货单已收回。在圈销时应注意:①根据装货单编号、实装件数和重量,核对出口舱单,两单内容相符再圈销。②装货单上注明退关,在出口舱单上也须注明。③出口舱单上件数、体积和重量的变动,总数必作相应修正,确保出口舱单、进度表、积载船图和日报表总数的一致。

通过圈出口舱单,可随时了解装船动态,掌握未装船货物的剩余票数,船舶离港后可作为核查船公司查询单的原始资料。

(4) 绘制货物积载草图。货物积载草图是绘制货物实际装舱示意图(正图)的依据,因此,理货长在绘制草图时必须认真准确,做好复核工作。绘制过程中,应按进度表和配载图如实反映货物装船的实际舱位。①绘制草图时,内容必须齐全,便于绘制全船正图。②当一票货物装舱结束,当班理货长应及时将该票货绘制到草图上,并在进度表该票货的重量上画圈,以表明该票货已放于草图,以防止一票货物重复绘制。③绘制草图必须反映货物实际装舱位置、货物所占舱容,位置的比例要适度。

(5) 交接班工作。为使接班理货长能详细了解装货进度和理货员工作情况,保证工作的连贯性和统一性,防止交接不清影响工作,分清交接班理货长的责任。

在交接班时，要求做到：①现场交接班。在接班理货长未到达船上时，交班理货长不得离开工作岗位。②交班前，交班理货长应把以下几种情况详细做好记录。一是船舶性质、载货种类和票数，卸货港顺序、特殊货物的积载要求和理货方法。二是向船方了解各种情况和有关对理货工作、装舱积载、衬垫隔票的要求。三是装货过程中发生的问题记录及处理方法，以及有待解决的问题等。③交接班时，交班理货长与接班理货长必须当面交接的内容：本船所有单证和资料；根据配载图和进度表，交接清各舱装货进度和各舱理货员发放的装货单情况；根据出口舱单和进度表，交接清出口总数、分港数和分舱数；交接清装货单收到情况，以及未到的票数；交接清货物积载草图和正图的绘制进程；交接清货物残损、短缺，退关、加载和装舱积载、衬垫隔票等情况，以及工作中的注意事项等；交接清楚上海外轮理货信息系统中销账情况和船图制作情况等。

（6）编制单证。①装货工作结束时，根据计数单填制日报表。②根据装货单填制货物分舱单。

3. 装货结束

1）一般事务

（1）检查和整理好所有理货单证和其他有关单证。

（2）检查和处理好最后一批装货单。

（3）复核装船货物的总件数、总重量和总体积，复核装船货物的分港数量和分舱数量。

（4）复核退关的装货单编号和货物数量。

（5）向港口仓库了解有否漏货物，残损货物是否修复全部装船。

（6）向舱口理货员了解装货结束时间等有关情况。

2）编制单证

（1）编制最后工班日报表、待时记录。

（2）编制货物分舱单和理货证明书，复核出口舱单。

（3）绘制完成出口货物积载图。

4. 船方签证

（1）对理货证明书、货物积载图等有关理货单证实施检验或提交值班经理最终检验。

（2）将最终检验合格的理货单证，提请船长或大副签认。

（3）签证结束后，应携带所有理货单证资料以及理货用品离船。然后整理全船单证资料，并向值班经理汇报全船装货结关和签证情况。

（4）在上海外轮理货信息系统录入理货数据，实施船舶现场结束。

5. 理货长操作办法

1）绘制出口积载图

（1）货物积载图上的分舱汇总栏应列明各舱、各层次的件数和重量。

(2) 汇总栏内的各分港和分层的件数和重量，应与积载图货位上数字一致，并与其他理货报表上的数字相符。

2) 绘制货物积载图的特殊要求

(1) 同一票货物装在不同舱位时，要分别在积载图上标明实装货物件数和重量，并在装货单号后面写明P/L(Part of Lot)。若同一票货物装在同一层舱的不同位置，且一处货物数量较少，占用舱位较小时，则只需在较少的位置上写明装货单号码及P/L字样。全船仅装一票货物，则无须写明P/L字样。

(2) 在其他港已经装载过部分货物的船舶在本港加载时，如船方要求提供汇总积载图，则应在其他港已装载的货位上标明装港和卸港名称，并按上一港积载图内容填制。若船方不须汇总积载图，则仅在上港已装积载货位上标明装港、卸港名称，并在其装载位置上用斜线表示。

(四) 出口件杂货业务员工作程序和方法

1. 理货准备

(1) 每天联系港区计划调度部门，了解船舶动态，备妥船舶资料，并按时将理货部昼夜作业船舶计划及劳动力出勤情况向公司调度申报。

(2) 根据船舶类型、货种，确定理货部昼夜新靠船舶的理货工艺，并在“配工日志”上做好具体布置，同时报调度室审核。

(3) 协助船舶靠泊前的资料验证与标识，已到纸质关单情况，并做好记录，船舶开工转交给理货长或值班经理(班长)。

(4) 准时参加部门晨会、碰头会，提出单船措施和具体要求；凡属重点船和重点货种，应参加有关方面的船前协调会，接受有关方面对理货工作的要求，同时提出理货对其他部门的工作配合要求等。

2. 理货过程

(1) 检查现场理货人员的工艺执标情况，检查船舶“现场安全布置”情况，并做好记录。

(2) 检查重点船、重点货的单船措施执行情况。对于现场出口货物情况应与船方沟通，介绍理货工作性质和理货方法。

(3) 现场检查中如发现原定理货工艺不适应现场操作，应立即汇报理货部做相应调整。

(4) 指导协助理货长处理解决船舶理货一般质量问题，遇有严重情况及时向理货部汇报。

(5) 上船听取船方意见和已装货物签单情况，协助理货长做好与船方(船公司)、港方、货方的协调工作。

(6) 指导协助理货长做好疑难船舶理货服务结果的交付工作，交付中有困难应及时汇报公司生产业务部。

3. 理货结束

(1) 核对昼夜现场理货结束船舶的理货数据及理货业务凭证。根据录入理货费收数据，实施理货艘次结束。

(2) 整理理货长递交的结束船舶单证资料，做好单证的签收。对负责签单业务的大副收据做好收费和签收登记工作。

(3) 对于船公司的个性化理货服务按要求实施，并做好信息反馈。

(4) 在理货服务过程中，接到委托方查询时，应做好接待与处理工作。

(5) 接到顾客投诉，做好记录并立即向理货部和公司生产业务部汇报并协助查清情况。

(6) 当理货部发生理货质量事故时，应及时向公司汇报，并按“四不放过”原则参与理货质量事故的调查、分析，在查清落实责任后协助制订和落实整改措施。

(7) 参与理货部制订理货业务培训计划，并协助做好准备与组织实施工作。

第四节　理货验残业务

货物在运输、保管、装卸过程中，由于天时、地理和人为等因素的影响，会发生一些意外事故，造成货损。外轮理货工作的主要任务，是在进出口货物交接时，分清标志、理清数字和分清工残、原残，办理装卸货物交接手续，并编制各种相应理货单证。因此，外轮理货工作既要检查进出口货物数量是否准确，还要检查质量是否遭受损害。为了保证进出口货物在质量上的完整，要求每个理货员必须具有高度的责任感，丰富的业务知识，认真而又细致的工作态度，才能不断提高理货质量，避免发生货损货差。

一、货物残损的鉴别及其原因

(一) 残损的含义

货物残损是指货物包装或货物外表发生破损、污损、水湿、锈蚀、异常变化现象，并危及或可能危及货物的质量或数量。但木材的干裂、货物的自然减量除外。

我们已经知道船方对货物所负的责任一般是以船舷为界，即交接前由船方负责，交接后由接方负责。因此，货物在装卸时所发现或发生的货物残损，一般可分为工残和原残。货物在装卸和搬运过程中因操作不当，或港方机械设备不良等造成的残损，称为工残。进口货物起卸前在船上发现的残损，或出口货物装船前发现的残损，称为原残。

（二）造成货物残损的主要原因

我们通常所讲的货物受损，是指在装卸、运输、保管过程中发生的货物数量的实际损失和质量的损坏。数量的实际损失，包括海难或其他意外事故，如碰撞、搁浅、火灾、爆炸，以及落水后无法捞取、被盗、遗失后查找无着落等原因所导致的货物灭失；质量的损坏是由于挥发、撒失、流失等原因所造成的超过允耗的货物减量、质量损坏，包括受潮、沾污、变质、变形、感染和碰撞损坏等。造成货物残损是由多种原因引起的，总结产生货物残损事故的原因，归纳如下。

1. 货物包装不固或包装质量不符合要求

在起运以前，托运人应对货物加以妥善包装。所谓妥善包装是要根据货物的特点和运输的客观条件（期限长短、装卸次数）进行妥善包装，也就是能经得起航程运输和装卸的包装。船方只能根据货物的外表状况是否良好来接收货物，如从外表上看，该包装符合该货的品种，就是习惯上应有的包装，船方才能接受装船。但是，检查外表不一定能发现缺点，如：包装材料质量有问题或外表清洁干燥而内部潮湿；木箱的铁带、木桶铁箍松弛或脱落；货物移动时，包装内有货物晃动或破碎的声音；捆扎或缝合的方式不一致，例如一般应缝双线的却缝单线；应用新材料包装的却用旧木箱或旧纸箱包装等等，都有可能引起货物残损。

2. 货物本身潜在的缺陷或货物的自然特性

货物本身潜在的缺陷是指用通常方法不易发现的货物本身潜在的缺陷，是货物本身所固有的，容易引起货物损坏的特性。也就是说，船方接收货物时，在所能负责检查的范围内不能发现的缺点。在正常情况下这种特性亦会使货物发生质的变化而致损。例如：新鲜水果容易腐烂；有的货物会自燃；有的货物表面干燥，而内部却潮湿等。

货物的自然特性是指各种货物由于各自成分、品质的不同而具有不同的内在属性，例如吸湿性、锈蚀性、自燃性、自热性等，又如散装粮谷自然耗损；钢材表面生锈；酒类的发酵；谷物的含水量过高而引起的霉烂等等。

这些货物的潜在缺陷和自然特性，理货员在检查货物时尤其要加以注意，并应能对该类残损货物作出判断和分析。

3. 船舶技术设备状况不适工和不适货致损

这里所提出的船舶设备是指货舱必须适载所承运货物的基本要求和使其适应安全装卸。如果船舶没有做到以上两条基本要求就有可能使载运的货物受损。例如：

（1）货舱的清洁、干燥、除味、驱鼠、灭虫、消毒等工作尚未完成，为了赶任务，勉强装货而引起货损。

（2）货舱设备不完善。如货舱护舷板不全；通风设备失灵；水密甲板、外板、舱口失效；舱内管系漏水；电缆漏电；污水沟、污水井不通畅；冷藏设备的故

障未及时发现和排除；吊杆各部位磨损过度、强度不够；机具不良等，都会造成货损事故。

4. 货物积载不当

积载决定着货物在各舱的配置和堆积。积载后船舶的稳性、吃水差、强度是否正确，直接影响船舶的安全，同时也与货物的完整无损有关。货物积载不当主要表现在以下几个方面。

(1) 货位不当：如在一舱内将重货压在轻货上，包装牢固与包装不牢固的货物倒置装舱，造成后者货物被压坏；又如在同一舱位将怕潮货物配装在易散发水分货物的附近或易产生水分部位，以致造成货物湿损；将污染货物配装在清洁货物之上或附近，由于各种原因使污染货物的包装在清洁货物之上或附近，由于各种原因使污染货物的包装破损，致使清洁货物污染受损；将怕热货物配装在热源附近，以致货物溶解变质；中途港先卸的货物被后卸的货物堵住，造成翻舱，引起货损和差错等。

(2) 舱内堆码不当：货物在舱内堆码不紧或垛型不合要求而引起堆码倒塌或相互摩擦使货物受损；堆码超高引起底层货物破损；要求通风良好的货物，在货堆间没有留出足够的通风道，或垛型不合要求，航行中因船舶摇摆货堆倒塌，通风道被堵死，致使货物发热、自燃或霉变；重大件货物因绑扎固定不当，航行中造成货物移位，致使货物本身受损或碰坏其他货物等。

(3) 货物搭配不当：如将性质互抵的货物混装，致使有些货物沾染异味、吸湿、变质、发热或自燃等。

(4) 衬垫隔票不当、绑扎加固不足：如衬垫材料潮湿、不干净，造成货物湿损和污损；不合要求的衬垫材料破损后混入散货内造成货运质量事故；该衬垫的部位，衬垫材料不足或不够恰当，或使用衬垫方法不当造成货物磨损、湿损、毁损、压损；各卸货港或不同货主的货物隔票不清，或隔票材料不当，造成货物混、错卸或影响货物质量等；对于重大件、甲板货以及易滑动的货物，因缺少足够的绑扎加固或绑扎加固不当致使货物移位、倾倒、互相挤压后受损。

5. 船舶发生海事

一般是指船舶在航行中遇到恶习劣天气，致使该船所载货物遭受损失，船长向负责当局报送海事报告，其目的是声明船长和全体船员已采取一切力所能及的措施保护船货，由于人力不可抗拒所造成的损失，他将不接受任何方面对船方提出的索赔要求。

船舶发生海事而造成所载货物受损是客观存在的，但从理货的角度来看，被认为是残损货物，但由谁来承担经济上的损失，则由公证鉴定机构去处理。

6. 装卸致损

在装卸过程中，由于吊货绳和网兜索具不适用，或使用操作不当，不按操作规程办事，为求装卸速度而违章作业，如拖关、摔关、倒关，起吊货物超过吊杆安全负荷量,将货物挤坏、碰伤;或由于装卸工具没有经过谨慎检查,操作中发生故障而造成货物损坏。

7. 气象原因

由于人对气象的变化还没有完全认识,还不能完全控制。如:狂风巨浪、闪电雷击、暴雨、地震海啸、突然降温、降霜等自然现象,给人们的生命财产带来灾难和损失。根据中远提单条款和国际有关规则,这是不可抗力所造成的,也就是超出人所能控制的原因或者是不可能预见和防止的其他因素给货物造成的损失。例如:在装卸货物时,突下暴雨,致使货物部分受损;如果是处于航行中由于狂风巨浪,舱盖或通风设备受损,加上暴风雨的袭击,致使货舱进水,可能使舱内货物遭受损害。

8. 外力致损

外力致损是指货物在运输中和装卸过程中,由于遭受外部力量的冲击、挤压、渗漏、污染等原因而造成的货物损害。例如船舶在航行途中遇上大风浪,使船舶剧烈摇晃,造成舱内部分货物相互碰撞或挤压而受损;又如在装卸过程中,由于部分装卸工人的野蛮装卸,尤其是对一些易碎物品,不能做到轻拿轻放,而造成货物受损;加固绑扎时使用方法不当致使货物受损(如电焊加固造成金属构件退火变形、强度减弱;加固钢绳擦损)。

根据以上分析的货物致残原因,我们可以分为以下几种残损货物。

(1) 污损:配载不当或装卸时不够注意,使清洁货物被油污、尘污、染毒或感染异味所造成的货损;配载不当,将污染货物,异味货、清洁货物、易感染异味货物混装,或装货前未做好准备,舱内仍留有异味、污物等都会造成一些货物的污损;在装卸过程中破包扬尘也会造成其他货物的污损。

(2) 水渍:在装卸、运输、保管过程中,因雨湿、浪湿、水湿而使货物变质损坏。

(3) 湿损:在装卸、运输、保管过程中,因雨湿、浪湿、水湿而使货物变质损坏。

(4) 汗湿:因货舱内壁和顶部产生汗水浸湿货物,或货物表面产生汗水,导致货物霉烂变质或锈蚀。外界温、湿度的变化和货物本身散发的水分是货舱内壁和顶部以及货物表面产生汗水的主要原因。如船舶从温暖地区港口驶往低温地区,外界温度逐渐降低,导致舷壁和甲板温度相应下降,当温度降到舱内空气露点以下时,货舱内壁和顶部就会凝结汗水,相反,船舶从低温地区港口驶往温暖地区时,外界温度逐渐升高,如货舱封闭不密,以致暖温空气进入舱内时,由于货物(特别是金属制品及金属包装货物)表面温度低,易使货物表面产生汗水。在外界温度没有很大变化的情况下,如果舱内货物蒸发水分多,露点温度会随着升高,超过舷壁和甲板温度时,也会在舷壁和顶部凝结汗水。

(5) 受潮:货物因吸收空气中的水分而致霉烂、变质或外观受损。怕受潮货物或吸湿性货物(如棉花、茶叶、香烟、罐头、工艺品等)和易散发水分的货物

（如大米、山芋、种子、果实、氟石、矾土和各种矿石等）混装在同一舱室，由于易散发水分的货物会散发出大量水分被吸湿性货物吸收，或怕受潮货物因受散发水分货物所散发出的大量水分的影响，都易使货物霉烂、变质或外观受损。

（6）破损：在装卸、运输、保管过程中，造成货物或其包装破裂、断裂、变形、磨损、折损或金属表面镀层脱落等损失。主要原因是：包装脆弱的货物堆装过高或轻重倒置；装舱时货物堆装不紧密、底脚不平、货垛倒塌；航行中因船舶摇摆而产生货动，使货物互相摩擦或受挤压；装卸工具和成组工具使用不当或违章操作等。

（7）海损：船舶或货物在航行过程中，因遭遇海难或其他意外事故造成的直接或间接损失。

二、理货验残要求

在船舶装卸过程中，外轮理货员在船边、甲板或舱内对所有进出口货物要逐一检查货物的外表状况是否良好。同时，对所发现或发生的残损货物要作出公正判断，并提供理货书面证明，据此来划分造成货物残损的责任方。

货物残损情况有破损、变形、散捆、水渍、污迹、霉烂、锈蚀、污染、渗漏、翻钉、铅封脱落、虫蛀、燃烧痕迹等。

凡货物在装卸船时，理货员应严格把牢验残关，对任何一种残损情况都必须按票作出残损记录或批注，实事求是地反映残损范围和程度。残损货物必须按票分别堆放，并采取防止扩大残损的措施和及时通知有关方整修。

对于操作中发生的工残，外轮理货员应会同收货方及时编制现场记录，把货损的程度、操作过程、操作方法、货物包装形式、重量、工具负荷、有无指示标志、作业工组、船名、舱口工班等项目填写清楚，经过装卸工组组长或司机签认后，交港口有关部门备案。

（一）进口残损货物批注

对进口货物中的残损货物，应根据不同货类的特性按残损情况的内容进行批注。另外，要按货类的特性区别对待。

1. 车辆

车辆残损检验是难度较大的工作，因车辆类型多，情况复杂，其中有外国驻我国使馆、新闻、贸易机构的涉外车辆以及外国展览和赠送的车辆。由于情况特殊，所以对装卸和保管要有特别严格的要求。对残损的检验就更要细致，务必杜绝漏签和错签。

涉外车辆的签残范围是车辆外表和从车辆外部能够发现的车内残损和短缺等情况。一般是以下列项目为验残对象：①车身整体外表完整无损；②无摩擦损伤；③无撞击损坏；④无脱漆；⑤无锈蚀；⑥车门开关良好；⑦手把门锁完好；⑧点火器、天线、音响器、刮水器、反光镜、商标牌、钥匙等附件完好无损；⑨车内的仪表部位完好无损；⑩座椅及其他装饰物完整无损等。对附有工具箱、行李箱的车辆，要检查有无铅封（包括不知是否应有铅封的）以及其他可以发现的异状、残损和残缺等。对一般车辆也可参照上述车辆的验残范围进行检查。

2. 精密仪器、涉外物资、设备、精密机床以及其他重要物资

这类货物价格昂贵，因而对运输、装卸和保管的要求都很高。在分票、计数、验残等方面的工作必须严格、细心，批注要认真，不得有任何错漏。

凡有铅封脱落、损坏破损、变形、散捆、水或油污渍、汗湿渍、虫蛀、霉烂、锈蚀、被其他污秽物资污染、渗漏、箱内有响声、打包铁皮锈蚀、无箍以及楞头短少等情况，均应如实签证。对于翻钉、重钉、钉洞等不易察觉的残损，应当慎重检验。

3. 桶装货

对桶装货进行残损检查，要以桶体完整无损和桶盖良好为标准。如有渗、漏、破桶、桶盖脱落、无盖、桶瘪以及严重生锈等情况，必须要对外签证。

4. 袋装货

凡袋装货有下列残损之一者应对外签证。袋破、炸口、裂缝、水或油污染、内容结块、融化、虫蛀、各种物质的污染、粘连、冻结和霉烂等。

5. 钢材、钢管、长型钢材等

凡长型钢材、钢管发生弯曲、变形以及锈蚀和腐蚀等情况，均应该对外签证，石油钻管、套管护口套或螺帽发生短缺也应签证。

6. 马口铁、矽钢片、冷轧钢带以及冷轧钢板等

外包装破损、潮湿、水渍、锈迹、卷边、卷角和类似上述钢材残损情况均应对外签证。

7. 新闻纸、卷筒纸等

通常破损轻微可不签残损。破损内容在十层以上要签残损，其余残损可参照件杂货残损签证。破损层数不易点数的，可按部位和深度（厘米）对外签证。

8. 食品

凡是食品与有毒、有害货物发生同舱混装，要对外签证，其余均按件杂货残损情况签证。

9. 棉花、黄麻、化纤、羊毛等纺织原料

对此类货物的验残重点是油污和燃烧焦痕的存在与否，这是引起自燃的潜在隐患，其余同件杂货验残一样。

10. 散不成件的货物

凡无法点清包装内详细数字的货物，例如成组或成捆的货物，有原包装和标志齐全的，按原标志报全散若干件；无原包装或标志不齐、不清的，按无标志报全散。

凡能点清包装内货物数字的，例如钢管。应按点清的单支的残损实际情况对外签证。如无法判明属于某一票的，则按无标志对外签证。

凡不能识别出货物的零部件，又无原包装和原标志的，则按无标志货物或零部件若干（只、卷……）等对外签证。

（二）残损记录批注注意事项

残损货物的检验是货运质量把关的主要内容，残损记录批注是有关部门进行理赔的原始凭证，因此，理货人员在分清货物残损时必须做到以下三点：①剔出残损货，分清工、原残；②确定原残货物在舱内的部位；③理清残损货物的数字，记载原残货物的残损情况，及时取得责任方的签字确认。

三、残损货物的处理

货物托运人把货物运至船边，承运人从货物装上船时就开始对货物负责，也就是托运人开始把对货物的责任转移给承运人。故对理货员来说，首先要注意货物在装船前的外表状况，即包装是否完整、有无破损、潮湿、污染等异状。如发现异状，要及时请托运人调换、整修或者由理货员进行实事求是地批注装货单。

在正常情况下卸货，承运人应将货物运至约定的目的港卸货，按照货物装船时的外表状况交付货物。货物应交给合法的提单持有人，如果收货人对货物没有提出差损异议，就可认为承运人的责任全部终止。在卸货时，作为公证的第三者理货员来说，就应仔细检查进口货物的外表状况，如发现有损坏的货物时，应及时与船方联系，做好现场记录。

外轮理货作为船舶委托方，在理货过程中，所发现的残损货物一般应按提单条款规定的原则进行处理，具体做法主要有以下几条：

（1）出口货物发生残损，原则上不能装船，应由发货人换货或整修。在舱内发现的残损货物，应即卸船调换。如发货人不换货或整修后不符合出口要求时，理货员应如实批注在装货单上。

（2）进口货物发现原残，应根据与船方商定的办法处理：集中验看或随时验看，编制现场记录，取得船方签认。未经理货员验看确认而卸下船的残损货物，由于无法分清工、原残，而且已超出船方的责任范围，应按工残处理（但干水渍、翻钉等货物异状例外）。

（3）在船上发生工残的货物，应编制工残记录，取得工组签认。

（4）货物的包装发生轻微残损，但不可能危及内货质量或数量时，可以不作残损货物处理。

（5）船舶发生海事，致货物残损，应作原残处理（按港口当局意见处理）。

（6）对于桶装货物，发生残损使货渗漏时，应及时通知货方修理，并做好衡重记录。

（7）地脚货应作为残损先向船方签认，再将地脚货物处理。

地脚货是指从原包装内散漏出来的,又不能计数的货物。在装卸、搬运过程中,因包装破漏、飞扬撒漏或渗漏而遗留在船舱内、库场上和装卸作业线附近地面上的残留货物。如化肥、水泥、树脂等袋、包装的货物,都有一定量的内货从包缝中和破包中撒漏出来,撒漏在船舱内或码头上的内货都称为地脚货。地脚货应清扫归拢,重新灌袋,但不能再计数,否则会造成重复计数。地脚货应一并交给收货人,在交接时应在交接凭证备注栏内加批地脚货×××包,或注明地脚货重量。

造成地脚货的原因如下:货物本身包装有缺陷,不能适合正常的装卸操作而发生包装破损,造成货物漏出。装货港对货物操作不当和保管不善而造成包装破损,且未加整修,直到驶抵卸货港后,在卸货过程中也未及时整修,造成货物漏出。卸货港工人操作不当或使用工具不当,使包装破损,造成货物漏出。船舶因配载不当或者因航行过程中受到海损,使货物包装破损,造成货物漏出。地脚货一经造成,使原货物受到损失。但是如果把地脚货处理好,可以使货物的损失减少。因此,在工作中应重视对地脚货的管理。

对地脚货物处理的注意事项:不得将地脚货物重新并入原货物的包装里,必须单独另行灌袋。在地脚货物中一般都混杂垃圾、杂物,即使看上去与原货一样清洁,仍难免混入灰尘,灰尘又是肉眼难以分辨清楚的。因此,如果把这种地脚货灌回原包装里去,就会对某些有较高清洁要求的货物造成沾染,使本来清洁的货物也变成新的地脚,这不仅会扩大货物的损失,甚至会使货物完全变成废品。要分清地脚货的品名,把不同品名的地脚货物分别装入不同的袋内,不得相互混杂装袋。在装卸货物结束之前,必须把清扫起来的撒漏地脚货物装入袋内,堆放在指定的仓库。破损的空袋,凡是能看清标志的都要计数,不得遗漏,凡是地脚货重新灌包的都不能计数。

第五节　溢短货物理货业务

一、货物溢短的原因

货物溢短是指船舶承运的货物,在装货港以装货单数字为准,在卸货港以进口舱单数字为准。当理货数字比装货单或进口舱单数字多出时,称为溢(Over);短少时,则称为短(Short)。发生出口货物数字溢短的主要原因有 4 个方面。

1. 发货人数字不准或标志不符

发货人数字不准是指发货人没有按装货单列明的数量将货物送往船边或港口仓库,造成实际货物数字的多出或短少;发货人在发货时没有按装货单上列明的包装形式打包、打捆而造成货物数字不准。

标志不符是指货物实际标志与装单上列明的标志不相符,造成货物数字

短少。

2. 港口库场管理不善

(1) 货物堆装混乱：不同航线的货物混堆在一起；货物堆垛不准齐，无法点清数字；货物标志不朝外或没有桩脚牌；成组货物不定量等。

(2) 进栈货物数字不准：不按计划预先安排好货位，以致造成乱堆、乱放，数字点不清；收货时没有严格执行有关制度，造成进栈数字不清。

(3) 库场剔货不严：不按规定复查和核对剩余货物的票数和件数，以致不能及时发现混装、漏(错)装等情况。

(4) 装船发货时把关不牢：仓库员不认真进行单、货核对，造成货物发错，该装船的货物没有装，不该装的货物却装上了船。

3. 装船途中掉件或落水

在装船过程中，货物在运输途中掉件未被发现或未及时加以处理，造成货物漏(错)装；装卸工人或司机在搬运、起吊货物时，没有严格执行有关操作工艺，造成货物落水灭失。

4. 理货数字不准确

理货数字不准确是指由于理货员在工作上的疏忽或过失而造成理货业务上的差错，主要包括理货计数交接的差错、理货单证的差错，理货分票的差错等。发生理货差错的主要原因有：①理货员责任心不强；②理货员不坚守工作岗位；③理货员不坚持执行理货工艺；④理货员不坚持双边交接的原则；⑤理货员不认真核对货物标志和计数。

二、理货差错的预控

货物装卸船后，由理货长根据理货计数单核对装货单或进口舱单，以此来确定实际装卸货物数字是否溢出或短少。装船货物数字溢短较易确定，因装船时一票一清，可随时发现，随时确定，随时解决，不需要制作货物溢短单。卸船货物溢短数字的确定应慎重，必须待全船货卸完后，根据计数单汇总各票货物的理货数字与进口舱单核对，才能确定货物数字是否溢短。溢短货物的确定，主要采取与港区库场泊长核账和复核的方法解决。

装卸工班结束时，应对舱口理货员编制的计数单进行认真复核，复核时应注意以下几点：①提单号、标志、包装是否准确；②大宗货或大票货物的每钩小数累计与总数是否相符；③成套设备和车辆的件号、件数和重量是否与进口舱单相吻合；④现提货物的提货单数字与计数单数字是否一致。

在复核过程中，如发现问题，应及时向有关理货员了解清楚，及时处理解决。

三、溢短货物的处理

船舶承运货物发生货物溢短的原因很多，情况也较复杂，工作中发现货物溢短应按下列办法处理。

（1）出口货物应按装货单数字理数装船。溢出的货物不能装船，如发货人要求装船，应联系发货人补足装货单数字。如发货人无货补足，应将该票货物部分退关，或由发货人办理更改装货单手续。如发货人既不退关，又不更改装货单，理货人员应按实际理货数字批注装货单。（整票货物退关或部分货物退关一定要凭发货人或货物代理人出具退关通知书方能有效。）

（2）进口货物应按进口舱单数字理数卸船。对溢出或短少的货物应编制货物溢短单；散捆货物，尽量折合成原件，如无法折合时，则按短捆溢支处理；无标志或标志不符的货物，如确认是本港货，按溢卸货物处理；不同票的相同货物应联系有关单位或部门确认后，可溢短相抵，如仍有溢短或无法确认，则按溢短货物处理。

（3）进口舱单未列明的货物，如标志完全不符、卸货港不对或包装完全不同的货物，不能卸船。如船方要求卸船，应通知其代理人（提供书面凭证），方可卸船，并按溢卸货物处理。

第六节　货物分票、隔票业务

一、分票、隔票要求

（一）分票

分票是外轮理货的一项重要业务。依据装货单或进口舱单核对货物上的主标志，按票分清混票和隔票不清的货物。

出口分票，是指按船方计划配载图，将每票货物按卸港顺序、危险货物分层次装载在预配的舱位中，并按船方要求，做好衬垫和分隔工作。

进口分票，是指将本航次积载的货物，按进口舱单上列明的提单号、标志、货名、件数、重量、件号等内容与实际货物核对。内容完全相符，按票交付给港口库场或收货人。

由于船舶承运的货物在卸货港要按票交付，因此理货人员对混票货物应尽量做到边卸货边分票。如果确实不具备边卸货边分票的，应在卸货后及时按票分清货物。使理货结果得到及时签证，保证船舶按时开航。

（二）隔票

（1）隔票又称分隔。在装舱时，将分属不同装货单的货物按票隔开。对不同卸货港，同包装不同装货单号的货物应做好隔票工作。隔票的作用在于防止

货物混票和错卸，便于卸货港卸货、理货和提货。

（2）隔票方法：可用不同包装的货物进行自然隔票。可用网络、编织布、钢丝绳、帆布、木板、席子、绳、涂料、纸等进行隔票，隔票方法和隔票时的使用应根据货种的不同相应使用。

（3）隔票要求：对不同卸货港的货物、同包装不同票的货物、转船货物和选港货，要分隔清楚。应防止隔票不完全、界限不清楚、串货和混装现象的发生。

（三）直达港货物的隔票要求

1. 直达港货物按不同卸货港分隔要求

一艘远洋杂货船，一般每航次都要挂靠几个卸货港，甚至十几个卸货港，这样就难以避免在一个舱内配装两个或两个以上卸货港货物。每个不同卸货港的货物之间，除了在积载方面要认真考虑外，还必须在每个不同的卸货港之间用绳网、尼龙网或席子等隔票物料进行分隔，以便在卸货港顺利卸货，防止产生错卸、漏卸现象。

2. 直达港货物按不同卸货港“小票集中、大票分隔”

一艘万吨以上的杂货船，一般载有几十票到上百票的货物，要挂靠好几个港口。目前由于大量货物经由集装箱运输，出口票数已大量减少。由于票数多、票量小、包装不同，为了防止混票装载，有些船舶除了要求按不同卸货港分隔外，还需要按“小票集中、大票分隔”的原则进行分隔，即对批量大、票数小的大票货物集中堆装在舱内一个部位，并与其他货物用隔票物料加以分隔；对数量小、票数多的小票货物，除了集中堆码外，还要在票与票之间进行分隔。这样，就不会造成混装，有利于卸货港按票卸货，有利于理清货物数字，分清货物标志。

（四）转港货物的隔票要求

1. 转船货按不同转口港分隔

所谓转港货（亦称转口货），就是通过他国港口运往其本国或第三国的货物。船上装有转港货时，转港货必须与直达港货物分隔清楚，同时，也要求“小票集中、大票分隔”。如有几个不同转港货装载在一个舱位，要按不同转口港顺序加以分隔。

2. 转港货按每一个目的港分隔的要求

转港货在装货单上都标明转口港和目的港。例如，“Lehavre W/T at Rotterdam”，即勒阿弗尔（目的港：法国）在鹿特丹（转口港：荷兰）港转运。对这类货物，除了采用以上方法外，还可以按每一个目的港分隔，这种分隔要求，工作量较大，装货速度会受到一定影响，但为了在卸货港能及时、准确地提取这类货物，提高理货工作效率和保证理货质量，避免错卸、漏卸，就必须这样做。

3. 选港货的隔票要求

(1) 按不同选港分隔的要求。通常,选港货在舱单和装货单上都标明两个以上。例如 London/Rotterdam 或 London/Rotterdam/Hamburg,即伦敦/鹿特丹或伦敦/鹿特丹/汉堡。对于这类货物,除了要与其他港口货物分隔以外,还要按不同的选择港进行隔票。同时要满足上述任何港都具备卸货条件。由于这类货物数量小、票数少,在隔票时,可利用其不同包装形式,采用自然隔票方法。如包装相同,就用隔票物料进行分隔。

(2) 按不同选择港票票分隔的要求。在按不同选择港分隔的基础上,要求把同一个选择港货物的每一票分隔清楚。目的是以便根据买方指示阐明,在同一个选择港货内的任意一票货物都能随时在任何一个选择港卸下。

二、货物装舱原则

掌握货物选配舱位的原则,这是正确审核装货配载图所应具备的条件,在工作中才能更好地与船方配合,指导装卸工组顺利地进行装舱积载,才能在货物拉动中,避免装载上的错误和不必要的翻舱。货物选配舱位的原则为:

(一) 由下而上,先远后近,先大后小,下重上轻

先配舱底货物,后配上层舱货物;先配远程后卸的货物后配近程先卸的货物;先配批量大的货物,后配批量小的货物;先配重货,后配轻货。

(二) 特殊货物先定位,互抵货物慎搭配

对积载上有特殊要求的货物,如危险、贵重、笨重长大件、怕热、怕湿、污染、液体、散装、易碎、甲板等货物,要先确定配载舱位,同时要根据货物的性能予以慎重处理,正确搭配,防止混装。危险货物的拉动必须得到大副认可,并签字确认。

(三) 硬件软件合理搭配

大硬件配船中,小软件配首尾,轻重大小合理搭配体积大、硬包装的体积大、硬包装的货物宜配在宽敞、舱大的中部货舱;体积小,轻包装的货物宜配在舱口四周或首尾货舱。在一个舱内,也要合理搭配体积大小、包装硬软,积载因素大小不同的货物,使之堆码紧密。

(四) 留有机动货载,便于综合平衡

留有少批量适当的货载,能在前、后舱或上、下舱作机动配载,这样可以随时调整,使船舶保持适当的吃水差和稳性。

三、货物衬垫

（一）衬垫作用

保护货物不被压坏，防止货物移动，保持货物通风，保护船体，防止甲板受力集中。

（二）衬垫方法

（1）舱底及各层甲板装载包、捆货物或怕潮湿的货物时，一般可铺垫木板一层到二层，下层横向，上层纵向，在汗水沟处留出空当。对易于发热、败坏的货物，应在木板上加铺席子或帆布。为防止货物移动，可使用木楔加固。为防止甲板受力集中，可铺垫方木、木板。

（2）壁及舷壁衬垫，一般可用席子、草包、帆布或木板等物料衬垫，以防汗湿货物，保护壁板。舱口边缘、横梁下方应适当加铺席子或帆布，以防汗湿表面货物。

四、货物的积载因数

货物积载因数是配积载工作中十分重要的数据。在水运中，船舶装运的货物多种多样，由于货物的轻重、包装尺寸规格等不同，重量相等的货物其体积有时会相差很大，如生铁和棉花。对一般货船积载来说，如果全部装载生铁，则会当船舶载重量已满载时，而舱容尚空余许多，造成船舶亏舱；相反，如果全部装载棉花，虽装满船舶全部舱容，但载重量还剩余许多，造成船舶亏载。要使船舶积载达到满舱满载的理想经济效益，必须将生铁与棉花按恰当的比例搭配起来进行装载。可见，确切掌握货物的体积与重量之间的关系，即货物积载因数，对于水运中正确制订配积载计划极为重要。

（一）货物积载因数的概念

货物积载因数（Stowage Factor，S. F.）是指各种货物每一吨所具有的体积或在船舶货舱中正常装载时所占有的容积。前者为不包括亏舱的货物积载因数，俗称理论积载因数；后者为包括亏舱的货物积载因数，俗称实际积载因数。计算式分别为：

1）不包括亏舱的货物积载因数

$$C_{SF} = V/Q$$

式中：S. F. 为货物的积载因数（m^3/t）；V 为货物的量尺体积（m^3）；Q 为货物的重量（t）。

2）包括亏舱的货物积载因数

$$C_{SF} = W/Q$$

式中：S. F. 为货物的积载因数（m^3/t）；W 为货物占用货舱的容积（m^3）；Q 为货物的重量（t）。

（二）亏舱和亏舱率

按货物运输包装外形尺码和毛重，经计算得出的货物积载因数为不包括亏舱的货物积载因数，如用这种资料计算货物所占用的舱容时，必须另加上货舱容积的损失部分，即亏舱，才能得出该货物所需的实际舱容。所谓亏舱（Broken Stowage），是指船舶容积未被所装货物充分利用的那部分容积。产生亏舱的原因有：

（1）货物与货物之间的不正常空隙。

（2）货物须留出通风孔道或膨胀移位的空间。

（3）货物衬隔材料所占用的空间。

（4）货物与货舱舷侧和围壁间无法利用的空间等。

其中，前三种情况在装舱质量不好时会增大舱容损失，而后种情况可通过积载计划的周密处理减少损失。

亏舱的多少通常用亏舱率（Rate of Broken Stowage），又称亏舱系数。所谓亏舱率，是指货舱容积未被货物充分利用的空间占整个货舱容积的百分数。其计算式为：

$$\beta = \frac{W - V}{W} \times 100\%$$

式中：β 为亏舱率（%）；

W 为货物占用货舱的容积（m^3）；

V 为货物的量尺体积（m^3）。

亏舱率的大小因素一般取决于货物的种类、包装形式、货舱的舱容、舱形以及货物的装舱质量等。我国常见货种包装形式的亏舱率见表 9.1。

表 9.1　不同货种的亏舱率

货物的包装	亏舱率/%
各种杂货混装（GENERAL）	10~20
规格统一的箱装货物（CASE）	4~20
规格统一的袋装货物（BAG）	0~20

表9.1(续表)

货物的包装	亏舱率/%
同样的袋不同材质的麻袋货物(SACK)	0~12
规格统一的捆装货物(BALE)	5~12
规格统一的桶装货物(BARREL)	15~30
规格统一的铁桶货物(DRUM)	8~25
大木桶(HOGSHEAD)	17~30
散装货:煤炭(COAL)	0~10
谷类(GRAIN)	2~10
盐(SALT)	0~10
矿砂(ORE)	0~20
木材(TIMBER)	5~50

例1　某船装运100 t袋装大米,实际占用舱容为163.25 m^3,袋装大米的理论积载因数为1.55 m^3/t,问该批袋装大米的亏舱率是多少?(保留两位小数)

解　因为 $C_{SF}=V/Q$

所以 $V=C_{SF}\cdot Q=1.55\times 100=155(m^3)$

$$\beta=\frac{W-V}{W}\times 100\%=\frac{163.25-155}{163.25}\times 100\%\approx 5.05\%$$

例2　某轮装运出口货物压力机,每箱尺寸为115 cm×100 cm×280 cm,重量为3 000 kg,装舱时亏舱率为15%,问装舱后该货物积载因数是多少 m^3/t?(保留两位小数)

解　$V=1.15\times 1.00\times 2.80=3.22(m^3)$

因为 $\beta=\frac{W-V}{W}\times 100\%$

$$W=\frac{V}{1-\beta}=\frac{3.22}{1-\beta}\approx 3.79(m^3)$$

$$C_{SF}=\frac{W}{Q}=\frac{3.79}{3}\approx 1.26(m^3/t)$$

船舶装货的亏舱(或亏载)实际上是货运能力的一种浪费和损失。为力求减少这种损失,水运管理人员在编制货物积载计划和指导货物装舱时,应做到合理、科学。如:根据货件包装特点合理选舱,软包装货物配装首尾舱,硬包装货物配装中舱;依据货种选用核实的堆装方法,提高装舱质量,缩小货物之间的空隙;从货物中挑选出合适于填补亏舱的货物或用作垫料的货物等,使亏舱减少到最低限度。

(三) 重货和轻货的确定

重货(Heavy Goods)和轻货(Light Goods)的确定与计算运费、船舶积载有着很大的关系,它们确定的依据也各有不同。

从计算货物运费角度考虑,在国际航运业务中,为使承运人和托运人之间合理地结算运费,一般把货物划分为重货和轻货两大类。凡货物理论积载因数小于1.132 8 m^3/t 的货物,称为重货,如钢轨、金属制品、水泥等。货物理论积载因数大于1.132 8 m^3/t 的货物,称为轻货(轻泡货),如茶叶、乒乓球等。货物的计费吨分为重量吨(W)和体积吨(M)、重量吨为货物的毛重,以1 000 kg 为1 重量吨;体积吨为货物"满尺丈量"的体积,以1 m^3 为1 体积吨。计费单位为"W/M"的货物,按货物的重量吨和体积吨两者择大计算。

从船舶积载角度考虑,重货和轻货是指货物实际积载因数与船舶容系数相比较而言。所谓船舶舱容系数,是指船舶货舱总容积与船舶净载重量的比值,即船舶每一净载重吨所占的货舱容积。当货物积载因数小于船舶舱容系数,称为重货,相反,货物积载因数较大于船舶舱容系数,称为轻货;货物积载因数与船舶舱容系数相近则称为普通货。为了适于装运较多的轻泡货物,一般杂货船的舱容系数在1.4 m^3/t 以上。

在编制配积载计划时,为了最大限度地利用船舶的运输能力,应根据货物、包装等因素恰当地处理好轻、重货物的搭配积载,使装船的各种货物平均积载因数与船舶容系数相接近,这样使全部货物重量等于船舶净载重吨,全部货物的装舱容积等于船舶货舱总容积,达到满舱满载,从而提高船舶营运的经济效益。

五、货物积载因数表的运用

为了方便使用各种货物积载因数,实际配积载工作人员根据经验积累,参照各类货物的外形尺码和重量,按包装形式、装舱情况等不同,加上一定的亏舱率,作为货物实际积载因数,将其汇编成表,供随时查阅使用。

对某一货种计算出的货物实际积载因数不可能是一个绝对精确的值。由于亏舱的因素较多,货物包装规格的不同或产品品质等级不同,它的数值也是不同的。所以它经常是一个数值范围,使用时应依据实际掌握的情况来选定。

用货物积载因数表计算一定重量的货物需要多少货舱容积,或一定的货舱容积能装载多少重量的货物等方面十分简便,它对安排货物配积载工作非常有用。

第七节　件杂货船舶理货产品交付和售后服务

一、理货签证业务

船舶装卸货物工作完成以后，船长或大副应在理货单证和货运单证上签字，以表明船方已完成货物的交付或接收任务，这就是通常所讲的签证。理货工作中的签证是指船方对进口货物的溢短单、残损单、出口货物的装货单、出口货物积载图，以及理货证明书等主要理货单证的签认。

（一）大副收据的签认

（1）在每工班装货结束后，理货长要把各舱口理货员签署的装货单集中起来，送交船方船长或大副签收，船方签发大副收据，收下装货单。托运人凭船方船长或大副签证的大副收据向承运人换取装船提单，然后到银行结汇。这一过程俗称“签关单”。

（2）大副收据是承运人签发提单的唯一依据，也是收货时有关货损、货差情况的一个证明文件。故理货长在提交船方签证之前，必须仔细检查和核对其内容，核实无误后方可送船方签字。检查和核对的重点放在以下几个方面：①理货员填写的件数是否正确，是否有退关情况。②实际装船日期是否如实，因为提单签发的日期以此为依据。③理货员填写的货舱位置是否准确。④理货员是否批上应批注的内容，如与实际有出入或文字错误，应按实际情况在大副收据上实事求是地加以批注，以维护船方与外贸的信誉和利益。

（二）残损单、溢短单和理货证明书的签证

残损单、溢短单由外轮理货组长和船方大副共同签定，作为收货人与承运人之间解决货物残损案件和货物溢短时的依据之一。因此，这是一项政策性、公正性强的业务，关系到船方和货方各自的利益，关系到我国和他国的利益。船方对以上两种单证上的签证，一般都比较谨慎小心，不会轻易签认，须经仔细核实、盘问和研究后，认为与事实基本相符合，方会签字。对此，要求理货长必须具有相当熟练的业务水平和较高的英语会话能力，要有处理各种问题的工作能力和了解、掌握我国对外有关政策，这是搞好理货签证业务的基础。在具体工作过程中，要根据每艘不同国籍船舶的性质，船方态度，理货结果的残损、溢短数量的大小，在签证之前应做好以下几项准备工作：

（1）必须对要签证的理货单证内容做全面、仔细的检查，务必正确无误。

(2) 对在签证时可能会发生的情况应做到心中有数,如双方相持不下,应该考虑如何把船方意见批注在上面,然后再签字。

(3) 在签证时,应配备一个助手,协助理货组长搞好签证工作。

理货证明书是船舶申请外轮理货公司理货,在货物装卸完毕后,由外轮理货公司与船方共同签署的单证。它是外轮理货公司向船舶代理人结算理货费用的凭证。因此,相对来讲,此单签认是比较容易的。

二、签证的要求和作用

(一) 签证的要求

船方在理货单证上签字是船方对理货工作和理货结果的确认,因此须签证的理货单证必须是正确有效的。为此在签证工作中,必须持慎重态度,必须坚持公正立场和实事求是的原则,以维护委托方的正当权益,提高理货信誉,这就是签证工作中的总体要求。

在签证时,理货长应根据先易后难的签证程序,分别将有关理货单证提交船方大副签字。同时,理货长对单证上的各项内容应作说明和解释,以便使船方及时了解所要签证的内容。如遇上船方对理货结果表示怀疑、否认或提出不同的意见或看法时,理货长应遵循实事求是的原则,坚持有理、有利、有节和内外有别的方针,通过摆事实、讲道理来消除船方的各种疑问,若船方坚持要在理货单证上加放批注时,理货长首先应了解船方批注的内容,然后根据我公司对待船方批注的有关规定,酌情处理;如遇上船方拒绝签字,或不同意船方所加批注的内容而使签证工作处于僵持不下时,应暂缓签证,如船舶要开航,则要正确做好反批注。

总之,理货长在签证时,必须谨慎小心,要严格执行党的对外方针政策和实事求是的原则,要维护国家利益和理货信誉,要尊重船方提出的正当理由和合理要求,正确处理好船方的批注,才能出色地完成理货签证工作。

(二) 签证的作用

外轮理货公司接受船方委托办理理货业务,船方则应按国际航运的惯例对根据实际理货结果编制的理货单证予以签认,以完成船货双方办理货物交接手续。而船方在理货单证上签字则表明了船方对理货工作和理货结果的确认。这时,理货单证和其他货运单证成为船货双方交接的证明和依据。因此,船方签认就确定并承担了承运人对所托运货物应负的责任,理货单证也就成为划分承托运双方责任的依据和证明。

三、理货批注业务

（一）批注和批注的形式

1. 批注

船舶装卸货物结束后，船方在签证理货单证和大副收据时，由于对理货结果持怀疑态度或有意见分歧，使签证陷于僵局，为了解决双方的争执，往往采用在理货单证或大副收据上加放双方都能接受的批注。因此，所谓批注就是在理货单证或货运单证上书写对货物数字或状态的意见。其中货物数字主要是指对溢短单上表明的溢短数字，船方提出异议，要求在单证上批加如“上述数字有争议，请复查”等意见，以表示不能完全接受理货结果。当然，船方批注的内容是多种多样的，我们要按有关规定，酌情处理。对货物状态主要是指对船方在收受货物时所发现的货物破损、水湿、水渍、油渍、锈蚀等情况，批注在大副收据上。或是对残损单上所表明的残损情况提出不同的意见和说明，如“仅仅外表残损，内货不详”等。

2. 批注形式

由于批注是按不同对象和不同情况批注在各种单证上的，所以通常可以分为以下几种。

1）按批注对象分为理货批注和船方批注

（1）理货批注是指根据出口货物在装船时所发现的残损情况和货物短少，如实批注在装货单上，或对船方批注提出自己意见的反批注。前者一般是在装船过程中，理货人员或船方值班人员发现残损货物或理货人员在核对货物时发现有短少，要求发货人对残损货物进行调换或修理，对短少货物补足或更改装货单，仍然要坚持装船，则应根据事实情况，如实地在大副收据上加放批注。但在批注时，应本着实事求是的原则，既不夸大，也不缩小，既不给托运人造成不应有的麻烦，也不损害船方的正当利益。根据我国对外方针政策，参照有关远洋货物运输的外贸条款，公平合理地予以处理。后者是由于船方坚持要在理货单证上加放否定理货结果的批注，对此为了澄清事实，说明理由，反驳船方提出的不符合事实根据的批注而采用的一种方法。当然，不能把加放反批注看作是解决签证双方意见分歧的唯一方法，而是为了对付船方强硬态度的反措施，一般只有在迫不得已的情况下才采用。因为它毕竟不是一种使人信服的摆事实、讲道理的方法，不能完全消除船方的各种疑问，反而容易使船方产生新的误解，不利于解决双方的争端，不利于维护理货的信誉。所以我们应尽量避免采用这种方法。

（2）船方批注是指船方依据其在货物装卸过程中，对装卸工作、理货工作、货物状况的意见和看法，在理货单证或大副收据上加放自己意见的做法。造成船方加放批注的原因是多方面的，主要有港口装卸质量、库场管理、理货工作和货物包装等。因此，理货人员在办理签证时，船方就有可能在理货单证或大副收据上加放一些批注。要想减少船方批注，应提高理货人员素质，提高管理水平，坚持"质量是理货工作生命线"的方针，认真负责为船方服务是很重要的。

船方批注的目的，一是为了说明造成结果的原因，二是为了减少自己应承担的责任。因此，我们在处理船方批注时，首先应看懂船方批注的内容和含义，其次是分析批注的性质，即属于可加批注，还是不可加批注，最后才能决定是否能接受船方批注。正确处理船方批注是理货业务中极其重要的内容，处理得正确与否，会直接影响将来货方提出索赔时的法律依据的有效性，影响理货工作的声誉，影响国家的经济利益。关于如何正确处理船方的批注，将在下一节详细讲解。

2）按批注内容分为数字批注和残损批注

(1) 数字批注，即对理货溢短数字的批注，如"根据理货提供的数字"等。

(2) 残损批注可分为现状批注和声明性批注。现状批注即批注货物的实际情况，如"钢材生锈"等。声明性批注即批注货物可能发生的变化情况，如"甲板货，发货人担风险"。

四、批注的要求和作用

无论是由理货批注还是船方批注，批注的内容不管是数字批注还是残损批注，都必须遵循公正、实事求是的原则，尊重船方提出的正当理由和合理要求，考虑国际上合理的习惯做法和国内的有关规定。

（一）批注的要求

(1) 批注内容要符合实际情况，合情合理，做到既不乱放批注，又不能无原则地放弃批注。对属于提单中规定的免责条款，不需要再批注。如装运木材时批注"木材沾片、裂缝……不负责"是不必要的。

(2) 书写批注要文字确切、精练，含义明确、具体，不能含糊其词、模棱两可。如对货物残损的数量不要批注"许多""少量""部分"等不确切的数字，而是要按实际"××包""××箱""××袋"上批等等。

(3) 处理批注要实事求是，公平合理；双方有分歧要以事实为依据，坚持原则，在此基础上，经协商解决问题，遇有重大分歧，要请示汇报，不要擅自处理。

（二）批注的作用

一是为了证明货物情况，包括货物数字和状况是否完好；二是为了分清承托运双方的责任；三是保险、理赔最原始的依据。

五、对待船方批注的处理原则和意见

（一）正确对待船方批注

船方加批注是理货签证中的常见现象，是国际航运中的习惯做法。上海外轮理货有限公司对于船方批注的处理原则是：符合党的对外方针政策和实事求是的精神，坚持有理、有利、有节和内外有别；维护国家利益和理货信誉，有时经济利益要服从政治利益；尊重船方提出的正当理由和合理要求；考虑国际上合理的习惯做法和国内的有关规定。

根据上海外轮理货有限公司对待船方批注的处理原则，把船方批注内容分为：可加的批注和不可加的批注。

（1）可加的批注：凡船方批注内容属于提出正当理由和合理要求，说明实际情况，不影响外轮理货有限公司代船方办理货物交接手续的均可以加批注。

（2）不可加的批注：凡船方批注内容属于提出不正当理由和不合理要求，不符合实际情况，影响外轮理货有限公司代船方办理货物交接手续的均为不可以加批注。

（二）对待船方批注的处理意见及其说明

根据《中国外轮理货有限公司对待船方批注的处理意见》及其《说明》的内容汇编如下：

1. 可加的批注

1）属于批注重理、复查的内容

（1）数字有争议，根据重理。（Figure in dispute, Subject to retally.）

（2）以复查为准。（Subject to be rechecked.）

这类批注虽然表示对理货数字有怀疑，但也提出了解除怀疑的要求。遇到这类批注，本公司可主动要求船方出具书面重理委托，否则视为船方习惯做法，不按重理处理。

2）属于批注根据我理货的内容

（1）根据上海理货数字。（According to Shanghai tally figures.）

（2）溢短根据理货数字。（Over and short according to tally figures.）

（3）船员没有理货。（Not tallied by ship's crew.）

这类批注符合当前国际航运中由理货公司代船方在港口进行理货的实际情况。“船员没有理货”不等于船方没有理货，船员没有理货是事实，船方没有理货等于否认本公司代船方理货。

3）属于批注船上货物全部卸完的内容

（1）货物全部卸完，船上没有遗留。（All cargo discharged. Nothing remained on board.）

（2）船舶由装港直达上海港，中途未卸货。（Vessel sailed from loading port to Shanghai directly without discharging any cargo on the voyage.）

这类批注适用于船上货物在本港全部卸完的船舶。

“货物全部卸完”不等于货物全部交足，“中途未卸货”不等于装港不短装。因此，这类批注不可能解除船方应承担的责任。

4）属于批注装卸两港数字不相符的内容

（1）装港为1 000件，卸港为990件。（1 000 Packages in the loading port, 990 Packages in the discharging port.）

（2）舱单为1 000件，理货为990件。（1 000 Packages in the manifest, 990 Packages by the tallymen.）

（3）舱单为1 000件，大副收据为1 000件，船图为1 000件，理货为990件。（1 000 Packages in the manifest. 1 000 Packages in the Mate's Receipt. 1 000 Packages in the stowage plan. 990 Packages by the tallyman.）

（4）装港机器计数，卸港人工计数。（Checked by computer in the loading port. Accounted by tallyman in the discharging port.）

这类批注仅仅说明装、卸两港理货数字不一致的实际情况。

5）属于批注要求对散捆货物进行溢短相抵的内容

（1）请会同收货人将溢短货物相抵。（Consignees should be consulted for off settling the shortlanded cargo with the overland cargo.）

（2）请将溢短根数折成捆数。（Please make up pieces overlanded into bundles.）

这类批注反映了船方的合理要求。“相抵”不等于相等。实际上，我有关方面在对外索赔之前也要进行抵补。

6）属于批注散装货物重量据说的内容

（1）原收原交。（Delivered as loaded.）

（2）重量据说。（Said to be weight.）

（3）重量由发货人提供。（Weight furnished by the shipper.）

这类批注符合船方承运散装货物运输契约的规定。

7）属于批注有证据证明是国外责任的内容

（1）参阅装货单批注。（Refer to the remarks in the Shipping Order.）

（2）12件没有装船。（12 Packages short shipped.）

（3）箱子翻钉系装货港海关验看所致。（Case renailed due to the custom's inspection in the loading port.）

（4）上述残损系装货港在装货过程中所致。（Above damage caused at loading port during loading.）

这类批注适用于船方有国外港口责任者造成货物残损或短装的书面证据

的场合。

8）属于批注货物事故原因或内货不详的内容

（1）短少原因不详。（The cause of shortlanding unknown.）

（2）箱破，内货未外露。（Case broken. Contents not exposed.）

（3）仅仅外表残损，内货不详。（Only the appearance damage. Contents unknown.）

这类批注意味着船方确认本公司的理货结果，同时强调货物事故原因或内货是否短、残不清楚。

9）属于批注根据有关契约或报告的内容

（1）根据租船合约处理。（To be settled as per Charter Party.）

（2）根据商检报告。（Subject to Cargo Surveyor's Report.）

（3）参阅海事报告。（Refer to the Sea Protest（Note of Protest）.）

（4）租船人付款（租方账目）。（For charterers account.）

（5）甲板货，发货人担风险。（Deck cargo at shipper's risk.）

这类批注属于船方说明情况，提出要求，在没有资料的情况下，本公司仅仅认为船方的批注是正当的。如有关单位能事先提供资料，本公司可以与船方联系。

10）属批注不明显，货物残损系卸后发现的内容

（1）箱子翻钉，卸后发现。（Renailed case discovered after discharging.）

（2）干水渍，卸后发现。（Dried water-stains discovered after discharging.）

这类批注仅适用于在正常作业条件下不易发现的不明显的货物残损，在卸后24小时内提请船方签认的情况。本公司应该尽力避免或减少卸后发现残损。

11）属于批注货物实际情况的内容

（1）钢材生锈。（Steel rusted.）

（2）箱子重修。（Case repaired.）

（3）2%袋皮破。（2 Percent of bag covers torn.）

（4）桶瘪。（Drum dented.）

（5）装前露天堆放。（Stow Cargo in open air before loading.）

这类批注符合货物的实际情况，多见于出口货物包装或外表确有问题，本公司又未主动加上批注的情况。大宗货物，在无法点清残损数字的情况下，通常批注百分之几或部分残损。本公司要改变对出口货物不能实事求是加批注的情况，但在批注前要联系外贸部门。

12）属于批注其他符合事实的内容

（1）地脚货全部卸下。（All the sweepings of cargo discharged.）

（2）短卸货物可能混在上海港货物内。（The shortlanded cargo may be mixed up with the cargo for Shanghai.）

（3）仅为收单而签字。（Sign for mate's Receipt.）

（4）定量关不准。（Fixed quantity inaccurate.）

这类批注是指符合可加批注原则的其他各类批注。由于各种原因，本港短卸货物混在其他港口货物内的事情是存在的。“定量关不准”不等于理货数字不准，因为本公司除记关数外，还逐钩点清关内细数。港口装卸要改变定量不准的状况，坚持按“三定”作业，为理货创造条件。

2. 不可加的批注

1）属于批注有争议的内容

（1）有争议。（In dispute.）

（2）船员理货为1 000件，理货员理货为990件。（1 000 Packages tallied by ship's crew. 990 Packages tallied by tallymen.）

这类批注表示对理货数字有怀疑，但又未提出解除怀疑的办法。遇到这类批注，可通过摆事实讲道理，说服船方尽量不加原因如下：

第一，本公司理货人员的工作态度和理货方法船方是看到的，理货结果实事求是地提请船方签字。

第二，在理货过程中，未听到船方对理货工作提出不同意见，也未与收货人发生数字争议。

第三，如船方对理货工作有意见，欢迎及时提出，加这种批注，无助于问题解决。

由于这类批注在国际航运中经常采用，因此，在与船方签证僵持不下时，可同意加。由于国内解决“争议”的办法较多，因此，对远洋国轮可同意加这类批注。

2）属于批注件货数字据说的内容

（1）据说。（Said to be.）

（2）理货据说。（Tally said to be.）

这类批注的英文原意是道听途说，不能肯定属实的意思，而件货是经过理货得出来的确切数字。

3）属于批注否认理货工作的内容

（1）理货数字不准。（Tally figures incorrect（inaccurate）.）

（2）不同意上述短卸。（Ship not agree to the above shortage.）

（3）卸货中码头上有掉包，无法点清数字。（Impossible figure correct owing to fallen packages on wharf.）

（4）理货不准造成短少。（Tallymen not allowed to make shortage.）

这类批注是指无根据地否认理货数字。“卸货中码头上有掉包”可能是事实，但理货员是在船边计数，并且掉包仍要归垛，因此，不会影响卸货数字的准确性。

4）属于批注根据岸上理货的内容

（1）根据岸上理货。（According to shore tally.）

（2）船上未见理货员。（No tallymen on board.）

（3）无人理货。（No body tallying.）

（4）理货员不在现场。（Tallyman not on the spot.）

这类批注直接否认理货工作。“根据岸上理货”概念不清，船方可以解释成理货员来自岸上。这是事实，但也可解释为理货工作在岸上进行，这就混淆了本公司代船方理货与港口仓库代货方理货的性质。

目前，有些港口未能严格执行双边理货的规定，错误地把外轮理货和仓库理货合二而一，一条作业线只派一名理货员，形成无人交接，船上无人理货的局面，这种做法必须改变。

5）属于批注否认船方责任的内容

（1）船方不负责上述短卸。（Ship not responsible for the above shortage.）

（2）船方对两港数字不一致不负责任。（Ship not responsible for the difference in the figures between loading and discharging ports.）

（3）船方不接受上述残损。（Ship not accept above damage.）

（4）包装不良造成残损，船方不负责任。（Ship not responsible for damage caused by poor packing.）

（5）旧汽车，船方不负责任。（Ship not responsible for secondhand car.）

这类批注是指无根据地否认船方责任。在未经检验的情况下判定船方不负责任也是不恰当的，本公司也无法向收货人进行交接。

6）属于批注无根据地把货物事故责任推到由港口造成的内容

（1）上述残损是在上海港卸货造成的。（The above damage caused in Shanghai during discharging.）

（2）卸货过程中造成残损。（Damage caused by stevedores during discharging.）

（3）短捆溢根是工人卸散造成的。（Short bundles and over pieces due to the offbundling by the stevedores during discharging.）

这类批注涉及货物事故责任问题，如船方能提供我港口方面造成残损的证据，本公司在“货物残损单”上应取消这项内容，但属国外港口责任的，则不能取消。如船方不能提供由港方造成残损的证据，本公司就无法向收货人进行交接。

“工人卸散”可能是事实，但在溢根未折成捆数之前就判定短捆数一定是工人卸散造成，是没有根据的。

7）属于批注其他不符合事实的内容

（1）全船货物原收原交。（All cargo delivered as loaded.）

（2）听候船公司核准。（Subject to ship owner's approval.）

（3）箱破，内货完好。（Case broken. Contents intact.）

（4）货物特性所致。（Caused by cargo nature.）

（5）自然融化。(Naturally melted.)

（6）被迫签字。(Sign under protest.)

这类批注是指符合不可加批注原则的其他各类批注。

船方对散装货物系原收原交，但是对于件货，要负责交接。“听候船公司核准”意味着让船公司来批准理货结果，如果船方在现场都不能确认理货结果，船公司就更无法确认。况且，船方也未尽到对货物运输的责任。

本公司只负责记录货物包装或外表的残损情况，在未经检验前，就判定“内货完好”是没有根据的。

货物性质致损的批注，在未检查前，不能随意得出这一结论。如果确系货物性质致损，本公司不会提请船方签认。

“被迫签字”多数发生于短少货物数字时，几经交涉，船方不肯签字，最后采取不当的方法，船方被迫签字而加的批注。本公司要认真执行党的对外方针政策，切实搞好理货工作，避免这类批注。有些船舶要加这类批注时，应该坚持以理服人：

第一，船舶在港口装、卸完货物，应该办理交接签证手续。

第二，本公司实事求是地提请船方签字，船方不能无根据地否认理货数字。

第三，要有解决问题的愿望，对于意见分歧可以协商，这是正常现象。

上述内容根据目前船方经常批注的做法汇集整理，以作为正确处理船方批注的示范。在实际工作中，由于船方批注内容千变万化，因此，还要掌握原则，灵活运用，不能生搬硬套。

六、特殊批注的处理

近年来，随着我国外贸事业的发展和上海口岸的不断扩大，进出上海港的船舶越来越多，理货事业也有了较大的发展。与此同时，工作中也出现了一些新问题，其中签证工作中出现的大量批注就是一个较为常见的问题。新的批注内容大量出现，给现场工作带来了一定的困难。虽然原交通部有文规定，船舶未办理理货签证手续不得开航，但在实际现场理货工作中，不准船方开航的方法用得比较少，因为这样容易激化矛盾。通常情况下上海外轮理货有限公司对待船方批注的方法是：首先说服船方不要加放任何批注或提出修改批注的建议，使不可加批注变成可加批注，其次是加放反批注。多年来由于我们在加放反批注方面做到了实事求是，用词适当，所以没有发生任何责任事故。实际上，加放反批注这一方法完全符合国际上的习惯做法。有时船方加了批注后，我们理货认为不能接受，船方就主动建议理货加放反批注。当然，我们在处理反批注问题上一定要认真、仔细、及时向有关领导汇报，经领导同意后，方可处理。下面是上海外轮理货有限公司的一些具体做法。

（一）常用反批注（英文全部大写）

(1) SHOST ON BEHALF OF THE VESSEL CHECK THE CARGO. THE SHORTAGE IS THE FACT. PLEASE SETTLE IT AS PER RELEVANT CLAUSES.

(2) WE ARE ON BEHALF OF THE VESSEL, PLEASE DEAL WITH THE DAMAGE AND SHORTAGE CARGO, ACCORDING TO THE TERMS OF B/L.

(3) WE CHECK THE CARGO ON SHIP'S BEHALF, SHORTLANDED CARGO TO BE SETTLED AS PER CHARTER PARTY.

(4) SHOST ON BEHALF OF THE ABOVE VESSEL CHECK THE CARGO. THE RESULTS MENTIONED OF TALLYING IS x x x PIECES. SHORT CARGO TO BE SETTLED AS PER CHARTER PARTY.

(5) SHIP'S REMARK DOES NOT RELEASE FROM HIS CONTRACT OBLIGATION.

(6) SHOST ON BEHALF OF THE ABOVE MENTIONED VESSEL CHECK THE CARGO; SHIP'S REMARK DOESN'T RELEASE CARRIER FROM HIS CONTRACT OBLIGATIONS.

(7) WE ARE ON BEHALF OF THE VESSEL TO CHECK THE CARGO ACCORDING TO IMPORT M/F MARKS, THE RESULT OF TALLYING IS x x P'KGS, SHORTAGE SHOULD BE SETTLED AS PER RELEVANT CLAUSES.

(8) NO DISPUTE OCCURED DURING DISCHARGING, WE TALLY CARGO ON BEHALF OF THE SHIP. TALLY FIGURE OF SHANGHAI IS CORRECT.

(9) THE ABOVE MENTIONED DAMAGED CARGO WAS CHECKED AND SIGNED BY THE DUTY OFFICER BEFORE DISCHARGING NOT INCLUDING STEVEDORES'DAMAGED CARGO.

(10) ABOVE MENTIONED SHOULD BE SETTLED AS PER RELEVANT CLAUSE. SEE VARIANT REMARKS AND LETTERS OF PROTEST, SEA PROTEST, MATE'S RECEIPT.

(11) BEFORE DISCHARGE WE FOUND ABOVE DAMAGE TO BE CHECKED BY THE DUTY OFFICER, FOR DECK CARGO SHIP IS N/R FOR RUSTY. SECOND PLASTIC COVER IN GOOD CONDITION.

(12) THE ABOVE DAMAGES CHECKED BY THE DUTY OFFICER BEFORE DISCHARGING.

(13) AT ESTIMATED 10% OF UNITS STAINED DURING THE LOADING OPERATIONS AT THUNDER BAY.

(14) IN SOME UNITS THE STRAPS BROKEN DURING THE VOYAGE DUE TO VERY BAD WEATHER.

(15) 10%(MEANS 640 UNITS)COVER STAINED.

(16) THE TALLY FIGURES ARE ACTUAL.

(17) SHOST ON BEHALF OF THE SHIP CHECK THE CARGO. OVER AND SHORT CARGO SHOULD BE SETTLED AS PER RELEVANT CLAUSE.

(18) THE ABOVE TALLY FIGURES ARE ACTUAL TO BE SETTLED AS PER RELEVANT CLAUSE.

(19) THE TALLY FIGURES ARE ACTUAL. ABOVE MENTIONED TO BE SETTLED AS PER RELEVANT CLAUSE.

(20) THIS IS ACTUAL FIGURE WE TALLIED OUT .

(21) SHIP'S REMARK IS USELESS, TALLY COMPANY DOESN'T ACCEPT SHIP'S REMARK.

(22) SHORTAGE SHOULD BE SETTLED ACCORDING TO RELEVANT CLAUSE.

(二) 对待船方特殊批注的具体处理办法

(1) TALLY FIGURE IS 20 COILS SHORT,THIS DISPUTE BY VESSEL.

理货数字称 20 卷短少,船方对此有异议。

有异议是可以的,与船方办理签证手续时,应再次向船方介绍本航次理货过程。如船方同意加放重理最好,不然可加反批注:

SHORTAGE SHOULD BE SETTLED AS PER RELEVANT CLAUSE.

(2) CARGO WAS DISCHARGED AS PER MANIFEST,UNDER PROTEST.

根据舱单货物卸完。有异议。

该批注无根据且毫无道理。故不能接受。

反批:

①THIS IS THE ACTUAL FIGURE WE TALLIED OUT. ②SHIP'S REMARK IS USELESS SHOST DOESN'T ACCEPT SHIP'S REMARK. ③ SHORTAGE SHOULD BE SETTLED ACCORDING TO RELEVANT CLAUSE.

(3) ACCORDING TO MATE'S RECEIPT,SAID TO BE ONLY TALLY.

根据大副收据,理货据称。

理货数字是实际理货工作的结果,不应仅仅是据称。批注否认了理货数字,不能接受。

反批:

①THE TALLY FIGURES ARE ACTUAL. ②ABOVE MENTIONED IS TO BE SETTLED AS PER RELEVANT CLAUSE.

(4) SAID TO BE. ALL CARGO WAS DISCHARGED AS PER MANIFEST. SHORTAGE IS IN DISPUTE TO BE RECHECKED AT BOTH PORTS.

据称,所有货物按舱单卸下。短少货物有争议,请两港复查。

本批注第一句否定了理货工作和理货实际结果,不能接受。如改为 TALLY FIGURES AS PER THE CARGO DISCHARGED 较妥。

(5) SHIP IS N/R FOR 1 CASE INCORRECT TALLY, SUBJECT TO BE RECHECKED.

船方不负责由于理货不正确造成一箱短少,根据重理。

批注第一句在无凭证的情况下断言理货差错是无道理的,应向船方讲明道理。批注改为 1 CASE SHORT IN DISPUTE TO BE RECHECKED.

(6) ALL CARGO WAS DISCHARGED ACCORDING TO THE MANIFEST & SHANGHAI TALLY.

根据仓单和上海理货,所有货物都已卸下。

理货数据是实际卸货结果的反映。该批注给人含义不清的感觉,应改为数字根据上海理货,这样就比较恰当。

(7) ALL CARGO WAS DISCHARGED AS PER MANIFEST NOTHING REMAINED ON BOARD . SUBJECT TO SHIP'S MANIFEST FIGURE.

根据舱单所有货物都已卸下,船上无遗留,根据舱单数字。

批注完全否定了理货数字,不能接受。应说服船方将根据舱单数字改为 SUBJECT TO SHANGHAI TALLY FIGURES. 这样,就可以接受。如船方一定要加放批注,则要加放反批注。

① SHOST ON BEHALF OF THE SHIP. ② THE TALLY FIGURES ARE ACTUAL. ③SETTLED AS PER RELEVENT CLAUSE.

(8) OVER CARGO OFFSET SHORT CARGO. SUBJECT CORECK APPROVAL.

溢短货物相抵,等候 CORECK 公司的核准。

溢短货物的出现是理货实际结果的反映,溢短货物在可行的情况下总要相抵。但是一定要征求船公司的意见并取得船公司的批准,实际上是不很妥当的。对于这种批注,可加反批。

①SHOST ON BEHALF OF THE SHIP CHECK THE CARGO. ②OVER & SHORT CARGO SHOULD BE SETTLED AS PER RELEVANT CLAUSE.

(9) TOTAL CARGO WAS DISCHARGED AS PER MANIFEST, MARK AS PER TALLY.

全部货物根据仓单卸下,标志根据理货。

理货工作的职责之一是理清数字,按票起卸。如卸货只根据舱单而不根据实际的理货结果,就等于否定了理货工作。这样的批注不能接受。

反批:

①THE ABOVE TALLY FIGURES ARE ACTUAL. ②SETTLED AS PER RELEVENT CLAUSE.

(10) TALLY INACCURATE DUE TO SLINGS OF BAGS COUNTED AND NOT BAGS ONE BY ONE. NO CARGO REMAINING ON BOARD.

由于只点大关不点小数,造成理货不准确。船上无遗留。

要向船方解释定量关基本上是正确的。个别点不准,已当关纠正。且理货在船边发筹、划关计数,不存在由于个别关不准而导致理货数字不准的问题。

(11) SHIP IS N/R FOR CARGO MARK DIFFERENCE.

船上不负责货物标志不同。

船上对所装货物数量及运输标志应负有一定的责任。全部否认对运输标志的责任,不妥当。

(12) SIGNED FOR THE RECEIP ONLY NO LIABILITY OR ACCEPTANCE FOR CORRECTNESS OF SAME WITHOUT PREJUDICE TO MY OWNERS RIGHT AND TO CHARTER PARTY.

仅签认收到,对其正确性既不承担责任,也不承认。同样,船东权力和租船人利益不损害。

批注否认,船方逃避了责任,故不接受。应和船方协商,劝说船方取消该批注。也可加反批注:SETTLED AS PER RELEVANT CLAUSE.

(13) SINGED WITHOUT PREJUDICE TO THE QUESTION OF LIABILITY DUE TO THE NATURE AND EXTENT OF DAMAGE.

由于残损的性质和程度,对责任问题,在无损于我方利益情况下签字。

涉及责任问题,应以商检报告为准。船方在无凭证的情况下,否认自己的责任是不恰当的。SINGED WITHOUT PREJUDICE 常常出现在批注中,应该劝说船方不要加这种批注。

(14) ALL CARGO WAS RECEIVED FROM LOADING PORT, DISCHARGED AT SHANGHAI IN GOOD CONDITION. FIGURE ACCORDING TO SHOST.

所有货物在装港收到,在上海卸下时完好。数字根据上海理货。

船方称货物装卸完好,从而否定了原残的存在。根据理货,数字含义不清,且与上条矛盾,应向船方讲明道理,并加反批注。

DISCHARGING WE FOUND ABOVE DAMAGE BEFORE CHECKED BY DUTY OFFICER.

(15) FOR DECK CARGO SHIP IS N/R FOR RUSTY. SECOND PLASTIC COVER IN GOOD CONDITION.

船方不负责甲板货生锈。第二层塑料包装完好。

甲板货由谁承担责任应根据有关条款处理。理货只理外表,内包装是否完好,理货无从得知。强调内包装完好是不妥的。

(16) NO DAMAGE DURING VESSEL CARRYING & BEFORE CARGO DISCHARGING.

航行期间和卸货前,船上没有残损。

船方否认有原残,从而失掉了责任,这种批注不能接受,应向船方讲明道理。同时加反批注 ABOVE DAMAGES WERE CHECKED BY THE DUTY OFFICER BEFORE DISCHARGING.

(17) IN SOME UNITS THE STRAPS BROKEN DURING DISCHARGING。

部分捆扎铁皮坏是在卸货时造成。

上述批注指的是卸货时造成残损,要向船方解释清楚,工残不包括在内,工残记录已另行做好。建议船方取消该条,且部分含义太广,故不能接受。

(18) ABOVE DAMAGE CONDITION ONLY THE COVER AND NOT CONTENTS.

上述残损仅为外包装,不包括货物内容。

理货只理外表,货物内容应由商检检定。建议船方取消该批注或把后半句改为:SUBJECT TO CARGO SURVEYOR'S REPORT.

(19) ALL THE DAMAGES CAUSED BY THE STEVEDORES DURING DISCHARGING.

全部残损是由工人在卸货中造成。

批注否定了船方的责任,要向船方说明卸港工人造成的残损已另有记录。上述残损卸前均已和当班人员一起检查过,属于原残。

(20) THE ABOVE FIGURES ACCORDING TO SHANGHAI TALLY. DAMAGE WAS CAUSED BY THE STEVEDORES'BAD HANDLING BECAUSE THEY USED HOOKS. SHIP IS N/R FOR ANY DAMAGE.

数字根据上海理货。残损是由于工人使用手钩和粗暴操作所到的。船方不负责任何残损。

这里,船方推卸了全部责任。工人粗暴操作,是装港还是卸港,没有讲清楚。若指的是卸港,则要向船方解释工残记录已另行编制,数字不在其内。若是装港,则要求船方提供证明。否则,该批注不能接受。

(21) ABOVE DAMAGE FOUND IN WAREHOUSE SHIP IS N/R FOR ANY CONDITION OF CONTENTS,PACKAGE OK.

上述残损在仓库里发现,船方对货物内容不负任何责任。件数是对的。

有些残损在现场不易发现,卸后发现多一些。如重钉、钉洞等。对于这些残损船方还是有责任的。此批注应对船方说明道理或改为 THE ABOVE DAMAGES ARE HIDDEN DAMAGES SO WE FOUND THEM AFTER DISCHARGING. 这样,该批注则可以接受。

(22) VESSEL IS N/R FOR MARKS ANG MIXED DELIVERY AS CARGO LOADED MIXED.

船方不负责标志和混装而致的混交。

船方在装货时,对按票装货负有一定的责任。在无任何依据的情况下,不能推陈出新卸责任。更不能说装货时混装,交货时也要混交。

(23) STRAPS BROKEN,CONTENTS INTACT.

包装铁皮坏,内容未受损坏。

理货职责是理外表,货物内容好坏,应以商检报告为准。船方在外包装已经有损的情况下,不能肯定内容完好。

(24) SUBJECT CORECK AND P. & I. SURVEYOR APPROVAL.

听候 CORECK 和保赔协会检验人员核准。

这里 CORECK 是船公司名称。这条批注的内容有经过上述单位批准、赞同的意见。根据业务章程的要求,残损货卸前均已会同船方验看过。残损程度则应由商检出证。船方的责任,该批注原则上不应接受。可加放反批注。

ABOVE MENTIONED SETTLED AS PER RELEVENT CLAUST.

(25) SEE VARIANT REMARKS AND LETTERS OF PROTEST, SEA PROTEST,MATE'S RECEIPT.

参阅海事报告、大副收据、声明信件等不同批注。

本批注中,A/LETTERS OF PROTEST 含有声明和抗议的意思,而且没有说明是装港或卸港的责任。在没有任何根据的情况下,该批注不能接受。如系装港责任,可请大副说明,并取得船方的实际证明,如是指卸港,应向船方解释工残已另行编制记录,数字不包括在内。船方应取消该条此项。

(26) CONTENTS NOT EXPOSED BUT COVER CAN BE SEEN.

内容无外漏,包装可见到。

货物外包装破损后,内容有无外漏或损坏,理货不能肯定。货物的实际情况应由商检处理。

(27) CARGO IN GOOD CONDITION EXCEPT BAGS.

袋皮破,内容完好。

理货只理外表,内容是否完好应该由商检检验后得出结论。船方不能肯定内容是好的。

(28) VESSEL DISCHARGED ALL CARGO AS PER CARGO MANIFEST AND B/L. VESSEL N/R FOR SHORT OR OVER CARGO.

船上货物已卸完。全部货物根据仓单和提单,船上不负责货物溢短。

理货数字反映了理货工作的最终结果。在无任何疑问的情况下,船方提出不负责货物溢短是没有道理的。应据理力争,或与船方协商,取消更改这种批注,也可以加反批注。

七、理货出证业务

理货出证是指当进口船舶货物发生溢短、残损或进口国际中转货物;出

口船舶舱单货物信息发生变更等情况，客户需理货公司出具的相关书面证明。

（一）进口船舶

当进口船舶货物发生溢短或残损时，收货人为了向保险公司提出理赔，须理货公司出具的理货签证证明；进口国际中转货物，代理公司到海关办理相关手续时也须理货公司出具证明。

（二）出口船舶

代理公司将出口舱单信息预先发送给海关，当出口船舶货物发生整票退关、部分退关及舱单信息变更等情况，船舶开航后，客户到海关办理相关手续时，须向海关出具理货公司提供的实际货物出运情况。

八、理货商务理赔

（一）复查

1. 复查的含义

复查是理货公司及下属理货机构采用各种方式对所理货物数字进行核查，以证实其准确性的一项业务工作。

从广义上讲，复查是对每个数字、每张单证、每个争议，由始而终层层复核和检查，直至得出一个符合实际的理货结果的做法。

2. 复查的作用

1）复查是避免发生理货差错的必要措施

理货人员在工作中，由于受客观环境和本人的心理状态影响往往会发生一些差错，当时难以察觉，进行复查可以找出问题，避免理货差错事故的发生。

2）复查是证实理货数字准确的有效方法

当申请理货的货主或其代理人，对理货数字表示疑问时，理货公司可安排理货人员对有疑问的货物从单证资料、操作过程及实际货物等方面全面进行检查、复核，以复查的数字来证实理货公司工作的可靠性，理货数字的正确性，以消除申请方的疑虑，提高理货公司信誉。

3）复查是提高理货质量的一种手段

理货数字的正确与否是反映理货质量的一个很重要的方面，为了确保理货质量，保证每个理货人员所理的数字准确性，除了理货人员认真计数外，还可以用复查的方式来进行核对，通过各种不同的复查方式保证了理货数字的准确，也提高了理货工作质量。

3. 复查的提出

通常复查的提出有以下两个方面。

1）根据委托方的要求进行复查

当理货实际数字出现与进口舱单数不一致时，委托方要求对所理货物进行复查。这种复查，理货公司是被动进行的，这样的复查必须由委托方书面申请，也称为“重理”。

所谓重理是对所理货物进行第二次理货。这种情况在签证时船方不同意理货结果而提出的解决意见，为了解决双方争端，理货公司同意在货物溢短单上加“INDISPUTE SUBJECT TO RETALLIED”或“SUBJECT TO BE RECHECKED”等批注。理货公司根据船方书面委托对所理货物重新进行第二次理货。重理的方法主要是检查理货单证、库账、联系接收货物的各货主进行实际货物数字的复查核实，并根据复查结果编制复查单一式两份，提供给船公司一份。如复查结果与原理货结果一致船方应支付重理费，如不一致则免收重理费。

2）理货公司自行安排复查

当理货数字出现溢短时，为了进一步核实所理货物数字的准确性，在签证前安排理货人员进行复查，这种是主动复查。

4. 复查方式

1）复核

复核是对所理货物有条件、有重点地进行重新清查。所谓有条件是指对所理货物进行复查时，它是有第二次理货的可能性和必要性。所谓有重点是指对所理货物选择具有疑问的货物进行有针对性的复查。

2）查单

查单是对所制作的理货单证进行检查。通过检查寻找发生理货差错的时间、地点、票数、件数和责任人。

3）对账

对账是指核对港口、仓库、收货人的进货账。一般做法是在货物卸完后理货与船方办理签证之前，理货长先对自己的账目进行全面复核的基础上为了确保理货数字，而与港口仓库、收货人核对全部所卸货物数字，在核对过程中如发现双方数字不一致时应及时查明原因，务必取得一致意见，如无法取得一致时，则以理货数字提请船方签证。

4）调查

调查是向参与货物交接的当事人了解货物数字残损情况。调查的对象：一是通过查单过程中发现的有疑问单证；二是根据调查内容，要求和交接班中可能出现问题的部分来确定。调查的内容主要是向货物交接当事人了解理货过程中有否发生意外事故，交接双方当时是否发生争执，货物流向，工人装卸质量

等，通过调查弄清发生理货差错的真正原因，以便采取措施及时解决问题，避免理货差错事故的发生。

5）询问

询问是向货物流转的各个环节了解货物的数字和残损情况。对部分直装、直卸的货物在理货过程中可由理货公司对货物发运地发电报、发公函了解货物实际数字或残损情况，对一般货物差错比较大的可以派人到货物装卸现场进行第二次理货，通常称为搜查，以取得准确的数字。

上述各种复查的方式可单独运用，也可同时运用，应根据实际需要进行选择，灵活掌握运用。对复查的结果应及时总结经验分析原因吸取教训。

（二）查询

1. 查询的含义

查询是向装货港和卸货港的有关单位，发出书面文件、电报或电传请求帮助了解货物情况的做法。

2. 查询的提出

（1）船公司为了了解装货港和卸货港的情况，发出查询文件或电报，一般通过外轮代理公司转给理货公司处理。

（2）理货公司发出查询文件或电文给上港或下港理货公司要求帮助了解情况。

3. 查询的作用

查询是货运商务处理工作中必不可少的一个环节，是处理索赔案件的前期调查，对正确合理处理索赔案件具有很大作用。其主要作用有以下三点：①查询可以为理赔处理溢短货物。②查询可以为索赔提供事实依据。③查询可通过信息反馈来促进理货质量提高。

4. 查询的处理

理货公司无论是对船公司通过外代传递来的查询文件或电文，还是上港或下港理货公司发来的查询文件，要求如是合理的，办得了的要及时给予回复，如办不了也要给对方一个回音。

九、商务理赔案的处理

（一）立案

（1）立案是对外界反映来的或是内部发现的事故案例进行登记备案。

（2）立案阶段其主要工作是记录事故条例的大概情况，其主要包括：事故案例发生的时间、地点、涉及人员以及简要情况，如是从外界反映的函件附在立案表后作为以后调查的依据。

(3) 一般事故案例可直接由日常主管人负责。如遇紧急重大的事故案例可成立临时事故案例小组,可由其中一人主要负责,其余人员分头着手内查外调协作配合。

(二) 调查

(1) 调查是对所发生的事故案例作深入细致全面彻底了解的过程,是事故案例处理过程中的关键阶段。

(2) 调查往往通过复查、查询、询问、内查外调等有关方式交错进行,目的是将事故案例的来龙去脉摸个一清二楚,找出找准事故案例发生的时间、地点、经过、结果,涉及有关人员及主要责任者和经验教训。

(3) 调查过程中须了解事故案例发生的经过,向事故发生有关人员了解情况,尤其是要向当事人了解情况,要一一作详细记录,以备分析处理之用。对涉及外界、外单位路近可去走访,外省、市可去信函了解核实,有必要也可派人去实地调查核实。需尽量对事故案例发生的全过程要作全面了解。

(三) 处理

(1) 处理阶段就是对事故案例通过调查、分析进行结案定性。

(2) 处理阶段一般要做好以下四方面的工作:①事故责任者要书面写清事故发生的经过及原因和其对事故的认识。②发生事故的责任部门要有事故情况的书面汇报,及其对事故责任者的处理意见。③理赔人员写出事故分析报告。④上级主管部门审核、处理及通报。

总之,处理阶段就要查出造成事故的责任者,找出事故发生的原因,造成的损失和影响,以及今后应该吸取教训和如何采取防范措施等。

第十章　水尺公估理货业务

第一节　理货服务准备

理货业务部门接受委托方申请，同时了解单证是否齐全、真实，对象是否具备水尺公估条件。对特殊情况要制定完善的水尺公估方案，以便工作的顺利开展。

现场理货机构根据公司业务部和辖区码头公司船舶作业计划，编制《理货船舶动态表》（计划），下达理货指令，将事先收到的或客户转来的有关资料，交给指派的水尺公估人员，提出水尺公估的要求及注意事项。

水尺公估人员检查水尺公估工具的有效性和适用性，如救生衣、防滑鞋，钢卷尺、铅锤密度计、量水尺、量油尺、港水取样器、玻璃量筒、直角尺、钢笔、纸质单证、计算器、手提电脑或 PDA、打印机等。

水尺公估人员接受具体船舶的公估任务后，应在预定的时间内到达作业现场。对外籍船舶，公估人员要了解船舶是否已联检完毕。

登轮后，水尺公估人员应与船方取得联系，并做好以下事项的记录和咨询：

（1）记录船名、航次、工作地点或泊位、工作时间。

（2）检查本船有效、正规的图表，如：总平面布置图；容积图或可供艏艉水尺纵倾校正的有关图表；排水量或载重量表；静水力曲线图表或可供排水量纵倾校正的有关图表；水油舱计量表及水油舱液深纵倾校正表。（注不具备有关纵倾校正图表者，应要求船方把吃水差调整或保持 0.3 m（或 1 ft）以内）

（3）了解各项图表上的计算单位、比例倍数、公英制、海淡水、容量和重量等，以及装（卸）港有关情况，查阅有关单证。

（4）了解淡水、压载水、燃油等舱位的分布情况、贮存量以及淡水、压载水等能否实测，压载水的密度；燃油、淡水的每日消耗量和装卸期间的变化；货舱污水沟、尾轴隧道和隔离柜等处的污水；铺垫物料和其他货物重量，以及装卸货期间的变动。

（5）查阅近期船舶常数等有关证书、资料，了解修船情况，掌握空船重量。

（6）询问船舶配（积）载、预配吃水及水尺标记是否清晰等情况。

（7）水尺公估服务实施前要求船、港方停止开关舱、调吊具、压排水、加油水、上下物料，保持缆绳锚链放松等工作，以确保船舶相对静浮。

第二节　理货服务实施

一、首检

（1）船舶吃水测定：用目力观测或用量具实测艏、艉、舯的左右吃水数，如船舶无舯水尺标记或不能直接观测舯吃水读数者，可从船舶左右舷甲板线或夏季载重线上缘测至水面的距离，同时核对法定干舷高度。

（2）港水密度测定：测看水尺的同时，用港水取样器，从船中舷外吃水深度一半处，取得港水样品，用密度计测定其密度。

（3）淡水、压载水测定：用量水尺逐舱测量淡水和压载水的液深，测量管总深度，要注意左右两舱的测量管总深度应基本一致。

（4）污水测定：货舱污水沟、尾轴隧道和隔离柜等处存有较多污水且在装卸货期间有所变动，可按其实际形状进行测定。

（5）燃油测定：用量油尺逐舱测量燃油的油深，每日消耗量在 3 t 以下，亦可由船方自行测定，并提供贮油量。

二、数据的录入及计算

1. 平均吃水

根据所测艏、艉、舯的左右吃水数，以及水尺计算公式，得到拱陷校正后平均吃水（D/M），公式如下：

$$F_{PS} = 1/2 \cdot (F_P + F_S)$$

式中：F_{PS} 为艏平均吃水；F_P 为艏左吃水数；F_S 为艏右吃水数。

$$A_{PS} = 1/2 \cdot (A_P + A_S)$$

式中：A_{PS} 为艉平均吃水；A_P 为艉左吃水数；A_S 为艉右吃水数。

$$T = A_{PS} - F_{PS}$$

式中：T 为艏艉吃水差。

$$M_{PS} = 1/2 \cdot (M_P + M_S)$$

式中：M_{PS} 为舯平均吃水；M_P 为舯左吃水数；M_S 为舯右吃水数。

$$F_C = T \cdot d_F/(L_{BP} - d_F - d_A)$$

式中：F_C 为艏吃水校正值；L_{BP} 为两垂线间船长；d_F 为艏吃水点至艏垂线间距离。

$$A_C = T \cdot d_A/(L_{BP} - d_F - d_A)$$

式中：A_C 为艉吃水校正值；d_A 为艉吃水点至艉垂线间距离。

$$M_C = T \cdot d_M/(L_{BP} - d_F - d_A)$$

式中：M_C 为舯吃水校正值；d_M 为舯吃水点至舯垂线间距离。

$$F_m = F_{PS} + F_C$$

式中：F_m 为纵倾校正后艏平均吃水。

$$A_m = A_{PS} + A_C$$

式中：A_m 为纵倾校正后艉平均吃水。

$$M_m = M_{PS} + M_C$$

式中：M_m 为纵倾校正后舯平均吃水。

$$T_c = A_m - F_m$$

式中：T_c 为艏艉纵倾校正后吃水差。

$$M_{FA} = 1/2 \cdot (F_m + A_m)$$

式中：M_{FA} 为纵倾校正后艏艉平均吃水。

$$D/M = 1/8 \cdot (F_m + A_m + 6M_m)$$

式中：D/M 为拱陷校正后平均吃水。

2. 吃水校正

(1) 船舶具备艏、艉、舯水尺纵倾校正表，可据以校正，必要时予以核对。

(2) 艏吃水校正值：艏倾时(+)艉倾时(-)。

(3) 艉吃水校正值：吃水点在垂线前，艉倾时(+)艏倾时(-)；吃水点在垂线后，艉倾时(-)艏倾时(+)。

3. 标明距离

船图上标明吃水点至垂线间距离，可查取数据，根据公式予以校正。

4. 未标明距离

船图上未标明吃水点至垂线间距离，则应由以下方法确定：

(1) 艏吃水点至艏垂线间距离：将艏吃水按船图上的比例缩小，用分规量出艏吃水点，并测量该点至艏垂线间距离，再按比例放大即得艏吃水点到艏垂线的实际距离 d_F。

(2) 艉吃水点至艉垂线间距离：船图上标明艉水尺标记，则可按求 d_F 之方法量出艉吃水点至艉垂线的距离。如船图上未标明艉水尺标记，则可在船舷侧以目测或实测确定艉吃水点至舵杆中心之间的实际距离。

(3) 吃水点至相应垂线距离值：在垂线前为(+)，在垂线后为(-)。

5. 艏艉垂线的确定

船图上无两垂线时，可将夏季载重线高度，按船图比例缩小，作一平行于基线的水线与船艏相交，并以此相交点作一垂直于基线的垂线为艏垂线，以舵杆中心线作为艉垂线。

6. 船舯吃水的确定

(1) 舯吃水从甲板线测定时：舯左(右)吃水等于法定干舷加夏季载重线高度减左(右)舷实测干舷高度。

(2) 舯吃水从夏季载重线测定时：舯左(右)吃水等于夏季载重线高度减左(右)舷实测干舷高度。

7. 排水量或载重计算

(1) 相应排水量或载重量：根据拱陷校正后平均吃水 D/M，从排水量或载重量表中查算出最接近于平均吃水处的吨数作为基数 Δ1，将差额吃水数乘以相应的每厘米吨(或每英寸吨)，得出差额吨数，以基数吨数加上或减去差额吨数，即得当时吃水的相应排水量或载重量的吨数 Δ_2，同时具备排水量和载重量表，一般应以排水量计算。

(2) 排水量纵倾校正：具备排水量纵倾校正表(二次校正)，经校对后，可据以校正。无排水量纵倾校正表，当船舶艏艉吃水差大于 0.3 m(或 1 ft)，则应按下列公式进行校正：

$$Z = 100 \cdot T_c/L_{BP} \cdot X_F \cdot T_{PC} + 50 \cdot L_{BP}(T_c/L_{BP})^2 d_m/d_z$$
$$= 12 \cdot T_c/L_{BP} \cdot X_F \cdot T_{PI} + 6 \cdot L_{BP} \cdot (T_c/L_{BP})^2 d_m/d_z$$
$$\Delta_3 = \Delta_2 + Z$$

式中：Z 为排水量纵倾校正值，t(tn)；

X_F 为 D/M 处漂心距舯距离，m(ft)；

T_{PC} 为 D/M 相应处的每厘米吃水吨，t/cm；

T_{PI} 为 D/M 相应处的每英寸吃水长吨，tn/in)；

d_m/d_z 为 D/M 处纵倾力矩变化率，t/cm(tn/in)；

Δ_2 为相应排水量，t(tn)；

Δ_3 为纵倾校正后排水量，t(tn)。

漂心距船舯的距离 X_F，可以从静水力曲线图中测得，或从其他图表上查得。漂心在舯前为(-)舯后为(+)。纵倾力矩变化率 d_m/d_z，可按 D/M 值上下变化 50 cm(或 6 in)，从有关图表中查得两个相应的每厘米(或每英寸)纵倾力矩 M_{TC}(或 M_{TI})，求其差数即得。

船舶图表无纵倾力矩资料时，可按以下公式计算：

$$M_{TC} = \Delta_2 \cdot (K_{ML} - K_B)/(100 \cdot L)$$

式中：M_{TC} 为每厘米纵倾力矩，m · t/cm。

$$M_{TI} = \Delta_2 \cdot (K_{ML} - K_B)/(12 \cdot L)$$

式中：M_{TI} 为每英寸纵倾力矩，t · tn/in；

L 为水线船长（可用 L_{BP} 代替），m（ft）；

K_{ML} 为纵稳心距基线高度，m（ft）；

K_B 为浮心距基线高度，m（ft）。

8. 其他纵倾排水量表校正

在具备其他纵倾排水量表（如菲尔索夫曲线图等），亦可据以校正，但应先作艏艉水尺纵倾校正后进行查算，然后再作拱陷校正，其公式如下：

$$\Delta_3 = \Delta_T + 3/4 \cdot (M_m - M_{FA}) \cdot T_{PC} \qquad \Delta_3 = \Delta_T + 3/4 \cdot (M_m - M_{FA}) \cdot T_{PI}$$

式中：Δ_T 为纵倾状态下拱陷校正前排水量，t（tn）。

9. 港水密度校正

$$\Delta_4 = \Delta_3 \cdot \rho_1/\rho$$

式中：Δ_4 为港水密度校正后排水量，t（tn）；

ρ_1 为实测港水密度，g/cm^3；

ρ 为制表密度，g/cm^3。

当排水量或载重量表上列明密度时，按所列密度计算；未列明密度时，海水可按 1.025，淡水可按 1.000 计算。如系载重量，须加上空船重量后，再作港水密度校正。

10. 淡水、压载水计算

根据所测水深，结合纵、横倾状态，从计量表和纵、横倾校正表中查算出海淡水的容量或重量。压载水总量在 500 t 以下时，可按泵进压载水海域的密度计算，或按海淡水的标准密度计算；500 t 以上时，须取样测定密度，并予以校正。

$$W_c = W \cdot \rho_2/\rho = V \cdot \rho_2$$

式中：W_c 为密度校正后重量，t；W 为制表密度下的重量 t；V 为容积 m^3；ρ_2 为压载水密度 t/m^3。

具有计量表而无纵、横倾校正表，且水舱近似矩形者，可用公式先校正水深，然后查算贮水量。

（1）纵倾时测量水深未超过舱高的容量计算：纵倾状态下，测量水深 S 未超过舱高 h（即 $S \leqslant h$）时，可先按判别公式计算舱底浸水面长度 L_1：

$$L_1 = S \cdot L_{BP}/T_c + d$$

式中：L_1 为舱底浸水面长度，m（ft）；S 为实测水深，m（ft）；d 为测量管距横舱壁间距离，m（ft）。

当 d<0.5 m（或 1.5 ft）时，可作 0 计算。其距离可从泵浦图或管线分布图

上查测或实际测量取得。

当 $L_1 \geqslant L$ 时（见图 10.1），可按一般校正公式求出平均水深 m：

$$m = s \pm c$$

$$c = T_c / L_{BP} \cdot (L/2 - d)$$

式中：m 为平均水深，m（ft）；c 为水深纵倾校正值，m（ft）；L 为舱长，m（ft）。

测量管在舱前时，水深纵倾校正值：艏倾为负值，艉倾为正值；

测量管在舱后时，水深纵倾校正值：艏倾为正值，艉倾为负值。

当 $L_1<L$ 时，呆存水舱壁处水深（如图 10.2），可按呆存水公式计算平均水深 m：

$$m = L_1^2 \cdot T_c (2L \cdot L_{BP})$$

当艏倾或测量管在舱前，应注意水舱出现的假满情况。其校正原理同（图 10.3）。

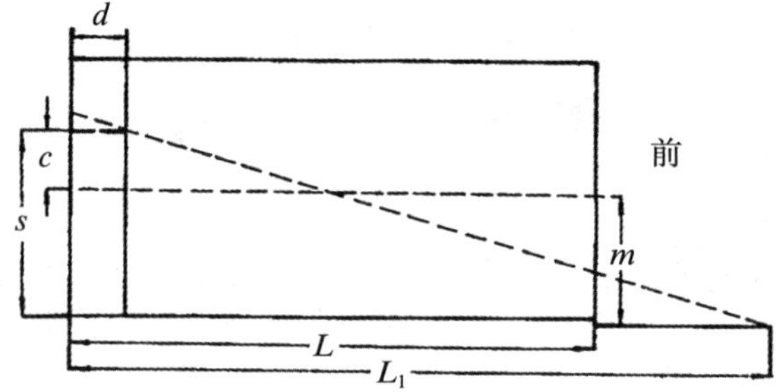

图 10.1　水深计算示意 1

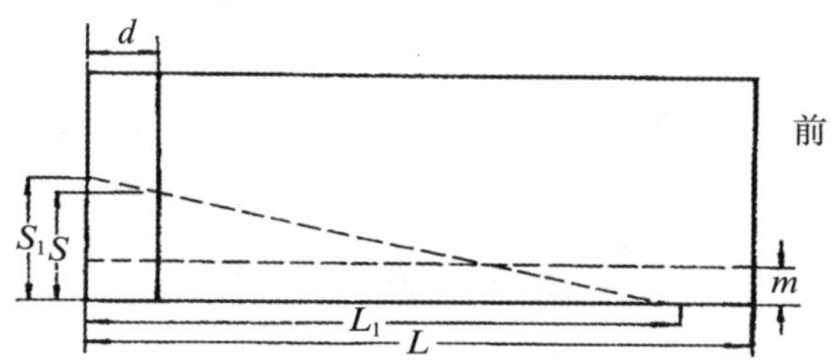

图 10.2　水深计算示意 2

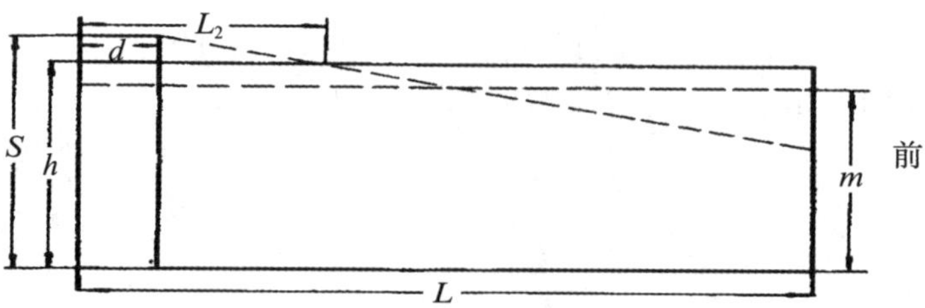

图 10.3　水深计算示意 3

(2) 纵倾时测量水深超过舱高的容量计算。

$$L_2 = L_{BP}/T_c \cdot (S - h) + d$$

式中：L_2 为舱顶浸水面长度，m(ft)；h 为舱高，m(ft)。

当 $L_2 \geqslant L$ 时，可按满舱计算；

当 $L_2 < L$(见图 10.3)，可按假满公式求出平均水深 m。

$$m = h - (L - L_2)^2 \cdot T_c/(2L \cdot L_{BP})$$

无横倾校正表的计算：当水油舱对称分布船的两边，或测量管在舱柜的横向中央位置，可不作校正；当水油舱分布于船的单边，测量管不在舱柜的横向中央位置，且当横倾角超过 10 时，应作横倾校正，其公式如下：

$$m = s \pm c_1$$
$$c_1 = T_1/B_M \cdot (b_1/2 - d_1)$$

式中：c_1 为水深横倾校正值，m(ft)；T_1 为左右舷横倾值，m(ft)；B_M 为船舶型宽；b_1 为测量管距船舷或纵向分舱壁距离，m(ft)。

当 $d_1 < 0.3$ m(或 1.0 ft)时，可作 0 计算。其距离可从泵浦图或管线分布图上查测或实际测量取得。

测量管在左侧时，横倾水深校正值：左倾为负值右倾为正值；测量管在右侧时，横倾水深校正值：左倾为正值右倾为负值。

(3) 以平均水深查得计量表上的容量值。

11. 燃油贮存量计算

(1) 以实测计算：根据所测油深及油温，经纵、横倾校正后查出计量表上的容量，乘以实测温度下的油液密度，即得油液贮存量；无纵、横倾校正表，则可按以下公式计算。油液的密度可参考有关单证或由船方提供。

$$L_1 = S \cdot L_{BP}/T_c + d$$
$$m = s \pm c$$

(2) 以消耗量计算：可将装卸货前的贮油量减去每日消耗量与装卸货天数的乘积，即得到装卸货后的贮存量。

12. 污水量计算

(1) 根据测定的污水深度进行查表计算。

(2) 无计量表时，按实际形状计算体积求出质量。

(3) 装卸货期间少量污水保持不变者，可并入船舶常数以内或估算处理。

13. 船舶常数计算

船舶常数等于装前或卸后实际排水量减空船重量、船用物料及其他货物等重量。实际计算常数与船方所提供的常数相差悬殊时，应进一步核查。

三、首检完毕后

把有关资料(船名、航次、泊位、国籍、货名、装货港、卸货港、作业时间及有关计算数据)录入电脑,编制首检水尺计重记录单。

四、装卸货过程中

理货组长留意装卸进度,每天应编制日报表,对特殊情况作现场记录,并提请船方确认,不同货物不能混装,保持船舶的稳性,注意提请平舱或装货前后开封或加封等特殊事项。

五、货物装卸船完毕后

对船舶进行尾检,同时记录尾检的工作时间。尾检的计量方法同首检。

六、货物重量计算

$$W_L = (B - b) - (A - a)$$
$$W_D = (A - a) - (B - b)$$

式中:W_L 为装货重量,t(tn);W_D 为卸货重量,t(tn);A 为装或卸货前实际排水量,t(tn);a 为装或卸货前船用物料及其他货物等重量,t(tn);B 为装或卸货后实际排水量,t(tn);b 为装或卸货后船用物料及其他货物等重量,t(tn)。

根据水尺计重记录单编制公估业务凭证,如同一艘船装不同货物应编制积载图。

七、各项数据测算精度

各项数据测算精度见表 10.1。

表 10.1 各项数据测算精度

项目	准确度
测看吃水,m(in)	±0.01(0.5)
长度测量,m(in)	±0.01(0.5)
船图测量,m	±0.000 5
密度测量,g/cm	±0.000 5
吃水计算,m(in)	±0.001(0.01)
长度计算,m(in)	±0.01(0.5)
重量计算,t(tn)	±0.1(0.1)

表10.1(续表)

项目	准确度
容积计算,m(ft)	±0.1(1)
$L_{BP} \cdot B$,m(ft)	±0.1(1)
X_f,m(in)	±0.01(0.5)
$T_{PC}(T_{PI})$,t/cm(tn,in)	±0.01(0.01)
M_{TC}(MTI),m·t/cm(ft·tn/in)	±0.01(0.01)
货物重量,t(tn)	1(1)

第三节 理货产品交付

(1) 全船装卸货结束时,水尺公估人员应填制的理货单证有:理货日报表一式三份(船方、码头、留底各一份);首检水尺计重记录单一式两份(船方、留底各一份);尾检水尺计重记录单一式两份(船方、留底各一份);出口的编制积载图一式两份(船方、留底各一份);公估业务凭证一式五份(船方、码头、船代、海关、留存各一份);进口的根据进口舱单编制货物溢短单,一式五份(船方、仓库、船代、海关、留存各一份);如有特殊情况应编制现场记录或待时记录,一式三份(船方、船代、留存各一份)。所有单证通过手工制作或计算机录入打印。

(2) 水尺公估人员应核对全部理货单证和货物资料,做到单单一致,单货一致。

(3) 理货的最终结果经现场理货机构值班人员核对和检验后,由水尺公估人员与船方办理交付签证手续:向船方提供全船单证一套;货物溢短单、现场记录、积载图、公估业务凭证和其他须船方签字的理货单证,经船方签字后,提供船方各一份。

在理货结果的交付、签证过程中,如船方要在理货单证上批注意见时,属符合实际情况的,应同意加注,否则,须向船方做好解释,取消或改写批注内容,若船方坚持批注不符实际情况的内容时,水尺公估人员应请示现场理货机构,按指示意见办理。

(4) 水尺公估人员在办完理货结果的交付手续后,应征求船方对理货服务的意见,并请船方填写征求意见书,经船方签字后收回。

(5) 船舶卸货结束后在合理时间内,为整理理货单证,办理货物交接和签证手续,交接完毕应及时通知船代和港口调度。如两小时内办不完理货签证手续时,水尺公估人员应提前通知船代和调度,未办完理货签证手续,船舶不得开航。办完理货交接签证手续后,应负责清理理货房间,整理理货单证、资料和理货工具离船。

(6) 水尺公估人员离船后,即通知港口仓库已办结与船方的交接手续,将加盖了“COPY”印章的货物溢短单、公估业务凭证各提交仓库一份,并办理交接手续;如果是进出口贸易,提交船代和货代公估业务凭证各一份,由货代负责报关,船代清关。同时,公估人员负责将一份征求收/发货人意见书提请港方(代表货方)对航次理货服务予以评价,并负责收回。水尺公估人员应及时向公司调度汇报理货工作终了时间、全船理货情况,上交全部理货单证、资料和理货工具。通过计算机操作的,操作人员要将电子数据及时传送到公司数据库。

(7) 在理货结果交付后和船舶离港前,发现经船方签字的理货单证有误,必须进行更正时,水尺公估人员在请示现场理货机构同意后,可上船或通过船代办理二次签证。

第十一章　件杂货理货单证

第一节　理货单证的意义

外轮理货工作是外贸海上运输中的一个重要环节。理货单证是船舶理货情况和工作结果的具体反映。按照实际理货结果出具的理货单证是船、货双方货物交接的凭证,是区分承运人、托运人双方责任、分清船、货、港各方责任的证据和对外索赔的重要依据。理货单证的正确与否关系到船公司、收发货人及其他委托方的经济利益,对判断其经济责任具有一定的法律效力。

外轮理货工作是一项政策性和时间性要求很强的工作,其工作具有涉外性、服务性、公正性、国际性等特点。其工作的主要内容包括:为船方或其他委托方理清货物数字,分清货物残损;办理货物交接,提供有关证明,以维护委托方的正当权益。此外,按其工作特点,外轮理货还要会同有关部门监督、检查和验收进出口货物。这些工作情况最终都要通过理货工作状况的好坏及业务素质水平的高低来体现。理货单证的编制是否准确、科学、统一,还反映了一个国家理货工作管理水平的高低,直接影响有关方的经济利益。所以,制定统一的理货单证编制标准和要求,使每个理货人员都能熟练掌握,正确运用和填制各种理货单证具有十分重要的意义。

第二节　理货单证的使用范围

一、理货公司统一使用的单证

我国理货单证的分类、内容和格式经多年不断的补充和完善,已经实现了统一。1982 年中国外轮理货有限公司在业务章程中正式规定了统一标准的理货单证系列。按其顺序依次为:

1. 理货委托书(Application for Tally)

"理货委托书"是委托方委托理货公司办理理货业务的书面凭证,理货公司据此办理船方或其他委托方所委托的各项理货业务。

理货委托书一式三份,经委托单位和经办人签字或盖章后,留存一份,交理货方两份。

委托方须在理货委托书上注明其开户银行和银行账号,以便结算费用。

2. 计数单(Tally Sheet)

"计数单"是舱口理货员计货物数字、分标志,记载理货员待时和理货附加费收项目的原始记录;是办理货物交接的凭证;是编制理货日报表、理货证明书、货物溢短单和其他理货单证的依据;是装货时签批收货单实装件数的依据,是卸货时确定舱单件数正确与否的原始凭证。计数单同时也是处理因货物溢短而引起的索赔案件的原始单证之一。

计数单一式两份,一份交船方,一份理货公司留底。

3. 现场记录(On The Spot Record)

"现场记录"是记载进口货物原残、混装及发生在现场的各种情况的原始记录,也是编制"货物残损单"的主要依据。其特点是随时发生、随时记录、随时签认。

现场记录在记载货物原残时,应编制一式两份,经船方签认后,提供船方一份,理货公司留存一份。

在处理卸货理货过程中发现的装舱混乱、隔票不清等情况时,现场记录应编制一式四份,经船方签认后,提供船方、港方仓库各一份,理货公司留存两份。

4. 日报表(Daily Report)

"日报表"是理货长按装卸作业班次向船方报告装卸货物进度的单证。

日报表一式两份,无须船方签认,提供船方一份,理货公司留存一份。

5. 待时记录(Stand-by Time Record)

"待时记录"是记载因船方原因而造成理货人员停工待时的证明。

待时记录按作业班次编制一式三份,经船方签认后,交船方一份,理货公司留存两份(其中一份交船舶代理公司结算有关费用)。

6. 货物溢短单(Overlanded/Shortlanded Cargo List)

"货物溢短单"是记载进口货物实际理货件数,比进口舱单所列件数溢出或短少件数的证明。经船方签认后,即可作为船、货双方货物交接的主要凭证之一。它是船舶代理公司向港口有关部门发出货物查询的依据;是收货人在货物短少时向船方提出索赔的依据;也是船公司受理索赔案的原始单证之一。

货物溢短单一式六份,经船方签认后,提供船方、船公司(有船舶代理转寄)、海关、船舶代理、港方仓库各一份,理货公司留存一份。若保险、商检等单位需要,可酌情提供副本或复印件。

7. 货物残损单(Damaged Cargo List)

"货物残损单"是记载进口货物原残的证明,经船方签认后,可作为船、港双方区分残损货物责任和船、货双方对原残货物进行交接的凭证;是收货人对外索赔和商检部门对原残货物进行检验、出证的重要依据。

货物残损单由理货长根据船方签认的现场记录上的残损情况汇总编制而成。货物残损单一式五份，经船方签认后，提供船方、船公司（有船舶代理转寄）、海关、船舶代理、港方仓库各一份。若商检、保险等单位需要，可酌情提供副本或复印件。

8. 分港卸货单（Discharging Report in Separate Ports）

“分港卸货单”是记载两港分卸的同一票货物在第一港卸货件数的证明。

分港卸货单由第一卸货港理货长根据实际理货数字编制一式三份。经船方签认后，交船方一份，并通过船方交第二卸港理货一份，第一卸港理货公司留底一份。

第一卸港造成的工残，原则上应全部卸下，若不能卸清，应通知第二卸港系“不属船方原因”的工残情况，以避免不应有的签证而造成与船方的误解。

两港各自发现的原残，应由两港分别编制货物残损单，交船方签认。

第二卸港外理公司应根据两港所卸总数与进口舱单所列数字有否差异编制货物溢短单。

9. 货物分舱单（Cargo Hatch List）

“货物分舱单”是分舱记载每票出口货物装舱部位的清单。卸港可依据分舱单，参照积载图确定的货物积载位置，安排卸货作业和理货工作。

货物分舱单按不同港分别编制，每个卸货港一式五份，四份交船方转交卸货港有关部门，一份理货公司留底。

10. 货物积载图（Stowage Plan）

“货物积载图”是出口货物实际装载位置的示意图。其作用主要有为卸港安排作业提供依据；对航运中发生的货损事故进行责任分析提供依据；为船方计算水尺提供依据。

货物积载图一式六份，经船方签认后，交船方四份，交船舶代理一份，理货公司留存一份。

11. 复查单（Rechecking List）

“复查单”是根据船方或船公司的要求记载复查结果的单证。复查是理货采用不同形式对所理货物数字进行核查，以证实理货结果的准确性。复查的形式有多种，主要有：对所理货物重新进行理货；对货物有重点地进行核查；对理货单证进行检查；核查港区仓库、收发货人的货账；询问、了解货物流转各环节的货物情况；向参与货物交接的当事人调查货物情况等。复查工作结束后，以复查结果数字出具复查单。

复查单一式六份，加盖理货公司印章后，分别送发船公司（可由船舶代理转交）、船舶代理、海关、外运、港区仓库各一份，理货公司留存一份。若已经向保险、商检等单位提供过货物溢短单，则应同时向这些单位送交复查单。

12. 更正单(Correction List)

"更正单"是更改原理货结果的单证。船舶理货手续办理完毕后,如发现理货数字差错、错装、错卸、漏装、单证处理有误等情况,可以通过船舶代理向船公司提出更正,发出更正单。对于因理货数字差错涉及到船公司经济利益,还须报理货总公司批准,并会同有关单位复查核实,提出更正理由,方可对外更正。更正单制作完毕,需加盖理货公司印章方可生效。

因理货数字差错对外更正的,更正单应编制一式六份,分别送发船公司(可由船舶代理转交)、船舶代理、海关、外运、港区仓库各一份,理货公司留存一份。其他单位需要,可酌情提供复印件。对因其他情况需要更正的,更正单仅需编制一式三份,分别送船公司、船舶代理各一份,理货公司留存一份。

13. 分标志单(List of Marks Assorting)

"分标志单"是进口混装货物分清标志的凭证。分标志单是在卸货过程中发现装舱混乱、隔票不清等情况时,在船方签认混装记录后,因卸货过程中未能按标志分清各票件数,须在卸货后,再分清标志,并依次向船公司提供的证明。

分标志单填制好以后,应加盖公司印章方可生效。分标志单一式六份,发船公司(可由船舶代理转交)、船舶代理、海关、外运、港区仓库各一份,理货公司留存一份。

14. 理货证明书(Tally Certificate)

"理货证明书"是船方或其他委托方签认理货工作和计收理货费用的证明。

理货证明书一式三份,船方、船舶代理各一份,理货公司留存一份。

15. 理货账单(Statement of Tally Account)

"理货账单"是向委托方结算单船理货费用的财务单证。

编制理货账单的主要依据是进口舱单、装货单、出口舱单;现场理货人员编制各种理货单证,如计数单、待时记录、混装记录,以及理货总公司指定的《费收规定》。

理货账单一式三份,加盖公司印章后,交公司财务人员寄船舶代理一份,理货公司留存两份(其中公司财务留存一份)。

16. 查询单(Cargo Tracer)

"查询单"是向对方理货部门查询理货情况的单证。

查询单是理货过程中,发现本港理货业务问题须请国外港口协助查询或虽不属本港问题,但须提请国外港口注意或协助清查时使用的一种单证,查询单与更正单、复查单是三种用途不同的单证,在使用上有很大区别。其主要区别在于:更正单是理货工作结束,签证手续已办妥后,发现差错,须对外进行更正时使用的单证;复查单是应船公司的要求,对理货数字进行复查后,答复船公司时所出具的单证;查询单是理货公司为了了解国外港口理货业务问题或提请国外港口应注意的业务问题而主动发出的单证。使用这三种单证时,一定要区别

情况、正确使用。

查询单一套三联（A、B、C），A、B 两联寄被查询方，其中，A 联由被查询方留存，B 联由被查询方填写查询结果后寄回，C 联则由查询方留存备查。

17. 认赔通知单与付款单（Notice of Payment）、（Note of Payment）

“认赔通知单”与“付款单”是向索赔方承认赔偿和支付赔款的单证。认赔通知单是外理公司向索赔单位说明已承担经济赔偿责任，将赔偿款项付出的单证；付款单是具体说明所赔货物的明细情况和具体金额的单证。这两种单据要配合使用。

外理公司所承担的经济责任，目前仅限于对同一航次装卸两港均委托外理公司理货的工程船舶和广海船舶。当因两港理货数字不一致而造成船公司须对短少货物进行经费赔偿时，理货公司应承担船公司的部分赔偿责任。委托方提出索赔和诉讼的时间期限为理货结束之日起一年之内。认赔通知单和付款单一式两份，向委托方赔付结案。

18. 载驳船装/卸驳船清单（List of Loading Lash Lighters）

“载驳船装/卸驳船清单”是记载驳船艘次、分清原残情况的原始记录。

载驳船装/卸驳船清单一式两份。填制时，应根据进口、出口的不同分别填制。如发现驳船体外表原残或铅封断失时，应在“残损情况”栏内注明。

19. 货物丈量单（List of Cargo Measurement）

“货物丈量单”是丈量、记录货物尺码的单证，也是计算、收取理货费、丈量费的依据之一。

货物丈量单一式两份，一份附在账单上交财务作收费依据，一份由理货公司留存。

20. 单船报告表

“单船报告表”是汇总单船理货情况的报表。单船报告情况栏内需填写的主要内容有：

（1）理货过程中发生的问题、处理情况和签证情况。

（2）船方和其他方面对理货工作的反映。

（3）国外装港和船舶航行途中的情况。

（4）装卸过程中的情况。

（5）理货工作中的把关事例及其他好的事例。

（6）改进理货工作的建议。

单船报告表一般情况下仅要求编制一份，送理货公司留存，但沿海进口船舶单船报告表须寄送总公司，故沿海进口船舶单船报告表须编制一式两份，一份送总公司，一份理货公司留存。

二、理货公司内部使用的几种单证

在日常工作中，为了适应理货工作的实际需要，还需要使用另外一些单证来协助理货工作的正常进行。这些单证虽仅限于公司内部使用，但能指导全船理货工作的进行，掌握装卸货物的进度提供详细的资料和具体数据，因此，这些单证对理货工作是不可缺少的。这里将介绍几种主要内部单证的用途和操作要求。

1. 装货舱口计划表

“装货舱口计划表”是理货长根据预配图，按舱口、分层次编制的一份全船装货顺序计划表，也称“进度表”。

(1) 编制装货舱口计划表时，理货长必须先根据配载图和卸港顺序，整理好装货单，再按货物种类和性质、积载要求、分舱口和层次编制装货进度。

(2) 在编制装货舱口计划表时，理货长应按照配载要求、货物装配舱位原则，认真细致地检查、核对配载图，发现配载图有不符合货物装载要求的地方，应及时通知船方更正。

(3) 装货舱口计划表的主要内容有舱口层次、货物来源、装货单号、件数和包装、货名、重量、到达港、备注等项目。

(4) 理货长有了装货舱口计划表之后，在货物装船过程中，就可以掌握船舶装货进度，进行销、查账，指导全船装载理货工作。

(5) 对于装货过程中出现舱位拉动、整票退关、部分退关等现象，均应在装货舱口进度表中注明。

2. 分唛舱口单和进口销账进度表

“分唛舱口单”简称“分唛单”，是理货人员根据进口舱单复制而成的，它的主要内容有：提单/舱单号、标志、货名、件数、包装形式、重量等。制作分唛单时，要注意以下几点：

(1) 在提单/舱单号前，应根据舱单或船方提供的其他单证注明各票货物的装舱位子。

(2) 一票货物有多种包装式样时，应分别注明每种包装的件数、包装式样和重量。

(3) 对成组货物中舱单已注明细数的，分唛单上也要注明。

(4) 货物中的特殊物资，分唛单上应予以标明，以在卸货时引起各方的重视。

“进口销账进度表”是与“分唛单”联合使用的一种报表，也称“销账大表”。它是由理货长根据卸货计数单，记录每工班卸货件数的表格。理货长按舱口整理并认真核对理货计数单所填制的内容后，将件数、舱位记录在销账大表上的本工班项目栏内，以便了解、掌握卸货进度及每票货物的溢短情况。

3. 货物流向表

“货物流向表”是为船舶装卸大宗货物或大票货物专门制作的单证。

大宗或大票货物数量多、票数少，流向复杂，车/驳现装、现提多。在理货工

作过程中，为能按提单核销现装、现提货物的件数，掌握货物流向，也为了防止错收、错发、理货长在工作时，往往需要编制一份货物流向表，以适应工作需要。

货物流向表的主要内容有：提单号、货名、流向、现提工具、实装（卸）件数、理货员姓名等。

编制货物流向表需注意以下几点：

（1）应按货物流向的不同省市范围分别编制。

（2）须按不同的运输工具编制，如火车、驳船、卡车等不能编制在一份流向表内。

（3）应按工班编制，并须汇总工班小计。

第三节　理货单证的编制要求

一、总体要求

现行的理货单证是总公司制订的，因此，理货单证具有统一性，对于填制这些理货单证的规范、标准和要求，总公司和分公司分别制订了填制标准和实施细则。单证填制的总体要求包括以下几方面的内容：理货单证必须如实反映实际理货结果，记载理货工作中的真实情况。文字表达要求语句通顺、文字精练、内容确切；字迹要求工整、清晰、规范、不得涂改。理货单证填制书写的要求如下。

（1）外贸运输船舶理货单证使用英文印刷体大写字母表示；沿海运输船舶的理货单证使用中文正楷表示；数字使用标准阿拉伯数字表示。

（2）英文印刷大写字母和阿拉伯数字的书写应保持工整、大小一致，向左适度倾斜。

（3）要正确使用标点符号。

（4）理货单证上使用语句及缩略语，如包装、舱位、港口、批注等，要使用国际海运通用方法表示。

（5）理货单证上表示的计量符号应符合国家法定计量单位的规定。如米（m）、吨（t）、千克（kg）、日（d）、分（min）等。

（6）理货单证上重量表示以吨为单位，保留小数点后三位有效数字；体积以立方米为单位，保留小数点后三位有效数字；金额以人民币为单位，保留小数点后两位，但单价应保留小数点后三位有效数字；时间使用小时和分钟为单位，满 60 分钟则按 1 小时进位。

二、具体编制要求

为了推广理货单证编制的标准化、规范化工作，公司制订了单证编制的具体要求。这些要求的主要内容有：

（一）理货单证上不用的印刷内容和空格的处理形式

1. 理货单证上不用的印刷内容

应在其中部画一横线,表示不使用。

2. 理货单证上不用的空格

按不同单证的具体要求有以下几种形式:

(1) 不用的单一空格上画一横线,表示不再使用。

(2) 不用的单行空格自左端第一空格向右画一横线至最后一空格止,表示不使用。

(3) 不用的连续多行空格应从第一空行自左向右画一横线,然后再向左端最后一空行的第一格画一斜线,表示不使用。

(4) 单证上栏目应填写内容与上行相同时,则无须按空格处理,如计数单中提单/装货单、包装等栏目。

(5) 涉及数字内容的空格原则上与上述空格处理要求相同。但计数单中各行数字后若有空格,应在数字后第一空格内画上结关符号“⊗”,表示结关符号后的空格不再使用。

(6) 日报表和货物积载图中不用的连续空行可不必划去。

（二）理货单证中停泊地点栏目

应写明船舶所在港区名称(可缩写)及泊位号,如张华浜 2 号泊位为 Z. H. B. NO2。如一艘船舶在同一航次先后停靠锚地、港区及浮筒或停靠多个作业区时,在填制理货证明书、溢短单、残损单等单证时,应填写主要停靠地点。

（三）理货单证上舱位栏目

应按实际舱位填写。

（四）理货单证上的编号栏

应按单证顺序编号。如某种单证有多份时,在编好最后一份单证编号的同时,应在编号边上写上“END”字样以表示该种单证编制结束,这张单证上的编号为该种单证的全部份数。如某一单证只有一份时,在编号栏内应写上“ONLY”字样,表示此单证仅一份。

（五）理货单证上时间栏目内的项目填制方法

(1) 日期(含开工、完工、制单日)在填制时,需使用八位数字表示,填制的顺序依次为月、日、年,月与日当中用一短横线连接。如 2022 年 8 月 15 日应写

为 08－15,2022。

（2）工作起讫时间栏目应使用四位数字当中加英文 TO 表示。如 2022 年 8 月 12 日 22 时至 2022 年 8 月 13 日 06 时为 22：00 TO 06：00,08－12/13,2022。

（3）时间项目（多用于待时记录）在填制时,使用小时（h）、分（min）表示。不足 1 小时的,使用分表示,如 3 小时 15 分应填写为 3 h 15 min。

（六）理货单证上的提单、装货单栏目

应分别按进口舱单或出口装货单上的实际编号的全部内容填写。

（1）当进口货物因装港原因造成货物混卸或有数票货物主标志相同时,在填写提单号时,应填写上述各票货物的全部提单号。

（2）对于卸货发现舱单上列明标志与货物实际不符、标志失落或模糊不清等情况时,在提单栏目内应填写“N/N”（NO NUMBER）字样,不得填写舱单上列明的编号。

（七）理货单证上的标志栏目

应分别按进口舱单和出口装货单上列明的主标志填写。当多票进口货物的标志相同时,仍只需要填写货物主标志。但如委托方提出要求分清批号、件号等特殊委托项目时,则还应在标志栏目内注明批号、件号。

（1）当发现进口货物上的实际标志与进口舱单上列明的标志不相符时,应首先确定该票货物是否在本港卸下,如确系在本港卸下,则应填写货物上标明的实际标志。

（2）卸货时发现的标志失落或模糊不清无法辨认的货物,也应首先确定这些货物是否在本港卸下,如确系在本港卸下,则在标志栏目内填写“N/M”（NO MARK）字样。

（3）当发现进口货物混装,不能按正常顺序按票起卸时,则在标志栏目须写上“V/M”（VARIOUS MARK）字样。

（4）对于发现出口货物上的标志与装货单不相符时,则该批货物不能装船,应联系有关部门确认并更改货物上的标志,按装货单上的标志填写单证。

（八）理货单证上的包装栏目

应按货物的实际包装形式,使用名词单数形式,或缩写体填制。

（九）理货单证上的货名栏目

须按进口舱单或出口装货单上列明的货名用名词单数形式填写。

当发现进口货物的标志不符、失落或模糊不清无法辨认时,无须填写货名,该栏目按空格处理。但是当货物名称十分明确时,则应按实际货名填写。

（十）理货单证上的国籍栏目

使用名词形式填写。

（十一）理货单证上的数字

数字大于三位数时，自右向左每隔三位数加放分节号，如 34,987。

（十二）理货单证上英文数字

应在数字前面加“SAY”后面加“ONLY”字样。对于数字后货物包装形式或货币名称在使用时，应根据数字的单、复数，使用相应单数或复数形式。但人民币仅用 YUAN 表示。

（十三）理货单证上的理货人员签名栏目

应用中文正楷体书写。

（十四）理货单证上的港口名称

使用港口全称或缩写表示。

第四节　常用理货单证制作方法

理货单证的分类和格式是根据国家有关规定和港口货物交接的规定所拟定的。我国现行的理货单证经过多年的充实和不断的完善，在分类、内容和形式上达到了统一。这些单证在使用上各有不同，其用途很广，有些是现场工作中所需要的，有些则是事后工作或商务处理所需要的。在现有的理货单证中，与现场工作关系密切、用途较广、经常使用的单证有十一种。这十一种单证在制作方法上有其特殊的要求。下面，我们逐一介绍这十一种单证制作的特殊要求。

一、计数单

“计数单”是理货工作中经常使用的一种单证，它是理货计数的反映，填制的具体要求如下。

（1）计数单填制的主要内容包括：船名、停泊地点、舱别、库场/车/驳号、工作起讫时间、提单/装货单号、标志、包装、计数、合计、备注、签字等项目。

（2）上述项目的填制要求以及对空格、空行的处理方法按规定的要求填写。

(3) 计数单在使用时,要对进出口有所区别,用于卸货时,应将“OUTWARD”划去,反之,则应将“INWARD”划去。

(4) 计数单在填制时,应按照不同的舱位,对现装、现提、进、出库场的货物分别填写,不能合填在一张计数单上。

(5) 计数栏内的填制按照理货员在船边、甲板、舱内等岗位上采用理货小票、发筹、划关等不同的理货方法按关计数,填写计数单一式两份。

(6) 在同一计数单上写明不同的车或驳船作业时,应在此栏目中写上第一个作业的车或驳号;第二个车、驳号在计数栏内占用一横行填写。依此类推。

(7) 对于须标明件号、重量、尺码的顺序依次填写在计数栏内。

(8) 备注栏目中包括节假日、非一般货舱等九项内容。填制时,应按规定填写,当出现某项附加作业或发生待时、翻舱等情况时,应在备注栏相应内容前画一“△”符号。表示发生该项作业。对有具体内容的还要在其后写明情况,如待时原因和起讫时间。

二、日报表

日报表是理货长每工班须使用并向船方提供的单证。货物进口、出口及发生出舱翻舱均要分别编制日报表,日报表的具体填制要求如下。

(1) 日报表用于进口时,应将“出口”划去,用于出口时,应将“进口”划去。用于出舱翻舱和重新装船时也要分别编制日报表,并按照翻出和重装的实际件数填制,同时在编号右上方分别标明“SHIFTING 或 RELOADING”字样,并划去进、出口中的“OUTWARD”或“INWARD”。

(2) 日报表上货名栏内,原则上按舱单上列明的实际货名填写,如大宗货物,特殊货物等。杂货可按类别填写,如小五金、纺织品等。对于少量零星杂货,可写为“杂货”(General Cargo)字样。

(3) 日报表上的吨位为参考数,应按有关单证上记载的吨数填写。若一票货物一工班内只装卸了其中的部分货物,可参照理货件数,按平均每件重量计算,折合成相应的吨数填制。但在全部货物装卸完毕后,累计吨数应与有关单证上标明的重量相一致。货物件数有溢短时,吨数也要作相应的增减。

(4) 日报表上实际装卸件数和吨数,应根据作业工班,按舱别、货类分别填写在各舱“件/吨”栏内,累计后填入工班小计栏内,表示本工班的理货数字。“前日累计”栏的填写应按前面一工班日报表“总累计”栏内的“件/吨”数填写。但如是新开班,则用横线划去,表示本船舶或本舱口为新开班。最后将本工班累计与前日累计数相加,得到总累计数,按次序依次填入总累计栏内,表示各舱和全船所装、卸货物的总件数和吨数。

(5) “备注”栏内需用英文表示。一般情况下需在备注栏注明的内容主要有在舱单上没有列明的某种货物的备用物品,如汽车钥匙、备用袋等。

三、现场记录

“现场记录”是理货人员常用的单证之一。一般用于下列几种情况。

（一）货物残损

在理货过程中,如发现进口货物外表及包装有原残或异状时,理货人员应通知船方验看确认,并编制现场记录,一式两份。

现场记录说明栏内在记载进口货物原残时,应写明货物在舱内的积载部位和表面损坏情况。残损情况一般不涉及内容,但内货有明显残缺或外露时,可以注明。批注用语要力求确切,不要使用含糊不清的词语,如部分、轻微、严重等字样,也不要涉及致残原因。

（二）货物混装

在卸货过程中,如发现货物装舱混乱、隔票不清时,应通知船方验看确认,编制现场记录一式四份,写明混装情况和程度。混装货物按其混装的程度可分为全部混装、部分混装及隔票不清。全部混装、部分混装指不同票货物之间没有隔票而造成货物全部或部分相混;隔票不清指不同票货物之间没有分隔清楚。但对于单件货物重量较重,体积较大的货物,如卷钢、卷纸等,在舱内积载没有分隔清楚时,无须编制混装记录。对于全部混装的货物件数,按照舱单列明数字填写;部分混票或隔票不清的货物件数,应注明以分标志数字为准等形式的批注。

（三）货物翻舱

因船方原因造成舱内货物翻舱时,理货人员应编制现场记录一式两份,并在情况说明栏内写明舱内翻舱字样,注明翻舱起讫时间。

（四）其他

在理货过程中,对现场发生的与理货有关的货物及其他需要证实或备将来查证的情况,也可编制现场记录,交有关单位签认。

四、待时记录

“待时记录”是记载因船方原因造成理货人员停工待时的记录。

因船方原因造成理货待时时,理货长应根据计数单备注栏内记载的待时情况,按工班汇总编制待时记录一式三份。

理货人员的待时时间计算从待时开始直到重新开工为止。如待时时间持续至工班结束仍不能恢复正常装卸工作时,则待时时间算到工班结束为止。每工班每人累计待时不足半小时,可忽略不计,各作业舱口理货员全部待时时,须

计算理货长的待时时间。舱口理货待时人数按实际理货工作人数填写,时间栏内按实际待时时间填写。如 2 小时 45 分为 2 h 45 min,不要进整数。待时原因填写要简明、通顺、确切。

常用待时用语见表 10.2。

表 10.2　常用待时用语

英文	中文
COOLING CARGO HOLD	货舱制冷
TRIMMING CARGO	平舱
SECURING AND LASHING	加固
PREPARATION FOR LOADING(DISCHARGING)	装(卸)准备
OPENING(CLOSING)HATCH	开(关)舱
WINCH TROUBLE	起货机故障
PUTTING DUNNAGE	铺垫舱
FIXING UP (HEAVY)DERRICK	整理(重)吊杆
MAKING SEPARATION	隔票
TAKING OFF LASHING	拆加固
REPAIRING WINCH	修理起货机
REPAIRING CARGO RUNNER	修理吊索
CHANGING OF CARGO RUNNER	换吊索
HEAVING UP DUNNAGING MATERIALS	起吊垫舱物料
HEAVING UP(PUTTING ON)HATCH BEAMS	起吊(放置)大梁
STOPPING DUE TO THE ALTERATIONS ON THE STOWAGE PLAN MADE BY THE VESSEL	因船方要求变动配载所致的停工
STOPPAGE DUE TO VESSEL'S IMPROPER MOORING	因船方未系好缆绳所致的停工
SHIFTING CARGO IN THE HOLD	舱内翻舱
CLEANING UP DUNNAGING MATERIALS	清理垫舱物料
PUTTING VENTILATORS	铺风筒

五、理货证明书

“理货证明书”是委托方签认理货工作的凭证。理货证明书编制一式三份。

进出口理货分别编制理货证明书，不能合填在一份理货证明书中。“理货工作项目”栏内的内容，应根据理货工作中的实际情况分别填写在相应栏内。

(1) “理货件”的“数量”栏内按进出口件货的实际理货数字填写，“单位”栏内，一般件杂货应写“件”(PKGS)字；“办理散货单证、手续业务”栏内的“数量”栏，出口按装货单所列吨数填写，进口按计量后的吨位填写，单位均为吨。

(2) “理集装箱重箱、空箱”“数量”栏内按实际理重箱、空箱数字填写，单位为箱；“集装箱装/拆箱理货”项目指根据舱单上注 C. F. S. 条款的集装箱，其“数量”和“单位”要求相同。但注意拆箱理货是应把“装”划去，反之应把“拆”字划去。

(3) 理货工作项目中的空格应填写其他理货业务项目和附加理货项目，如：翻舱、分标志、节假日、夜班、非货舱、海事等。

六、货物溢短单

“货物溢短单”是在全部货物卸毕后，理货长根据计数单和进口舱单列明数字汇总编制的。

货物溢短单一式六份，在提请船方签认前应与港方库场、收货人及其代理人认真核实，签认以后不能随意更改。

货物溢短单上“舱单件数和包装”栏内按进口舱单上列明的件数和包装填写；“溢卸件数和包装”栏内按实际卸货数比舱单多出的件数及其包装填写；“短卸件数和包装”栏内实际卸货数比舱单短少部分的件数及包装填写。

当整船进口货物无溢短时，也应编制货物溢短单，并在从提单号至短卸件数和包装的内容部分按空行要求划去，在其中写上“NIL”字样。

当卸货发现散捆(件)货时，如舱单上已注明货物每捆的细数的，可折合成整件；舱单上没有细数说明的，无法折合成整件则按短捆(件)溢件处理。

对卸货中发现的实际标志与舱单不符或无标志的货种，应联系有关方面处理。如确系在本港卸下，按货物实际情况编制货物溢短单。

对于因错装在下一港货物下面不能卸出的本港货物，如确定由下港卸时，本港应按短卸处理，并编制货物溢短单。当船方要加放批注时，应向船方作详细的解释，引导船方加放双方均可接受的批注，如需加反批注时，反批注要观点明确，用语准确。

七、货物残损单

“货物残损单”是全船货物卸完后，理货长根据“现场记录”汇总编制的货物残损情况报告。

(1) 货物残损单需编制一式六份，全船货物无残损，仍须编制残损单，并按空行处理办法在通栏内划去，在其中写上“NIL”字样。

(2) 同一提单号或提单号不同，但主标志相同，且又难以分清的货物在残

损内容相同的情况下,应根据现场记录的汇总件数填写;不同的提单号或残损情况不同时,应根据现场记录分别填制。对于杂唛或无唛的残损货物在填写标志、提单号、货名栏目时,应按单证填制具体要求办理。

(3)“残损情况栏”用英文填写,内容要确切。对车辆、设备、贵重品等货要准确表明残损程度和部位。残损用语不需要写明致残原因,不要使用含糊不清的词语。

八、货物分舱单

“货物分舱单”是装货过程中,理货长根据计数单和装货单制成的每票货物装舱部位的清单。

(1)货物分舱单按不同卸货港分别单独制作。每一卸货港的货物分舱单须编制一式五份。

(2)“编号栏”按卸货港顺序分别填写。每一卸货港货物分舱单编号均从1开始顺序编号。若某港仅有一张货物分舱单时,则编号栏内写明“ONLY”字样。转港货、选港货在制作分舱单时,也应分别编制,编号栏也要按顺序从1开始编号。

(3)货物分舱单上的“装货单号”“标志”“货名”“件数和包装”“重量”“容积”栏内均按装货单上标明的内容填写;“件数”和“积载位置”栏内,分别按舱位实际积载数字和积载部位填写;“小计”栏应填写本页汇总数,每一卸货港最后一页分舱单须填写总累计数。

若某票货物全部退关时,应在该票书写内容中画一横线,同时用英文“CANCELLED”表示。

若某票货物有部分退关时,则应按实际装载件数填写,并在其后视退关原因分别批明退关件数。如因舱位不够,应批“SHUT OUT”,因发货人原因,应批注“SHORT SHIPPED”。

九、货物积载图

“货物积载图”是出口货物在船上实际装载部位的示意图。货物积载图须绘制一式六份。

(一)制图原则

(1)绘制船图时,船头方向在右,船尾在左。

(2)底舱用侧视图表示,底层舱以上用俯视画表示。

(3)船图货位按所占容积的比例配置。

(二)绘制图中线的表示

(1)绘制船型图用实线表示。

(2) 绘制图中不同卸货港之间用长5~8 mm的锁线(— - — - —)表示。并应用不同颜色的彩笔勾画出不同港口的货位轮廓,以使船图更加清晰、明了,便于区别。

(3) 同一卸货港不同票货物的分隔用虚线(- - - - - -)表示。

(三) 积载图内的文字表示

(1) 货物在货位上文字说明按下列顺序标明:卸货港名称、装货单号、货名、件数和包装、重量。当全船只有一个卸货港时,卸货港名称可以省略不写,只需在积载图上方的“卸货港”栏内标明。对在其他港口已经装过部分货物的船舶,在本港续装货后,船方要求绘制汇总积载图时,货位上应标明装货港和卸货港的名称。如在大连装载到鹿特丹港货物后再到上海续装,在大连所装货位上用“Rotterdam ex Dalian”字样表示。

(2) 转港货在积载图上用W/T加所转港名称表示。如香港转为W/T Hong Kong。选港货按装货单上标明的顺序表示如安特卫普,鹿特丹,汉堡三港为选卸港,其表示方法为Option/Antwerp/Hamburg,转港货和选港货在积载图汇总分港件数,吨位栏内单独列出。

(3) 同一票货物分别装在多个舱位时,积载图上分别标明实装件数和重量,并在装货单号码后用“P/L”(Part of Lot)表示。当同一票货物装在同一舱内不同舱位时,且有的舱位所装货物数量很少时,则只须在此货位上标明装货单号和“P/L”字样。

(4) 如积载图中某处舱位较小时,而积载货物得票数较多,无法按规定在货位上标明所需内容时,可在该货位处写明卸货港名称,用直线引致积载图中空白处填写标明的内容,同时要在原货位上标明空白处的方位。

(5) 积载图中大宗货物和特殊货物的货名要明确标明,其他货物可归类标明其内容,零星杂货按杂货标明内容。

(6) 对于装载的车辆及重大件货物应在积载图上标明具体记载位置和状况。其表示方法如下:

一般车辆(指卡车、轿车等)用符号→表示,箭头方向代表车头方向。

工程技术车辆(推土机、吊车等)用符号⇒表示,并应标明车辆的重量。

重大件货物重量超过10 t,应在备注栏内列明。

长大件货物长度超过12 m的,也应在备注栏内列明。

积载图上机舱位置,用2条交叉对角线划去,并在上下交叉处用英文“E/R”(Engine Room)表示,积载图上不用的其他部位,也用2条交叉对角线划去,但无须文字标明,积载图上非本港占用的货位,如不须绘制汇总积载图时,在舱位上要标明装货港及卸货港名称,同时用斜虚线表示。

积载图绘制完后,如积载位置临时发生变化或有退关,加载货物时,可在积载图备注栏内标明变动情况。

（四）积载图型表示

1. 侧视图

侧视图在绘制图中一般用于底层舱的货物积载。侧视图在积载绘制时均使用虚线，其中直虚线表示货物积载的前后和上下部位，斜虚线表示货物积载的左右部位，虚线左侧为左面部分，右侧为右面部分。

2. 俯视图

俯视图用于底层舱以上各层舱内货物积载的表示，亦称平面图。按照绘制要求，平面图中各种实、虚线所表示的内容为：

（1）舱口位应按船舶规范在图中明确表示出，其中船舶最上面一层舱口位因其可见性用实线按比例画出，下面层次舱口位应用虚线画出，但在舱口位 4 个角上应用“┏”形明确标明。

（2）虚线表示货物在舱内的实际积载位置。其中：直虚线表示货物装载的前后或左右方位，斜虚线表示货物的积载高度和上下位置，斜虚线在图时中舱口位远的部位为下方，距离舱口位近的部位为上方；在舱口位的位置上，靠近舱口中心部位的为上方，离舱口位中心远的部位为下方。

十、装货单

“装货单”是出口货物装船过程中的主要依据。

（1）理货人员根据装货过程中货物的实际积载位置，在装货单的“装入何舱”栏内填写舱位名称。同一票货分别装在几个不同舱位时，需填写全部装货舱位的名称，并在其后填写装入的件数。

（2）“实收”栏内，应填写实际装船的数字，一票货物中有部分退关时，则应在装货单内填写实际退关件数。

（3）对于发货人同意装船有残损的货物，理货人员因按实际残损情况如实填写装货单上。

（4）一票货物装货结束时，理货人员应在“签名”栏内签名，若一票货物经多名理货员理货才完成装船时，则由装完该票货物的最后一名理货员签名。

装货单的“日期”和“时间”栏应按货物实际装船的结束日期和时间填写。

十一、出口货物舱单/出口货物装载清单

“出口货物舱单/出口货物装载清单”，是办理船舶出口手续的必备单证，简称出口舱单。

出口舱单上的货物件数、重量和尺码与装货单上的内容不一致，应根据装货单上内容修改，即在需修改的数字中部画一横线，并在其后填写装货单上所列的相应数字。

（1）当某票货物全部退关时，应在该票所列内容上画一横线，表示该票已退关，并在备注栏写上“CANCELLED”字样。

（2）当某票货物有部分退关时，则应在备注栏内填写退关件数。

（3）备注栏内还应填写货物的实际积载舱位，如该票货物分别装在多个舱位时，则应分别填写舱位名称，并在其后填写实际数字。

以上11种单证是现场理货人员实际应用的常见单证，所以理货人员必须认真制作，单证字迹一定要清晰、工整、内容确切、规范，不得涂改。

第十二章　件杂货理货费收以及理货衡量业务

第一节　理货费收依据

上海外轮理货有限公司是为航行国际航线船舶和外贸进出口货物服务的理货机构。理货公司依据原中华人民共和国交通部《航行国际航线船舶及外贸进出口货物》理货费收规则，向被提供服务的船公司或其他委托方计收所涉及的各项理货费用。

外轮理货计费以进口舱单、出口装货单上列明的重量或体积数为依据。如果经理货公司抽查证实，货物的重量或体积大于舱单、装货单上所列数字时，则整票货物皆按抽查结果确定货物的重量或体积，并作为计费依据。

舱单、装货单上未列明货物体积时，则由理货公司丈量货物尺码，并据以计算货物体积，向被提供服务的委托方计收理货费用。

第二节　理货费收组成

一、94 版理货费

94 版理货费由基本理货费、计量费、交通费、单证费、附加费及起码理货费六大部分组成。其中基本理货费内所包含的 10 条计费项目是理货费率中的最基本、涉及面最广的部分，其次是附加费，这是从事理货工作人员必须了解和掌握的基本内容。94 版基本理货费见表 12.1。

表 12.1　94 版基本理货费

计费类别	货物名称	费率/元	计费单位
1	危险货物、冷冻、冷藏货物、有色金属	4.28	W/M
2	每 1 重吨不足 2 立方米的列名外件货	3.45	W
3	橡胶、电解铜	3.00	W/M
4	金属制材、纯碱、水泥、鱼粉	2.10	W/M

表12.1(续表)

计费类别	货物名称	费率/元	计费单位
5	每1重吨满2立方米,不足4立方米的列名外件货	1.65	M
6	盐、化肥、糖、粮、枣	1.50	W/M
7	棉花、麻、烤烟	1.05	M
8	每1重吨满4立方米的各类货物	0.83	M

二、17版理货费

17版基本理货费(见表12.2)由基本理货费组成。

表12.2　17版基本理货费

<table>
<tr><th>项目</th><th>类别</th><th>理货服务内容</th><th>计费单位</th><th>费率/元</th></tr>
<tr><td rowspan="9">件杂货</td><td>1. 危险货物、冷冻、冷藏货物、有色金属</td><td rowspan="9">根据舱单/装货单信息,核对货物标志;按票理清货物数量、分清货物种类;检查货物包装或外表状况;指导和监督货物装卸船;协助船方做好配积载工作;记录货物实际积载状况并编制本港货物积载图;办理件杂货单证交接签证;及时准确发送理货报告、提供理货报告发送回执实时查询</td><td>吨/立方米</td><td>6.0</td></tr>
<tr><td>2. 每1重吨不足2立方米的列名外件货</td><td>吨</td><td>5.4</td></tr>
<tr><td>3. 橡胶、电解铜</td><td>吨/立方米</td><td>4.8</td></tr>
<tr><td>4. 金属制材、纯碱、水泥、鱼粉</td><td>吨/立方米</td><td>3.2</td></tr>
<tr><td>5. 每1重吨满2立方米,不足4立方米的列名除外</td><td>立方米</td><td>2.9</td></tr>
<tr><td>6. 化肥、糖、粮、枣、盐</td><td>吨/立方米</td><td>2.4</td></tr>
<tr><td>7. 棉花、麻、烤烟</td><td>吨/立方米</td><td>1.7</td></tr>
<tr><td>8. 每1重吨满4立方米的各类货物</td><td>立方米</td><td>1.4</td></tr>
<tr><td>9. 原木</td><td>吨/立方米</td><td>3.5</td></tr>
</table>

第三节　理货费收规则

一、基本理货费

（一）费收基本类别

第一类别货物中的“危险货物”，指《国际危险货物运输规则》中规定的危险货物，包括特资。但石棉、鱼粉、棉、麻以及其他植物纤维，仍按原计费类别计费。

第2、5、8类“列名外的件货”，指上述件货理货费率表中没有列明的各种成件货物。其中第2类货按重量吨计费，第5、8类货按尺码吨计费。

第6计费类别的盐、化肥、糖、粮、枣，指船舶在同一个港口装卸的重量满500吨的货物。如每种货物不足500吨时，则按列名外件货计费。

理货费是择大计算的。因此，如进口舱单、出口装货单仅列明重量时，理货长等现场管理人员，应想方设法联系船方及有关单位，提供尺码。对轻泡货、棉麻、袋装货等同包装的货物，如船方及有关单位确实无法提供其尺码时，则按照外轮理货公司实际丈量的尺码为准，并据此作为计费依据。反过来，对夹板、板材等每1重吨不足2立方米的列名外件货，如船方提供的舱单上仅列明尺码时，理货长等应设法请船方及有关单位提供重量，目的是准确计费。

（二）散装货物理货费

散装货物的压舱包和在船上拆包、舱内灌包的，如需计包数的，应按件货理货费计费；如不须计包数的，则按散货办理签证、交接手续业务和收费。

（三）行李、包裹理货费

“行李、包裹”，指客船装运并列入行李清单内的行李、包裹。货船捎带的行李、包裹，按列名外件货计费。

（四）分标志费

在卸船理货过程中，理货员如发现货物装舱混票、票与票之间没有隔票，而影响正常作业时，理货员应通知值班驾驶员验看确认，编制现场记录一式四份，写明“混装”等字样以及混装的提单号、货名、件数。经船方签认后，提供船方一份，并通知其代理人。全部混装的货物件数按舱单数填写；票与票之间部分混票的货物件数，按实际分票货物件数填写，据以作为向船公司收取分标志费的依据。

（五）理货人员待时费

在船舶装卸过程中，由于船方原因造成理货人员停工待时，理货长应按工班编制待时记录一式三份，如实填写明待时原因，提请船方签字后，提供船方一份。由于船方原因造成理货人员停工待时，如非工人责任造成的船舶吊机故障、舱内打冷气、开关舱、落吊杆、换钢丝、铺垫、拆加固、隔票、停电等致使装卸停工和理货人员待时。

理货人员的待时时间应如实填写，每工班每人待时累计不足半小时的不计待时，各作业舱口理货员皆待时时，可计算理货长的待时时间。

（六）翻舱理货费

（1）舱内翻舱，按理货人员待时费率计收。

（2）出舱翻舱，按相应货物基本理货费率加倍计收。

由于船方原因造成的翻舱，计收翻舱理货费。翻舱，包括舱内翻舱和出舱翻舱。舱内翻舱指货物不出舱，按理货人员待时费率计收。出舱翻舱指货物由本船卸下又装回本船，以及由甲舱翻到乙舱等情况，皆为出舱翻舱。

在作业过程中，对已装上船的出口货物，如卸下船而不再装回本船时，仅计收翻舱理货费；如卸下船后又装回本船时，则计收基本理货费和翻舱理货费。

（七）特殊委托理货费

（1）货物甩样、挑小号、分规格的可按吨计费，每吨 1.65 元。

（2）按小时计费的，每人每小时 30.75 元。

（3）按日计费的，每人每日（8 小时）246.00 元。

（八）理货单证费

理货单证费是按当航次所理货物：

1 000 吨以下（含 1 000 吨）	192.30 元
5 000 吨以下（含 5 000 吨）	576.90 元
10 000 吨以下（含 10 000 吨）	769.05 元
10 000 吨以上	961.35 元

当件、散货拼装船时，只按件货的重量吨计收单证费。

二、附加费

（一）节、假日附加费

在我国法定节日、星期日进行理货作业的，其基本理货费收属基本理货费

(1~8类)、分标志、行李包裹、理货人员待时、舱内翻舱、出舱翻舱、散装货物交接单证手续费、特殊委托业务,加收相应费率的100%。

(二) 夜班附加费

在夜班进行理货作业的,其基本理货费收属基本理货费(1~8类)、分标志、行李包裹、理货人员待时、舱内翻舱、出舱翻舱、散装货物交接单证手续费、特殊委托业务,加收相应费率的50%。

凡发生在节假日、夜班理货作业的,理货长应在理货证明书上分别填写实际节假日、夜班作业的理货数字,据以收取相应的附加费。

(三) 非一般货舱附加费

在非一般货舱进行理货作业的,其所理货物项目属基本理货费(1~8类)、分标志、舱内翻舱,加收相应费率的50%。

非一般货舱作业是指件杂货船舶所载货物装在深舱、保险房、吨井舱、船上其他备用房间及冷藏舱装非冷藏、冷冻货等。

(四) 锚地附加费

在锚地进行理货作业的,所涉及的基本理货费收属基本理货费(1~8类)、分标志、行李包裹、舱内翻舱、出舱翻舱时,则加收相应费率的50%。"锚地"指港区外的水域。

(五) 融化、冻结、凝固、粘连货物附加费

某些货物,由于其本身的自然属性受到外界自然因素等的影响,而造成融化、冻结、凝固、粘连等情况,以致在装卸作业中需要进行敲、铲、刨、拉等项作业的货物,加收相应费率的50%。

(六) 海事货物附加费

海事货物是指船舶在航行或停泊过程中,遭受自然灾害或发生意外事故,造成货物的损害(以海事报告确定)。

对发生海事船舶所承运的和从事船舶卸转到其他船舶上的海事货物进行理货作业的,加收相应费率的100%。但船方虽向港口当局提交了海事报告,而舱内货物积载状况仍良好,货物未遭受损害,一般不计收海事货物附加费。

(七) 外出理货、计量附加费

在港区外及邻近口岸未设理货机构的作业点,进行理货、计量作业时,加收当航次费收总额的10%。

（八）超长、超重附加费

对超长、超重货物进行理货作业的，加收相应费率的50%。

超长货物是指每件长度超过12 m（除原木外）的货物。

超重货是每件重量超过10 t的机器、设备及特资（除金属钢材外）等货物。

理超长、超重货物时，有关人员应按要求，正确填制超长、超重货物清单一式两份，据以开账，向船公司收取理超长、超重货物的附加费。

在货物装卸船的理货过程中，发生以上8项理货附加费时（除另有规定外），理货长应附实际理货作业的件数，如实反映在理货证明书上，一并取得船方签认。

三、交通费

（1）陆上交通费，按每艘船舶每航次包干计收315元。

（2）水上交通费，按实际计收或按每艘船舶每航次包干计收1 200元。

（3）注意事项：①“交通费”是指船舶理货交通费，按装船和卸船各为一个航次计收。②每艘船舶每航次从开始装货或卸货结束或卸货（包括中间停止装卸货连续计算时间）不足24小时的，减半计收船舶理货交通费。③一艘船舶一个航次，既发生陆上交通费，又发生水上交通费，则只计收水上或陆上一项交通费。

第四节　理货衡量业务

一、衡量工作的作用和责任界限

（一）理货衡量工作的作用

理货衡量工作是外轮理货业务的一项重要内容，其任务主要是办理丈量进出口货物的体积，有以下两方面作用：

（1）提供正确的货物体积以便合理计算费用，防止在体积上弄虚作假，虚报错报，以大报小，以小报大等行为而造成不应有的损失。

（2）提供正确的货物体积以便承运人充分利用舱位，提高积载利用率，做到合理配载和积载，确保船舶航行安全。

（二）货载衡量的责任界限

货载衡量的责任界限的划分，产生于海上运输中。托运人以货物交到

待装码头为终点，而承运人却以船舶积载为准，因此所托运货物在运输装卸过程中包装变形发生体积差异时，双方往往相互扯皮、互相推诿责任，于是明确货载衡量的地点、明确双方责任界限，以避免不必要的纠纷就显得十分必要。

根据我国商检局的有关规定，衡量工作的地点，原则上应以待装码头现场或港区现场的前方仓库为准，这是承运人和托运人双方都可以接受的衡量地点。为了工作方便也可以根据货物的实际情况和具体条件，采取灵活措施。以下几种情况可以在规定地点以外的场所办理衡量工作：

（1）不会受外界影响或装卸搬运而变形松散的货物。如箱装货、机压包等可在装卸现场以外地点办理丈量业务。

（2）集装箱承运的货物，以门对门方式装货，不论何种包装，均可在装箱地实施丈量。

二、衡量工作的有关知识

（一）重货与轻货

根据海洋运输惯例，每立方米货物的重量大于一吨的称为重货，反之则称为轻货或容积货物。在海洋运输业务中，不论重货或轻货，不论重量和体积，都以“吨”为单位来表示亦称运费吨。

（二）积载因素

货物的积载因素，是指每吨货物所占的体积，即货物的体积与重量之比。由于货物包装方式不同，货物本身轻重不一，货物品种规格各异，所以各种货物的积载因素是不同的。货物的积载因素是区分轻重货物的重要资料，也是丈量货物的重要参考依据。为此，衡量员在平日工作中注意积累各种货物的积载因素，减少工作盲目性。

（三）法定计量单位

所谓法定计量单位就是国家以法令的形式规定允许使用的计量单位。1984年2月国务院颁布《关于在我国统一实行法定计量单位的命令》，正式确定了以国际单位制为基础制订的我国法定计量单位。我国法定计量单位包括三部分内容：

（1）国际单位制单位。

（2）国家选定的非国际单位制单位。

（3）由以上两种单位构成的一些单位。

我国的法定计量单位的内容较多，与货载衡量工作中一般常用的计量单位如长度单位、重量单位、体积单位。习惯上的书写常把长度单位符号写成 M（米）、CM（厘米）、MM（毫米）；重量单位符号写成 KG、Kg（千克）、T（吨）；体积单位符号写成 M^3（立方米）、CM3（立方厘米）等，已不符合国际计量标准。正确的书写应是 m（米）、cm（厘米）、mm（毫米）、kg（千克）、t（吨）、m^3（$米^3$）、cm^3（立方厘米）。

（四）衡量器具

1. 钢卷尺

钢卷尺为普通的测量长度用的量具。按其结构不同可分自卷式卷尺、制动式卷尺、盒式摇卷尺和架式摇卷尺四种。全长 1 米至 100 米有 10 多种规格，按进出口货物包装情况，一般配备 3.5 米、5 米、20 米三种规格的钢卷尺，基本上可满足丈量业务需用。

钢卷尺适用丈量木箱货物、不易变形的塑料箱、硬质纸箱包装等货物。适用钢卷尺时，应注意直线平行，避免两个测量端点偏斜，影响测量结果的准确。

2. 木卡尺

木卡尺是由主尺杆、固定卡爪、活动把手三个部件组成，形状类似游标卡尺，其最大值为 150 cm（精度厘米）。使用木卡尺丈量货物时应将卡尺平放或垂直竖立卡紧货物，切忌偏斜影响所量货物的准确性。由于木卡尺精度低，测量时可用钢卷尺比照。木卡尺应用的面很广，尤其对袋装货物，胖体货物的丈量。

（五）体积计算方法

1. 丈量顺序

丈量货物的体积，应视货物包装规格的均匀条件，采用抽件丈量，按批抽件分量或全部丈量等方法，量取货物的长度、宽度和高度三面的尺码，为计算方便起见，一般按尺码大小顺序排列，第一先量最小边的尺码，简称“头档”；第二再量较大的一边，简称“二档”；第三再量最大的一边，称之“三档”，三档尺码的乘积，即为所量货物的体积。

2. 测量中的几项规则

1）满尺丈量

由货物的最大处量长、宽、高三个尺码，称为满尺丈量。既丈量包装货物的最大部分，包括包装货物任何突出部分的包装材料。如木档、铁箍、铁丝等护件物作为最长、最宽、最高的计测点，这是国际航运业货载衡量工作的通则。

2）抽量条件

抽件丈量是衡量工作中一件简便可行的方法，可以节约工作时间和劳动力，但必须具备一定条件，对包装用料和规格比较均匀的货物可按比例抽件丈

量。这样的货物很多,如大宗货、棉花、人造纤维等。如同批货物中有几种包装规格,则须提供各种规格的件数、然后按几种包装规格分批进行小批抽量,按各批抽量结果分别计算各批的体积,再汇总计算全批货物的总体积。在抽量时须十分注意选择抽量件的代表性,在略有差异的包装货物中,根据丈量经验,通过目测估计,选择恰当的比例件,作为衡量全批货物的体积,这是非常重要的一环。

3. 尾数处理

根据中国外轮理货有限公司货物尺码丈量和体积计算方法的通知文件,单件货物的尺码丈量到小数点后两位数,以后位数四舍五入,单件货物的体积计算到小数点后六位数,每票货物的总体积计算到小数点后三位数,以后位数四舍五入。

三、货物衡量方法

(一) 袋装货的丈量方法

品种规格相同的袋装货物如袋装粮食,化肥、鱼粉、化工品等,选一定数量的代表件进行堆量。一般以十二袋为一组堆成2×2,平摊堆叠3袋高,袋口边应相互交叉,堆垛中间突出部位应适当压平,然后进行满尺丈量,求取每件平均值,推算全批货物的总体积。

(二) 成组货物,联数件成组货物连同托盘在内,进行满尺丈量

丈量成组货物时,应注意下列问题:

(1) 在整批成组中,如大部分成组件堆垛整齐,捆扎牢固,只有极少部分成组件有松动或突出的情况下,选择抽量代表件时,应以正常成组件作为代表件丈量计算。

(2) 有相当一部分成组件(占总件数的50%以上)有捆扎松动变形,不成型,不规则或有突出情况等,选抽量代表件时,应挑选松动件为代表丈量计算。

(3) 松动件和正常件各占相当比例,可酌量估计多少,然后采取分比例丈量计算。

(4) 成组货的丈量方法也同样适应其他货种。

(三) 不规则货物的丈量方法

不规则货物它的形状式样比较特殊,必须根据其不同的特点,采取不同的丈量方法。

1. 铁桶、木桶、腰鼓桶等包装货物的丈量

桶状包装货物外形系圆柱体,若按圆柱体体积计算则会发生约23%的误

差,亏舱空隙不能得到合理利用,按丈量通则,只能采取近似直六面方形货物相同的丈量计算方法,但桶口封固耳等突出部位,应于免量。

2. 大口径管道、套管、煤气管、打桩管等货物的丈量

管状货物的丈量方法,原则上与圆柱桶形包装货物的丈量方法相同,但应视管状形态不同与积载时占用舱容多少,采取不同的丈量计算方法。

(1) 对一头直径大,一头直径小的管状货,单件体积计算公式是大头直径加小头直径和除 2 后的平方再乘以总高(图 12.1)。

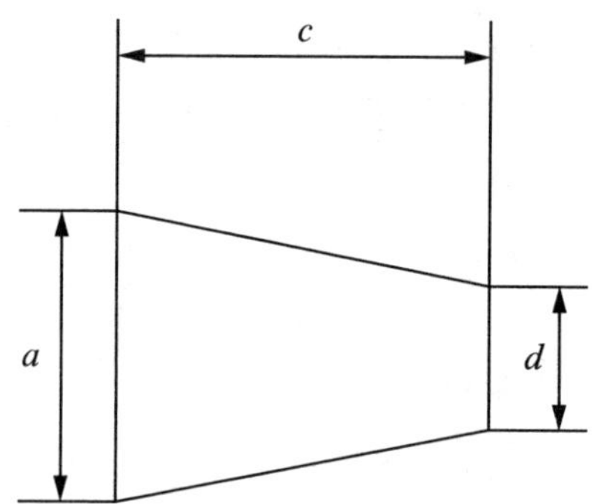

图 12.1 一头直径大,一头直径小的管状货

(2) 管子两头均有法兰盘的货物,单件体积计算公式 = $(a+b)/2\times a'\times c$,c 为管子长度(图 12.2)。

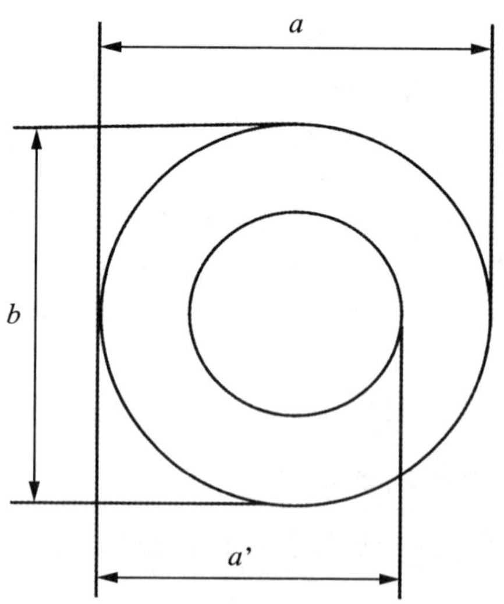

图 12.2 管子两头均有法兰盘的货物

(3) 管子一头有法兰盘的货物,单件体积计算公式 $=a\times b\times c$,c 为管子长度(图 12.3)。

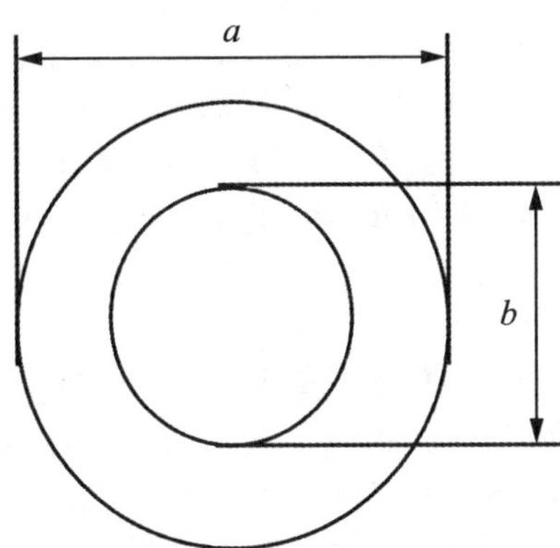

图 12.3　管子一头有法兰盘的货物

(四) 特殊货物丈量方法

特殊货物一般是指裸装机件外形奇特的货物,如常见的锅炉、成套设备、车辆、起重机械等,对于这类货物,应视装载条件及其占用舱位情况采取减量、免量、分量的方法处理。

(1) 减量:一个物件有两个突出部分的,实际装舱时所占舱容可以互相交叉,可采取减免二分之一,即只计算一个突出部位的体积。

(2) 免量:固定在物体上的铁环把手,小部分突出基脚可以免量。但物体上有突出的贵重仪器表具等部件不能免量。

(3) 分量:对于大型,起重机等货物,因除机身外,往往附有突出部位,根据装载条件及占用舱容情况,这类货物可采取各部位分别丈量,然后汇总求取总体积。

四、衡量涉及的相关单证资料

理货衡量涉及的单证资料较多,这里简要介绍与货载衡量有关的几种单证资料。

(一) 装货清单

装货清单是船方编制货物配载图的主要原始资料,其内容包括每票货物的装货单号码、件数、包装形式、货物名称、体积、毛重以及发货人装船日期等,当衡量人员遇到所衡量货物情况不明而需要核查该货物的托运数量、体积和毛重时,可以查阅装货清单。

（二）装货单

装货单是托运人向承运人办理托运手续的一种单证，承运人在接受托运时，便将托运货物的船名、目的港顺序编号填入托运单，由托运人按托运内容填入装货单交承运人签章确认，经海关核准盖章后放行，托运人将办妥报关手续的装货单交承运人即可装船。装货单通常与收货单（大副收据）装订成联单。装货单是现场衡量人员抽检货物体积的重要依据。

（三）提单

提单是由承运人或其代理人对托运人出具的货物收据，是货物所有权的凭证，发货人凭此结汇，收货人凭此提货。提单是实施衡量工作的重要参考依据之一，尤其对进口衡量，衡量员可根据提单上提供的货物体积进行抽量，并将抽量结果批注在提单上。对于提单没有注明货物体积的，衡量人员应向船方索取装货单以了解货物的原始装载记录。

（四）工作记录

做好货载衡量工作的工作记录是衡量工作的重要一环。工作记录是现场货载衡量工作的真实记录，工作记录尽可能做到细致，实事求是，正确无误，这样事后发生纠纷时可以查阅原始记录资料，合理解决问题。

工作记录有以下内容：①船舶、航次、目的港、日期。②货物名称、包装形式、提单号或装舱单号标志。③货物件数、体积、重量。④丈量后的实际数值。

工作记录是反映货载衡量质量的单证，必须认真保管。

第五部分　科技创新篇

第十三章　科技创新项目

根据上港集团打造“智慧港口、绿色港口、科技港口、效率港口”的战略发展目标，结合理货业务发展的长远需求，上海外理始终把科技创新放在首位，在行业环境和政策不断变化的情况下，始终保持创新思维，与时俱进，坚持向科技应用、科学管理、改革发展要效益，用信息技术赋能公司发展，以更加坚定的信心、更为坚强的担当、更富成效的作为，在新形势、新时代中，努力应对挑战，把握机遇，谋求创新转型，为保持公司平稳有序、高质量发展而努力前行。在这个大背景下，上海外理近年来一直致力于数字化理货系统整体解决方案的研究，基于“互联网+”的理念，积极开发优化“智能理货系统”“理货信息系统”“生产运营管控平台”“理货综合签证平台”“件杂货可视化理货系统”等创新项目，实现全流程、全场景的数字化、智能化理货，为客户提供更公正、更高效、更绿色的理货服务，从而进一步提升上海外理的核心竞争力。

第一节　上海外理生产运营管控平台

随着大数据运用在企业管理占比日益增大，数据管理、数据分析、数据预警等大大拓展了数据在企业管理中的疆界和应用领域。在这个数据爆炸性增长的信息时代，数据已成为企业的核心资产，并对企业决策管理产生更深远影响。

2018 年 7 月，公司开始了上海外理生产运营管控平台的需求调研及方案开发。2020 年 12 月，一套基于 WEB 技术，集监控、管理、统计、分析等功能于一体的综合性监控管控系统(见图 13.1)应运而生，并正式投入使用。

作为公司数字化理货系统的重要一环，上海外理生产运营管控平台可实现对理货运营数据、设备、人员、船舶及作业动态等情况的实时监控，达到垂直管理、横向协同、统一接口、统一指挥、高效服务的目标。通过管控平台可视化、图形化的人机交互方式，能够帮助使用者有效加强对理货服务过程中，异常突发情况的预警和问题处置流程的全程跟踪，更可实时查询公司相关业务数据，实现多元化的数据分析，为提升公司精细化、数字化管理提供技术保障。上海外理生产运营管控平台展示见图 13.2。

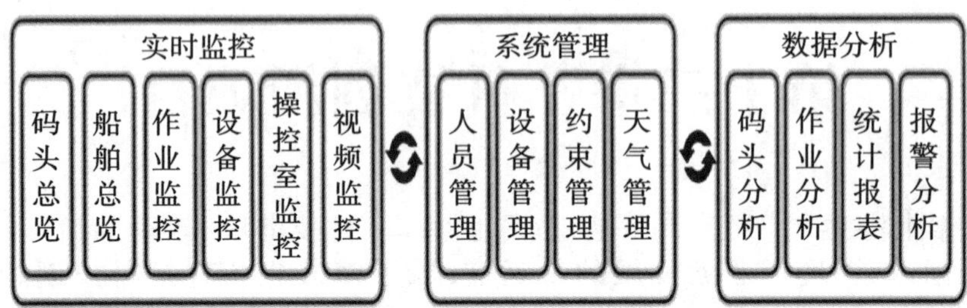

图 13.1　上海外理生产运营管控平台

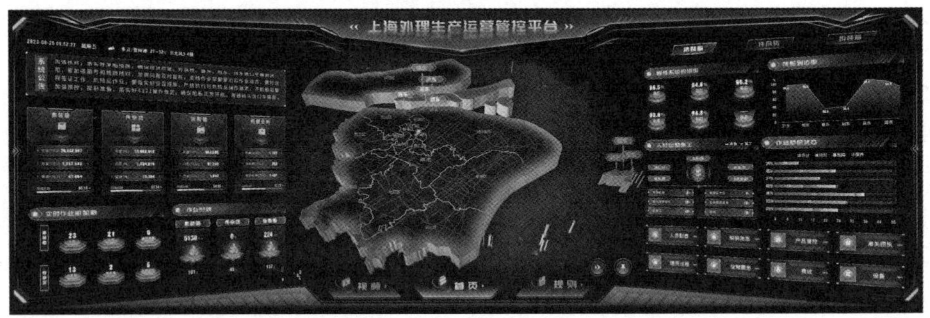

图 13.2　上海外理生产运营管控平台展示

2021 年 1 月，依托上海外理生产运营管控平台，公司调度中心建设初步完成。实现了公司智能化、网格化的生产运营管理模式。系统的上线，也标志着公司始终以助力上海港强港建设为最高使命，不断提升运营管理及客户服务能级，通过科技加持，在质量内控、数据分析上做文章，为发挥理货在航运物流链中的积极作用而不断努力前行。

借由管控平台系统丰富的数据接口，大大加强了港理合作空间，通过信息数据的共享共融，实现港理双方在集装箱信息、装箱位置、图像、残损信息、视频等资源的双向互通对接，开发的码头装船准确率看板功能，更是进一步提升码头的装船准确率和管理水平。通过发挥各自行业优势，整合资源，有效提升港口物流服务能级、客户满意度及客户日益增长的个性化服务需求。

在营商环境的优化上，通过不断的精细化管理，提升理货的作业效率，为进出口集装箱的快速装卸、快速通关提供强有力保障。同时，依托各集装箱码头安装的 453 个全天候、不间断摄录的监控相机，有力提升海关对码头装卸作业的监控力度，并为还原装卸过程轨迹及动态提供数据依据。

上海外理生产业务管控平台的上线，也标志着公司始终以蓄力上海港强港建设为最高使命，不断提升自身的管理能级，以打造绿色、智慧港口为己任，通过科技加持，在质量内控、客户服务、数据分析上做文章，不断发挥理货在航运

物流链中的积极作用,助力上海港打造国际领先自动化码头、巩固国际枢纽地位,更好地推进上海国际航运中心建设。

第二节 上海外理理货综合签证平台

2022 年,公司启动上海外理理货综合签证平台建设。签证平台包含云签证、云查询、云共享和云交互四大核心模块,该平台通过网页端自适应功能,实现了与手机、平板电脑等便携式移动终端使用上的无缝对接。可为船方、码头、船公司、船代理等使用方提供远程数据交互、装卸进度查询、签证办理等一体化服务。

通过平台在线单证签认、下载、消息推送等功能,有效解决客户无法及时了解货物交接情况、疫情期间无法面对面签证等需求痛点,有效提升客户服务体验,降低客户沟通成本,实现公司签证办理流程化、资料交互平台化、客户体验直观化,签证交付效率化的服务目标(见图 13.3)。

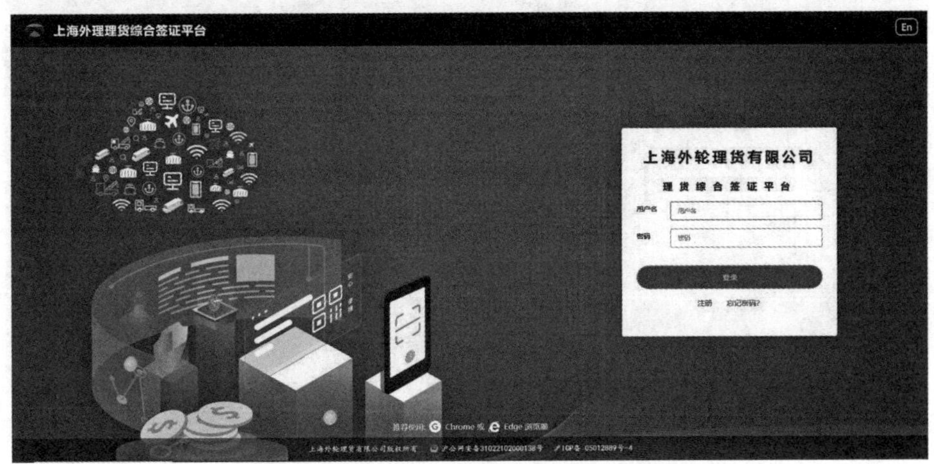

图 13.3 上海外理理货综合签证平台

第三节 集装箱网上受理平台

上海外理应用“互联网+”创新理念,根据客户需求,通过整合现有的理货信息和用户资源,开发了上海外理网上受理平台。作为新增的集装箱改单、改配、改封网上受理渠道,上海外理网上受理平台整合了公司下属的所有集装箱码头相关数据信息变更业务，并通过优化业务流程，实现了“流程标准化、服务一站化、结算一体化、体验信息化”等的信息变更受理服务体验，进一步满足客户多元化需求，达到提升理货受理业务量，提高企业利润的最终目标。

基于“让群众少跑腿，让信息多跑路”的理念和实践，自上海外理网上受理平台正式上线以来，客户业务受理办结时效得到显著提升，切实解决了客户多点往返港区、重复排队办理理货业务等客户痛点。通过线上、线下两种业务受理模式，客户体验、服务效率和口岸环境都得到极大改善和提升，也获得了良好的社会反响。目前，客户通过网上办理理货信息变更等受理服务的业务量已占到公司总的受理量的40%。网上受理流程见图13.4。

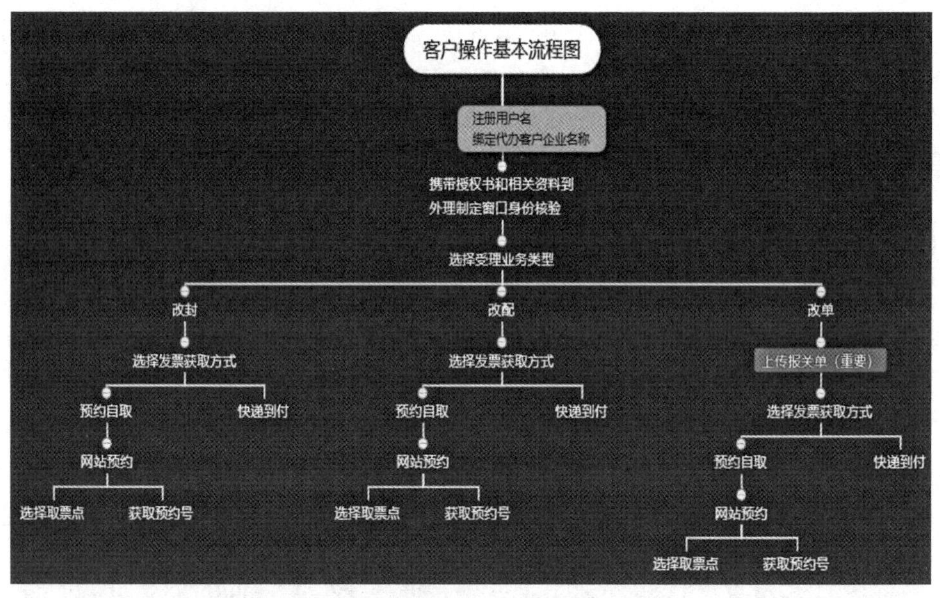

图13.4 网上受理流程

第四节 上海外理TIP及微信公众号

为更好地发挥理货行业的互联网优势，挖掘理货数据价值，提升对外理货服务质量，提高理货信息化科技含量，推动理货行业转型升级，巩固理货行业地位，全面落实“互联网+理货”战略，上海外理搭建了TIP理货信息查询系统。信息查询包括箱信息查询、理货报告查询和船舶查询、电子账单等。

为了保护客户隐私，确保数据安全。该系统分为游客身份和不同权限注册

身份多个层级的展示界面，以满足客户的不同需求。同时，该平台充分利用互联网技术的发展，设立了上海外理微信公众号“I－SHOST”，在移动端为客户提供了“海关172号令理货报告回执查询”和“集装箱综合查询”及“装拆箱数据”等功能。

第五节　集装箱装拆箱信息化服务平台

近年来，随着上海外理智能理货项目的完成，公司在理货数字化方面的建设取得了重大的进展。作为公司业务重要的组成部分，装拆箱理货充分利用公司整体信息化资料，大力开发装拆箱信息化系统和产品，实现了装拆箱理货在数字化方面的突破。

（一）集装箱装箱信息化

1. 传统装箱理货业务信息化

集装箱装箱系统，主要是根据客户申请，将装箱信息录入系统、生成业务计划，理货费收根据协议规定月结或在计划委托时根据装箱服务费收标准生成。

2. 新装箱信息服务信息处理

2021年初，公司以课题研究的方式，在客户群体内对装箱理货需求进行调研，充分了解客户对装箱物流信息链的需求。在此基础上，公司制定了“新装箱理货信息服务”的理货模式。

“新装箱理货信息服务”主要是通过系统对接，在接收到委托客户的装箱信息后（客户装箱信息备案），将对应的理货信息，如集装箱进港时间、装船时间、装船位置等信息进行匹配和补充，并通过系统将集装箱出口理货信息发送给对应的客户。委托客户也可以通过系统选择人工查询所需的集装箱出口理货信息。实现了装箱理货业务和数字化两个层面的创新。客户装箱信息接收界面见图13.5。

“新装箱服务模式”提供装箱核查服务。在已备案的出口集装箱范围内，客户可提出核查申请并提供进出库资料、装箱时图像资料、报关单、装箱照片、进出库资料等相关资料，上海外理根据客户申请和提供的资料出具装箱核查报告。

（二）集装箱拆箱数字化

集装箱拆箱信息流主要分为企业内部信息系统及与企业外的信息交互。其中，企业内部信息系统为集装箱拆箱信息系统，企业外信息交互为各类信息化接口。

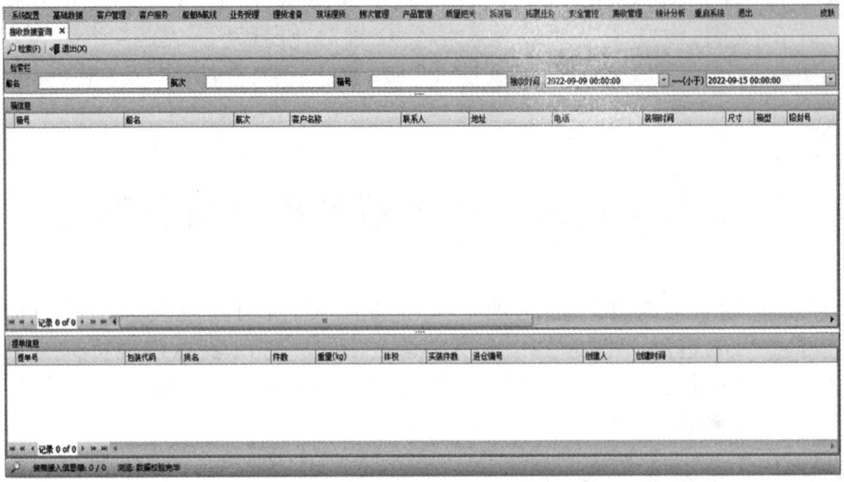

图 13.5　客户装箱信息接收界面

集装箱拆箱系统侧重于企业内部信息流转,依托“外轮理货管理信息平台”,实现拆箱理货计划的受理、确认、分配、派工、实施、销账、出证。

拆箱理货的计划受理以集团业务受理中心统一受理为主。通过业务系统对接,形成了“理货计划实时进行数据传输,上海外理对计划进行确认”的操作方式,实现了拆箱业务受理的数字化改革。受理中心拆箱计划确认见图 13.6。

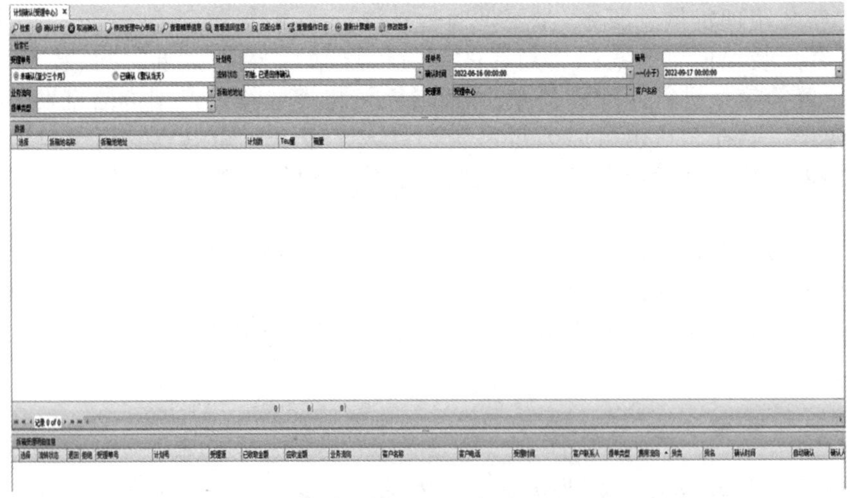

图 13.6　受理中心拆箱计划确认

2020 年底,上海外理开发了装拆箱手机 App 操作系统和电子理货单,拆箱理货的计划确认、分配、实施、派工、销账、图像资料采集、电子签名、质量管控和出理货单等业务,直接通过手机 App 进行操作。电子版的理货单证可以通过手机、邮箱等途径与客户办理交接,实现了装拆箱理货业务的移动化办公。2022 年初,上海外理充分利用公司整体数字化资源,对拆箱理货单证进行了改革。新设计的电子“理货报告”增加了集装箱道口信息、卸船残损、拆箱过程图像资料等理货内容信息,进一步满足了客户对拆箱数字信息方面的需求。

2022 年 8 月,公司启动了“上海外理签证平台”中装拆箱理货部分的开发工作。通过签证平台,装拆箱理货将实现理货计划远程委托、移动化办公、理货结果远程交接、电子单证网络传输等数字化服务方式,推进公司装拆箱数字化建设再上一个新台阶。

第六节　件杂货电子船图绘制系统

外轮理货是对外贸易和国际海上货物运输中不可缺少的一项工作。而船图作为重要的理货产品,对充分利用船舶载货容积,提高装卸效率,提高船舶运输的经济效益具有重要意义。

近年来,随着科学技术水平的不断提升,集装箱理货已逐渐向智能化发展。而件杂货理货,特别是件杂货积载船图制作依旧采用人工手绘方式。在装船过程中,往往由于各种原因,如对货物积载舱容估算不足,某些货物未能按时集中等原因,必须及时调整及变更积载计划,为此就需要对出口件杂货船图进行重新绘制。人工操作时,往往存在编制效率低,易出错等问题,船图质量无法保证。为此,基于理货信息系统自动生成件杂货出口积载船图,可有效解决上述问题。同时,系统可实现根据船公司提供的船舶结构,提供个性化的电子出口积载图。通过一船一结构的方式,能够更加准确地反映货物的实际装载情况,并根据船方需求,提供以卸货港或目的港为标记颜色或细分统计等理货船图绘制服务,为船方能更准确、更有效的了解货物实际积载状况提高服务支持。在滚装船的理货积载船图绘制上,也实现了根据车辆停放位置,提供单车辆单货物的舱内定位船图的绘制服务。件杂货理货出口电子船图见图 13.7。

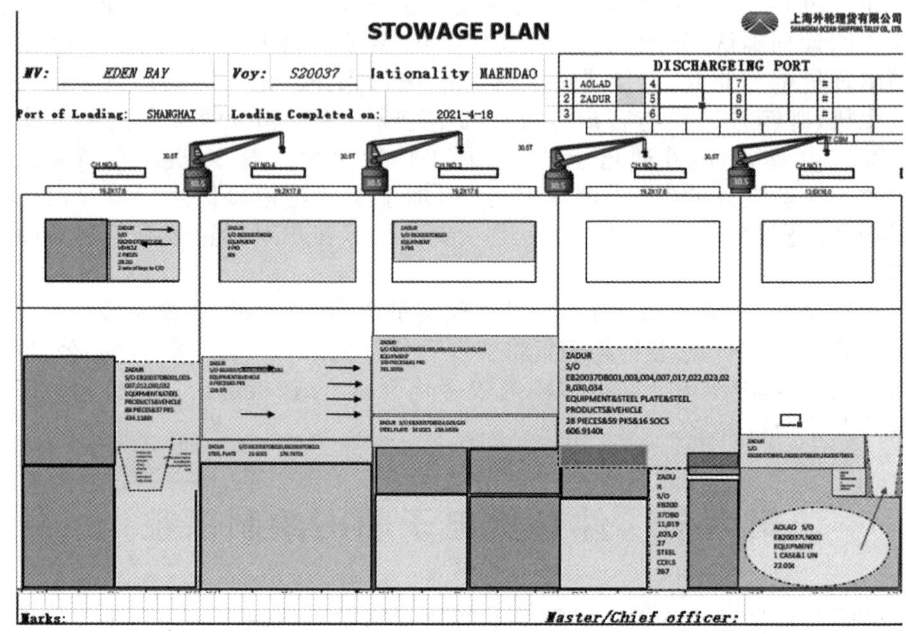

图 13.7　件杂货理货出口电子船图

第七节　件杂货可视化理货系统

件杂货理货作业受限于作业环境、港口资源、作业工况、防疫要求等因素，非突破性方案无法有效提高生产效率、理货质量、服务能级。

在传统的件杂货理货作业模式下，为确保作业安全，理货员需等待货车熄火后围绕车辆行走一周对货物、装货单信息进行核对并拍照留存，一个流程需要 3~4 分钟。不但核对的信息量大、步骤烦琐，而且存在理货数据留痕不便、存储不及时等问题。同时，理货员频繁在露天活动，容易侵入车辆行驶路线，存在安全隐患。

2022 年，公司将推动件杂货理货的各项改革工作纳入到年度重点工作中，开展以纸浆等特定货种为突破口的件杂货可视化理货的信息化建设项目，以罗泾码头为试点单位，并以该码头纸浆、吨袋等具有定关定量、可有效检验货物表面情况、可在后场开展分票的货物为试点。通过安装摄像头、无线基站、光纤等监控及网络传输设备，实现理货人员根据视频影像作业，结束了以前理货员现场理货、手写笔填的时代。件杂货可视化界面见图 13.8。

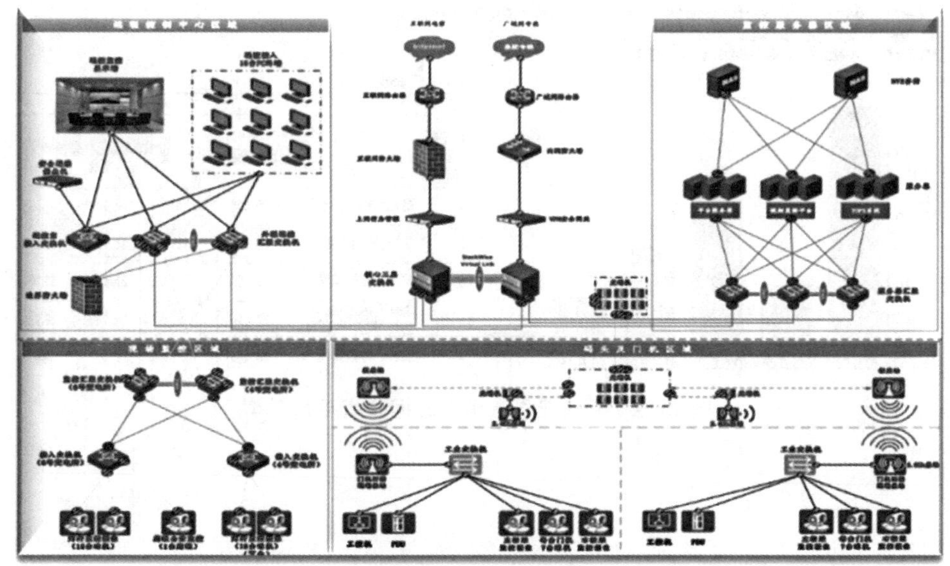

图 13.8　件杂货可视化理货系统

第八节　拆箱理货市场大数据分析平台

2022 年下半年,为了准确掌握拆箱理货市场信息,为装拆箱市场营销政策的制订提供依据,上海外理充分利用信息化建设和大数据分析工具,与第三方平台进行合作,启动了“上海外理拆箱理货市场大数据分析”的开发工作。

“上海外理拆箱理货市场大数据分析”将分阶段完成。利用大数据分析工具,从市场整体状态、进行货类情况、客户群体和单体市场动态等方面对拆箱理货市场进行现状分析,找出市场变化的趋势和影响因素。同时结合公司市场营销活动的开展,对市场营销活动的进程、取得的效果等进行分析和指挥。

通过大数据分析,未来将实现公司拆箱市场五方面的功能：一是追溯,对历史数据的原因进行分析总结;二是洞察,对历史数据的规律进行归纳;三是监控,对当前市场动态进行监控和预警;四是商机,对当前市场给出评判和行动指挥;五是预测,对市场的未来情况进行预测。通过此五个方面的功能,将大数据分析打造成能够掌握市场动态、分析变化原因、指挥市场活动、预测市场结果的中枢大脑。拆箱理货市场信息平台模型见图 13.9。

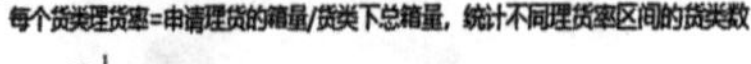

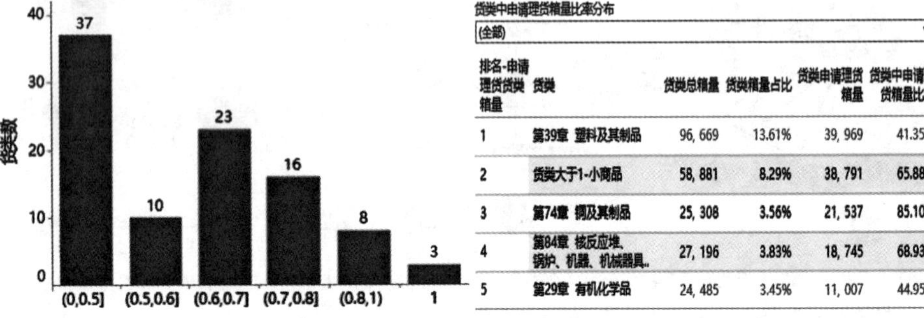

排名-申请理货货类箱量	货类	货类总箱量	货类箱量占比	货类申请理货箱量	货类中申请理货箱量比率
1	第39章 塑料及其制品	96, 669	13.61%	39, 969	41.35%
2	货类大于1-小商品	58, 881	8.29%	38, 791	65.88%
3	第74章 铜及其制品	25, 308	3.56%	21, 537	85.10%
4	第84章 核反应堆、锅炉、机器、机械器具..	27, 196	3.83%	18, 745	68.93%
5	第29章 有机化学品	24, 485	3.45%	11, 007	44.95%

图 13.9　拆箱理货市场大数据分析平台模型

第六部分　安全生产基本知识篇

第十四章　安全生产基本理论

安全生产事关人民群众生命财产，事关改革发展稳定大局，安全生产责任重于泰山。搞好安全生产，是全面落实科学发展观的必然要求，是建设和谐社会的迫切需要。经济发展不能以牺牲人的生命为代价，只有生命安全得到切实保障，才能调动和激发人们创造美好生活的热情和活力；只有使重特大事故得到遏制，减少事故造成的创伤和震荡，社会才能安定有序；只有尊重客观规律，讲求科学态度，才能有效防范事故。

第一节　安全生产基本概念

一、安全生产、安全生产管理

（一）安全生产

安全生产，一般意义上讲，是指在社会生产活动中，通过人、机、物料、环境的和谐运作，使生产过程中潜在的各种事故风险和伤害因素始终处于有效控制状态，切实保护劳动者的生命安全和身体健康。

（二）安全生产管理

安全生产管理，就是针对人们在生产过程中的安全问题，运用有效的资源，发挥人们的智慧，通过人们的努力，进行有关决策、计划、组织和控制等活动，实现生产过程中人与机器设备、物料、环境的和谐，达到安全生产的目标。

安全生产管理的目标是减少和控制危害，减少和控制事故，尽量避免生产过程中由于事故所造成的人身伤害、财产损失、环境污染以及其他损失。安全生产管理包括安全生产法制管理、行政管理、监督检查、工艺技术管理、设备设施管理、作业环境和条件管理等方面。

安全生产管理的基本对象是企业的员工，涉及企业中的所有人员、设备设施、物料、环境、财务、信息等各个方面。安全生产管理的内容包括：安全生产管理机构、安全生产管理人员、安全生产责任制、安全生产管理规章制度、安全生产策划、安全培训教育、安全生产档案等。

二、本质安全、事故等级与海因里希法则

（一）本质安全

本质安全是指通过设计等手段使生产设备或生产系统本身具有安全性，即使在误操作或发生故障的情况下也不会造成事故。具体包括两方面的内容：

1. 失误——安全功能

指操作者即使操作失误，也不会发生事故或伤害，或者说设备、设施和技术工艺本身具有自动防止人的不安全行为的功能。

2. 故障——安全功能

指设备、设施或生产工艺发生故障或损坏时，还能暂时维持正常工作或自动转变为安全状态。

上述两种安全功能应该是设备、设施和技术工艺本身固有的，即在它们的规划设计阶段就被纳入其中，而不是事后补偿的。

本质安全是生产中“预防为主”的根本体现，也是安全生产的最高境界。实际上，由于技术、资金和人们对事故的认识等原因，目前还很难做到本质安全，只能作为追求的目标。

生产过程中的安全，即安全生产，指的是“不发生工伤事故、职业病、设备或财产损失”。

工程上的安全性，是用概率表示的近似客观量，用以衡量安全的程度。

系统工程中的安全概念，认为世界上没有绝对安全的事物，任何事物中都包含有不安全因素，具有一定的危险性。安全是一个相对的概念，危险性是对安全性的隶属度；当危险性低于某种程度时，人们就认为是安全的。安全工作贯穿于系统整个寿命期间。

（二）事故等级划分

《现代汉语词典》对“事故”的解释是：多指生产、工作上发生的意外损失或灾祸。在国际劳工组织制定的一些指导性文件，如《职业事故和职业病记录与通报实用规程》中，将职业事故定义为：“由工作引起或者在工作过程中发生的事件，并导致致命或非致命的职业伤害。”我国事故的分类方法有多种。

《企业职工伤亡事故分类标准》（GB 6441—1986），综合考虑起因物、引起事故的诱导性原因、致害物、伤害方式等，将企业工伤事故分为 20 类，分别为物体打击、车辆伤害、机械伤害、起重伤害、触电、淹溺、灼烫、火灾、高处坠落、坍塌、冒顶片帮、透水、放炮、火药爆炸、瓦斯爆炸、锅炉爆炸、容器爆炸、其他爆炸、

中毒和窒息及其他伤害等。

《生产安全事故报告和调查处理条例》(国务院令第493号)将“生产安全事故”定义为：生产经营活动中发生的造成人身伤亡或者直接经济损失的事件。根据生产安全事故造成的人员伤亡或者直接经济损失，事故一般分为以下等级：

(1) 特别重大事故，是指造成30人以上死亡，或者100人以上重伤(包括急性工业中毒，下同)，或者1亿元以上直接经济损失的事故。

(2) 重大事故，是指造成10人以上30人以下死亡，或者50人以上100人以下重伤，或者5 000万元以上1亿元以下直接经济损失的事故。

(3) 较大事故，是指造成3人以上10人以下死亡，或者10人以上50人以下重伤，或者1 000万元以上5 000万元以下直接经济损失的事故。

(4) 一般事故，是指造成3人以下死亡，或者10人以下重伤，或者1 000万元以下直接经济损失的事故。

该等级标准中所称的“以上”包括本数，所称的“以下”不包括本数。

(三) 海因里希法则

这个法则是1941年美国的海因里希从统计许多灾害开始得出的。当时，海因里希统计了55万件机械事故，其中死亡、重伤事故1 666件，轻伤48 334件，其余则为无伤害事故。从而得出一个重要结论，即在机械事故中，伤亡、轻伤、不安全行为的比例为1∶29∶300，国际上把这一法则叫事故法则，见图14.1。这个法则说明，在机械生产过程中，每发生330起意外事件，有300件未产生人员伤害，29件造成人员轻伤，1件导致重伤或死亡。

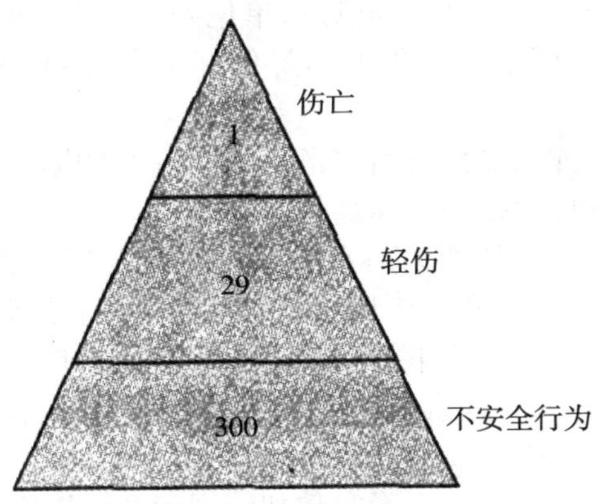

图14.1　海因里希法则

对于不同的生产过程，不同类型的事故，上述比例关系不一定完全相同，但这个统计规律说明了在进行同一项活动中，无数次意外事件，必然导致重大伤亡事故的发生。事故法则说明,要防止重大事故的发生必须减少和消除无伤害事故,要重视事故的苗头和未遂事故,否则终会酿成大祸。

第二节 从业人员安全生产权利与义务

一、《中华人民共和国安全生产法》(摘录)2002年11月1日起施行,2021年6月10日第三次修正

(一)从业人员的安全生产权利义务

第五十二条 生产经营单位与从业人员订立的劳动合同,应当载明有关保障从业人员劳动安全、防止职业危害的事项,以及依法为从业人员办理工伤保险的事项。

生产经营单位不得以任何形式与从业人员订立协议,免除或者减轻其对从业人员因生产安全事故伤亡依法应承担的责任。

第五十三条 生产经营单位的从业人员有权了解其作业场所和工作岗位存在的危险因素、防范措施及事故应急措施,有权对本单位的安全生产工作提出建议。

第五十四条 从业人员有权对本单位安全生产工作中存在的问题提出批评、检举、控告;有权拒绝违章指挥和强令冒险作业。

生产经营单位不得因从业人员对本单位安全生产工作提出批评、检举、控告或者拒绝违章指挥、强令冒险作业而降低其工资、福利等待遇或者解除与其订立的劳动合同。

第五十五条 从业人员发现直接危及人身安全的紧急情况时,有权停止作业或者在采取可能的应急措施后撤离作业场所。

生产经营单位不得因从业人员在前款紧急情况下停止作业或者采取紧急撤离措施而降低其工资、福利等待遇或者解除与其订立的劳动合同。

第五十六条 因生产安全事故受到损害的从业人员,除依法享有工伤保险外,依照有关民事法律尚有获得赔偿的权利的,有权向本单位提出赔偿要求。

第五十七条 从业人员在作业过程中,应当严格遵守本单位的安全生产规章制度和操作规程,服从管理,正确佩戴和使用劳动防护用品。

第五十八条 从业人员应当接受安全生产教育和培训,掌握本职工作所需的安全生产知识,提高安全生产技能,增强事故预防和应急处理能力。

第五十九条 从业人员发现事故隐患或者其他不安全因素,应当立即向现

场安全生产管理人员或者本单位负责人报告;接到报告的人员应当及时予以处理。

第六十条　工会有权对建设项目的安全设施与主体工程同时设计、同时施工、同时投入生产和使用进行监督,提出意见。

工会对生产经营单位违反安全生产法律、法规,侵犯从业人员合法权益的行为,有权要求纠正;发现生产经营单位违章指挥、强令冒险作业或者发现事故隐患时,有权提出解决的建议,生产经营单位应当及时研究答复;发现危及从业人员生命安全的情况时,有权向生产经营单位建议组织从业人员撤离危险场所,生产经营单位必须立即作出处理。

工会有权依法参加事故调查,向有关部门提出处理意见,并要求追究有关人员的责任。

第六十一条　生产经营单位使用被派遣劳动者的,被派遣劳动者享有本法规定的从业人员的权利,并应当履行本法规定的从业人员的义务。

（二）法律责任

第一百零六条　生产经营单位与从业人员订立协议,免除或者减轻其对从业人员因生产安全事故伤亡依法应承担的责任的,该协议无效;对生产经营单位的主要负责人、个人经营的投资人处二万元以上十万元以下的罚款。

第一百零七条　生产经营单位的从业人员不服从管理,违反安全生产规章制度或者操作规程的,由生产经营单位给予批评教育,依照有关规章制度给予处分;构成犯罪的,依照刑法有关规定追究刑事责任。

第一百零八条　违反本法规定,生产经营单位拒绝、阻碍负有安全生产监督管理职责的部门依法实施监督检查的,责令改正;拒不改正的,处二万元以上二十万元以下的罚款;对其直接负责的主管人员和其他直接责任人员处一万元以上二万元以下的罚款;构成犯罪的,依照刑法有关规定追究刑事责任。

二、《上海市安全生产条例》(摘录)2021 年 12 月 1 日起施行

第三条　本市安全生产工作坚持中国共产党的领导。

安全生产工作应当以人为本,坚持人民至上、生命至上,把保护人民生命安全摆在首位,树牢安全发展理念和城市全生命周期管理理念,坚持安全第一、预防为主、综合治理的方针,从源头上防范化解重大安全风险。

安全生产工作坚持党政同责、一岗双责、齐抓共管、失职追责的原则,实行管行业必须管安全、管业务必须管安全、管生产经营必须管安全,建立健全安全生产责任体系,强化和落实生产经营单位主体责任与政府监管责任,强化属地

管理责任,建立生产经营单位负责、职工参与、政府监管、行业自律和社会监督的机制。

第五章　从业人员的安全生产权利义务

第五十七条　生产经营活动中,从业人员享有下列权利:

(一) 在集体合同、劳动合同中,载明劳动安全、防止职业危害和工伤保险等事项;

(二) 了解其作业场所、工作岗位存在的危险因素以及防范、应急措施;

(三) 对本单位安全生产工作中存在的问题提出建议、批评、检举和控告;

(四) 拒绝违章指挥、强令冒险作业的要求;

(五) 发现直接危及人身安全的紧急情况时,停止作业或者在采取可能的应急措施后撤离作业场所;

(六) 因生产安全事故受到损害后提出赔偿要求;

(七) 接受安全生产教育和培训,掌握本职工作所必需的安全生产技能;

(八) 获得生产经营单位提供的符合国家和行业标准的劳动条件和劳动防护用品;

(九) 因接触职业危害因素接受符合国家有关规定的职业健康检查;

(十) 法律、法规规定的其他权利。

劳务派遣人员有依法向用工的生产经营单位主张安全生产的权利。

生产经营单位不得以任何形式与从业人员订立协议,免除或者减轻其对从业人员因生产安全事故伤亡依法应当承担的责任。

第五十八条　生产经营活动中,从业人员应当履行下列义务:

(一) 严格落实岗位安全责任,遵守本单位的安全生产规章制度和操作规程;

(二) 正确使用劳动防护用品;

(三) 接受安全生产教育和培训;

(四) 及时报告事故隐患和不安全因素;

(五) 法律、法规规定的其他义务。

第四十二条　生产经营单位应当对下列人员及时进行安全生产教育和培训:

(一) 新进从业人员;

(二) 离岗六个月以上的或者换岗的从业人员;

(三) 采用新工艺、新技术、新材料或者使用新设备后的有关从业人员。

生产经营单位应当对在岗的从业人员进行定期的安全生产教育和培训。从业人员未经安全生产教育和培训合格的,不得上岗作业。

大型企业集团和其他有条件的生产经营单位可以建立安全生产实训基地,开展从业人员安全生产技能培训。安全生产实训基地可以向社会开放。

第四十三条　从事特种作业的人员应当按照国家有关规定经专门的安全作业培训，考核合格取得特种作业操作资格证书后，方可上岗作业。

生产经营单位不得安排无特种作业操作资格证书的人员从事特种作业。

生产经营单位指派从业人员参加专门的安全作业培训和特种作业操作资格考试的，应当承担该从业人员的培训和考试费用。

第四十四条　安全生产教育和培训内容主要包括安全生产的法律、法规和规章制度，安全操作基本技能和安全技术基础知识，作业场所和工作岗位存在的危险因素、防范措施以及事故应急措施，劳动防护用品的性能和使用方法以及其他需要掌握的安全生产知识。

生产经营单位应当建立安全生产教育和培训档案，如实记录安全生产教育和培训的时间、内容、参加人员以及考核结果等情况。

安全生产教育和培训的时间按照国家和本市有关规定执行。

第三节　安全生产基本常识

一、安全生产方针

安全生产方针："安全第一、预防为主、综合治理"。

2002 年 6 月 29 日，全国人大九届 28 次会议通过的《中华人民共和国安全生产法》明确规定，我国的安全生产管理工作，必须坚持"安全第一，预防为主"的方针。

2014 年 8 月 31 日，第十二届全国人民代表大会常务委员会第十次会议通过全国人民代表大会常务委员会关于修改《中华人民共和国安全生产法》的决定，自 2014 年 12 月 1 日起施行。新法明确提出安全生产工作应当以人为本，将坚持安全发展写入了总则，对于坚守红线意识、进一步加强安全生产工作、实现安全生产形势根本性好转的奋斗目标具有重要意义。

二、从业人员安全培训教育

（一）三级安全教育

三级安全教育是生产经营单位安全教育的基础制度。教育对象是新进从业人员，包括新进的工人、干部、学徒工、临时工、合同工、季节工、代培人员和实习人员等。三级安全教育指厂级、车间和班组安全教育。

厂级安全教育：新入厂的从业人员或调动工作的从业人员在分配到车间和工作地点以前，由单位主管厂长负责，单位安全管理部门会同有关部门组织实施的初步安全教育。主要是：劳动安全卫生法律法规；安全生产基础知识；本单位安全生产基本制度；劳动纪律等。

车间安全培训教育：是指从业人员或调动工作的从业人员在分配到车间后进行的安全教育，由车间主管安全的主任负责，车间安全员进行教育。主要是：本车间生产工艺流程、作业场所和工作岗位存在的危险因素、防范措施及事故应急措施等。

班组安全教育：是指由工段、班组长对从业人员进行的上岗前安全教育。班组安全教育由班组长会同安全员及带班师傅进行的"传、帮、带"。各种安全防护措施的性能和作用；劳动防护用品的使用方法及发生事故时的紧急救灾措施等。

新从业人员安全生产教育培训时间不得少于 24 学时，危险性较大的行业和岗位，教育培训时间不得少于 48 学时。新从业人员应按规定通过"三级安全教育"，并考核合格后方可上岗，考核情况要记录在案。

（二）经常性安全培训教育

生产经营单位要确立终身教育的观念和全员培训的目标，对在岗的从业人员进行经常性的安全生产教育培训，提高从业人员的安全知识水平和安全技术素质。通过工班会、安全活动日、安全生产会议、各类安全生产业务培训班、事故现场会、张贴宣传画、宣传标语及标志和安全文化知识竞赛等形式开展安全生产教育培训。培训的主要内容是：安全生产新知识、新技术、安全生产法律法规、作业场所和工作岗位存在的危险因素、防范措施及事故应急措施和事故案例分析等。

（三）"五新"作业安全培训教育

"五新"安全教育，是指采用新工艺、新技术、新材料、新设备、新产品前所进行的新操作方法和新工作岗位的安全教育。由于"五新"作业未知因素多，人们对"五新"的危险因素了解甚少，缺乏操作知识，容易发生事故，因此，必须对操作者和有关人员加强安全教育和管理。

（四）复工和换岗安全培训教育

生产经营单位应当对离岗六个月以上的或者换岗的从业人员，及时进行安全生产教育和培训。生产经营单位应当对在岗的从业人员进行定期的安全生产教育和培训。从业人员未经安全生产教育和培训合格的，不得上岗作业。

三、安全色与安全警示标志

安全色（Safety Color）表示安全信息的颜色。安全色是用来表达特定安全

信息含义的颜色，配合几何图形和图形符号构成安全警示标志。它以形象醒目的信息语言向人们提供表达禁止、警告、指令、提示等安全信息，使人们见到安全警示标志后能够对威胁安全的物体和环境尽快地作出反应，以减少和避免事故的发生。国家标准 GB 2893—2008（安全色）中规定了采用红、蓝、黄、绿四种颜色为安全色，黑、白两种颜色为对比色。这几种颜色所表达的信息如下：

（1）红色，红色很醒目，不易被尘雾所散射。用其表示危险、禁止和紧急停止的信号。如交通禁令标志、仪表刻度盘上的极限位置刻度、液化石油气槽车的条带及文字、危险信号旗等。

（2）蓝色，蓝色的注目性和视认性虽然都不如红色，但与白色相配合使用效果明显，因而被选用为指令标志的颜色，即必须遵守的规定。

（3）黄色，黄色对人眼能产生比红色更高的明度。黄色与黑色组成的条纹是视认性最高的色彩，特别能引起人们的注意，所以被选用警告色。

（4）绿色，绿色的视认性和注目性虽然不高，但绿色是新鲜、年轻、青春的象征，具有和平、永远、生长、安全等心理反应，所以用绿色提示安全信息。

《安全生产法》第三十五条明确规定，生产经营单位应当在有较大危险因素的生产经营场所和有关设施、设备上，设置明显的安全警示标志。每一个从业人员要准确识别各种安全警示标志牌，了解它们的含义，作出正确的行动，确保安全生产。

安全警示标志牌主要有九大类，安全标志及其使用导则 2008（最新完整版）。

四、正确使用劳动防护用品

生产经营单位应当建立健全有关劳动防护用品的管理制度，提供的用品必须符合国家标准或者行业标准，要加强劳动防护用品的购买、验收、发放、更新、报废等环节的管理，监督并教育从业人员按照使用要求佩戴和使用。重点注意以下事项：

（1）电工作业（或手持电动工具）人员必须穿好绝缘鞋，以免发生触电。

（2）车间或工地工作人员必须按要求穿工作服、戴安全帽，以免穿着不当造成机械缠绕或发生物体坠落造成头部伤害。

（3）正确佩戴防护手套，以免造成手臂伤害。

（4）要正确佩戴适当的护目镜和面罩，以免造成视力伤害。

（5）工作场所要按规定穿用劳防用鞋，以免造成脚部伤害。

（6）要正确选择和使用各类口罩、面具、以免因使用防毒护品不当，造成中毒伤害。

（7）在其他需要进行防护的场所，如噪声、振动、辐射等，也要正确佩戴和使用劳动防护用品，从而保护自身的安全和健康。

第四节　安全技术基本知识

一、用电安全知识

电是使用最便利、使用最广泛的能源,已成为当代人生产、生活的重要依赖。电的特点是“看不见、听不到、闻不着、不能摸”,如果电气设备的结构装置不完善,或者在使用过程中,由于不懂用电安全常识和缺少安全防护措施,或由于安全管理缺陷和运行维护不当等,电也会给人们带来伤害,影响生产,危及人身安全。因此,确保用电安全显得十分重要,严格执行有关安全规程,应确保装得正确、使用得当、检修及时、拆得彻底,防止事故的发生。使用电气设备的安全常识:

(1) 必须严格按照安全操作规程操作。

(2) 每次使用电气设备前先试运行一下,检查是否有“电火花”等异常情况出现。若发现问题,要找专职维修人员检修,直到排除故障后才能操作。

(3) 不要触摸挂有“禁止合闸”“维修中”等标牌的电气设备。这些设备处在不正常的状态中,很有可能带电或者有人检修,直接触摸对自己和他人都可能带来危险。

(4) 使用电气设备或在电源周围工作时,必须使用个体防护用品,如戴绝缘手套,穿保护性或绝缘性的围裙及鞋。

(5) 安全电压最高为 36 V(潮湿场所为 12 V)。

(6) 通过人身的安全电流: 交流 10 mA,直流 50 mA。

(7) 电气设备外壳(金属)与外部线路绝缘电阻不应小于 0.5 MΩ。

(8) 漏电保护器的动作电流不应大于 10 mA。

(9) 照明开关必须串接在相线上,严禁零线串接,否则更换灯具时有触电的危险。

(10) 电力设备发生火灾时,可带电灭火的器材有 1211 灭火器、二氧化碳、四氯化碳、干粉。

二、消防安全知识

(一) 懂得火灾的危害性

在社会生活中,火灾是威胁公共安全,危害人们生命财产的灾害之一。俗话说“水火无情”,火灾的危害性具体体现在以下五个方面。

(1) 火灾会造成惨重的直接财产损失。1993 年 8 月 5 日,深圳市安贸危险

品储运公司清水河仓库,因化学危险物品混存而发生反应,引起火灾爆炸事故,大火燃烧了16小时,造成15人死亡,200多人受伤(其中重伤25人),烧毁建筑面积39 000 m^2,火灾造成直接财产损失2.5亿元。

(2) 火灾造成的间接财产损失更为严重。1990年7月3日,四川省梨子园铁路隧道因油罐车外溢的油气遇到电火花导致爆炸起火。这起火灾直接财产损失仅500万元,但致使铁路运输中断23天,26日全线通车,造成成千上万旅客滞留和许多单位停工待料,间接财产损失难以估算。

(3) 火灾会造成大量的人员伤亡。2000年12月25日河南洛阳东都商厦因电焊工违章操作引起火灾,造成上百人死亡。

(4) 火灾会破坏生态平衡。1987年5月6日到6月2日发生在大兴安岭北部林区的"5.6"特大森林火灾,过火面积达到124.3万 hm^2,使104万 hm^2 的森林资源遭受了严重破坏。

(5) 火灾会造成不良的社会政治影响。如火灾发生在首脑机关,通信枢纽、涉外单位、古建筑、博物馆或风景区等都会造成难以计算的经济损失,更会造成不良的社会政治影响。

由此可见,火灾危害性是相当惨重的。我们必须认真贯彻执行"预防为主,防消结合"的消防工作方针,在做好防火工作的同时,在思想上、组织上和物质上积极做好各项灭火准备,以便一旦发生火灾,能够迅速有效地扑灭火灾,最大限度地减少火灾损失和人员伤亡。

(二) 会报火警

在日常生活中,人们不免会遇到一些紧急情况,发现火警应及时报警,这是每个公民的责任。

(1) 遇火灾拨打"119"。火警电话打通后,应讲清楚着火单位、所在区县、街道、门牌号码等详细地址;要讲清什么东西着火,火势情况。

(2) 要讲清是平房还是楼房,最好能讲清起火部位,燃烧物质和燃烧情况。

(3) 报警人要讲清自己姓名、所在单位和电话号码。

(4) 报警后要派专人在路口等候消防车的到来,指引消防车去火场的道路,以便迅速、准确到达起火地点。

(三) 会扑灭初起火灾

一旦起火,必须保持冷静。对初起火灾,应迅速清理起火点附近可燃物,并迅速利用被褥、水及其他简易灭火器材控制和扑救。救火时不要贸然打开门窗,以免空气对流,加速火势蔓延。

国家标准规定,灭火器型号应以汉语拼音大写字母和阿拉伯数字标于筒体,如"MF2"等。其中第一个字母M代表灭火器,第二个字母代表灭火剂类型

(F 是干粉灭火剂、FL 是磷铵干粉、T 是二氧化碳灭火剂、Y 是卤代烷灭火剂、P 是泡沫、QP 是轻水泡沫灭火剂、SQ 是清水灭火剂),后面的阿拉伯数字代表灭火剂重量或容积,一般单位为千克或升。

灭火器的种类很多,按其移动方式可分为手提式和推车式;按驱动灭火剂的动力来源可分为储气瓶式、储压式、化学反应式;按所充装的灭火剂则又可分为泡沫、干粉、卤代烷、二氧化碳、清水等。

火灾分为五类,应使用相应的灭火器材。

一类指含碳固体可燃物,如木材、棉毛、麻、纸张等燃烧的火灾,可用水型灭火器、泡沫灭火器、干粉灭火器、卤代烷灭火器。

二类指甲、乙、丙类液体,如汽油、煤油、柴油的火灾,可用干粉灭火器、泡沫灭火器、卤代烷灭火器。

三类指可燃烧气体,如煤气、天然气、甲烷等燃烧的火灾,可用干粉灭火器、卤代烷灭火器。

四类指可燃的活泼金属,如钾、钠、镁等燃物的火灾,可用干砂或铸铁粉末。

五类指带电物体燃烧的火灾,禁止用水灭火,可用二氧化碳、干粉灭火器。

(四) 会逃生自救

发生火灾时,如果被大火围困,特别是被围困在楼上时,在拨打了 119 报警电话后,应千方百计设法自救,但应该注意的是,处在高层建筑火灾时,如果不是消防专用电梯,绝对不能进电梯逃生。大火来临时要迅速逃生,不可贪恋财物,以免失去逃生时机。逃生途中,不要携带重物,逃离火场后,不要冒险返回火场。身处烟雾捂口鼻,必须用湿毛巾等捂住鼻嘴,尽可能地猫腰贴地跑出,这样才能减少烟气的吸入量,以免中毒。火场逃生时,保持冷静,正确估计火势。如火势不大,应当机立断,披上浸湿的衣物、被褥等向安全出口方向逃离。逃生时应随手关闭身后房门,防止烟气尾随进入。若逃生路线均被大火封锁,可向阳台或向架设云梯车的窗口移动,并用打手电筒、挥舞衣物、呼叫等方式发送求救信号。

(五) 急救知识

在作业现场发生伤害事故后,要及时拨打 120 急救电话,如果能在第一时间及时采取科学、正确的现场急救方法,可以大大降低受伤人员的死亡率,给生命更多的机会,同时也可以减轻受伤人员伤愈的后遗症。因此,每位从业人员都应掌握现场急救的方法,进行自救、互救。现场急救的基本原则是“先救后送”,事故发生后,事故现场第一目击者要尽快采取一些简易有效的救护方法进行处理,再呼叫“120”,让救护车送医院抢救,为医生进一步抢救做好前期准备。尤其是要避免或防止延误抢救时间和不正确的救护方法。

1. 触电急救

人体触电之后，会出现神经麻痹，呼吸中断，心跳停止，昏迷不醒等症状，这时应迅速进行现场急救：

（1）立即切断电源，发现有人触电，应立即切断电源，使触电者脱离电源。如果电源开关离触电现场比较远时，可用绝缘工具（如绝缘手钳、干燥木柄等）将电线切断；也可用绝缘物体设法将触电者脱离带电体。但千万注意不要用手去直接拉触电者。

（2）及时组织抢救，触电者脱离电源后应及时将其移至通风处，平卧，仰头抬颌，使气道开放，然后进行人工呼吸抢救。如触电者心跳、呼吸均已停止，应立即进行心肺复苏抢救。特别提醒：在现场抢救触电者时，一般不要打肾上腺素等强心针，因为强心针会促进触电者的心室纤维颤动更加恶化。更不能采用压木板、泼冷水等错误的方法进行急救。

2. 外伤创伤急救

止血包扎最常见的止血方法是直接压迫法，即压迫出血部位，先用手指压迫出血伤口的动脉止血，这种压迫点叫止血点，止血点比伤口更接近心脏。其步骤是：

（1）用消毒纱布或清洁的织物等敷在伤口上，用手压迫。

（2）把受伤的手臂或下肢抬高，超过心脏水平线。

（3）用绷带扎紧，但不能过紧。

当手足出血用直接压迫法无效时，可采用止血带止血法。用三角巾或围巾，折成 5 cm 左右宽（太窄会损伤动脉和神经）包扎在止血点和伤口间，包扎要紧。止血带不能扎在关节部位，应扎在关节上方。发现伤者骨折时，应及时在现场正确地做好固定，便于到医院做彻底治疗。如果手指被切断，千万要注意在护送伤者去医院时，要连同断下的手指一起带走，也许在医生的及时救治下，切断的手指还可以再接上去，恢复手指功能。

3. 中暑救护

在炎热的夏季或初秋，高温、高湿、强热辐射天气可造成人体的体温调节、水盐代谢、循环系统、消化系统、神经系统、泌尿系统等出现一系列生理功能改变，一旦机体无法适应，引起正常生理功能紊乱，则可能造成体温异常升高，从而导致中暑。此外，睡眠不足、过度劳累、精神紧张也是中暑的常见诱因。

高温引起的症状包括头痛、头晕、胸闷、恶心、呕吐、大量出汗、脸色苍白、红疹、发热、皮肤疼痛、肌肉疼痛、疲倦、继而抽搐、昏厥、意识障碍等。根据症状的轻重，高温中暑可分为先兆中暑、轻症中暑和重症中暑。中暑可以导致死亡。先兆中暑的表现：头晕、口渴、多汗、四肢无力发酸、体温轻度升高。

轻症中暑的表现：体温超过 38 ℃，面色苍白、血压下降、脉搏增快。

重症中暑的表现：昏厥、昏迷、高热，体温超过 41 ℃，严重者出现热射病、热痉挛、热衰竭。

第五节　企业安全生产规章制度

一、上港集团安全操作规程总则

(1) 进入港区的外来人员,应履行登记手续,遵守港口安全保卫及各项有关安全管理的规定。

(2) 未经许可,不准进入生产现场。凡进入生产现场,或在2米及2米以上高处作业,或进入高处可能有物体坠落的地方应戴好安全帽。

(3) 凡进入集装箱码头、集装箱箱区、集装箱堆场(包括查验场)从事与装卸作业有关的工作人员(司机除外)应穿好荧光警示服。

(4) 无关人员不准进入重要部位(即加油站、锅炉房、变电所、计算机房、危险货物集装箱堆场等)。确因工作需要进入重要部位应出示本人有效证件进行登记,并严格遵守重要部位的安全要求。

(5) 非机动车和摩托车不准擅自进入重要部位、仓库、堆场、车间、箱区及码头平台。

(6) 进入现场不准撑伞,不准在集装箱隔挡内遮阳避雨,不准在斑马条区域或箱区内、码头护轮坎、护栏木、接电箱、带缆桩或机械转动部位上行走、站留、休息或睡觉。

(7) 新进员工应进行三级安全培训,经考试合格后方可上岗;学习人员必须由师傅带领,实习车应挂牌,特种作业应持证上岗操作。

(8) 生产作业区域的照明、照度应符合有关规定的要求。

(9) 进入生产岗位,应按货种特性和岗位操作要求穿戴好劳动防护用品。不准赤脚、赤膊或穿硬底鞋、露趾、露跟鞋、高跟鞋及裙子在生产现场操作。

(10) 接班前和当班时不准做与工作岗位无关的事;不准加班连点,疲劳作业。

(11) 上下船舶或船舱,应走专用梯子、跳板或过档安全网(其中绳梯载人不得超过2人)。不准单独一人上下(或进入)大轮的深舱、暗舱或暗道。

(12) 在2米或2米以上无防护栏的平台、货垛、机械、设备、车厢、脚手架、屋面、梯子及建(构)筑物的周边上作业;在深舱2米及2米以上的舱面上开、关小舱盖或大梁;在舱口围或栏杆低于1.05米的舱面、甲板作业时,应扣好安全带(或安全网)。

(13) 凡水上作业(开江作业上下船舶、码头,乘坐非封闭式舱室的水上交通工具),在栏杆、船墙、舱深低于1.05米的船舶上作业或行走,在不扣安全网的大轮船边作业及跨越无安全网的船岸和船舷间空档,在距码头边1米内或在

船体外临水的跳板上作业，系解缆作业及扎拆排作业应穿好救生衣。

(14) 不准在关下、关路及其周围三米内停留，窜行。生产现场不准随意在高处向低处(或低处向高处)抛物。

(15) 各种机械设备和工属具应按有关规定使用，发现故障应及时报修，不准超载或带故障运行；不准在设备带电或运行时进行维修保养。

(16) 在危险区域作业，其周围应设置明显的警告标志、标线或警戒设施。不准擅自拆除各种安全标志和安全装置。

(17) 不准在生产现场、禁烟区吸烟或擅自动用明火。

(18) 车辆出入大门、进出现场道口、进出危险货物集装箱堆场、转弯时的速度应不大于5 km/h，通道、道路(包括非集装箱码头)、主干道其最高行驶速度分别为15 km/h、20 km/h、35 km/h。车辆在箱区内行驶时应按标志、标线、标牌指示方向行驶，不准逆向行驶。

(19) 各类特种设备应按规定进行年审，年审不合格的设备不准使。特种设备租赁及其他固定资产(仓库等)租赁时应签订安全管理协议书。

(20) 凡在港区内承包装卸、运输、工程改扩建、机械设备维修保养等项目，在签订经济合同的同时应签订安全管理协议书。

(21) 凡发生各类事故，事故当事人或有关人员应积极组织抢救伤者，保护好事故现场并立即向当班调度(或中控室)和领导报告。1小时内应向集团公司生产业务部和安全监督部报告。

二、上海外轮理货有限公司安全操作规定

(1) 全体员工必须严格遵守上海国际港务(集团)股份有限公司各类安全管理规定，必须遵守作业所在单位、场所各类安全管理规定，必须遵守公司各项安全管理规定和各项安全专项布置。

(2) 进入作业现场，必须按规定戴好安全帽并生好根。不准戴连衣帽。

(3) 作业人员必须穿着公司统一制作的服装，无荧光警示功能的按规定加穿荧光警示背心，不准披衣、敞衣、穿裙子，不准撑伞。现场“两长”(含)以下作业人员，必须规范穿着劳防皮鞋，其他人员进入作业现场必须穿皮鞋(非中高跟、硬底、露趾露跟)或运动鞋。

(4) 工前、工间及职工宿舍内不准饮酒。作业期间严禁睡岗，作业现场严禁睡觉，不准做与工作无关的事。

(5) 进入作业单位，必须遵守交通规则，必须在人行通道内行走，无人行标线的应选择安全通道行走。不准骑非机动车及两轮机动车进入仓库、堆场、车间、箱区、码头平台和货运站。

(6) 理货员、督导员严禁在作业现场使用手机且必须关机，其他人员因工作需要使用手机，以及在作业现场使用手持机(PDA)、对讲机时，不准在船舶舷

梯上使用,不准边走边使用,不准边攀爬边使用。

(7) 在码头平台、对正在进行的作业以及周围有作业情况时进行图像采集前,必须告知周边相关作业人员给予提醒和看护。

(8) 从非封闭舱室的水上交通工具或绳梯上下船、在船舷栏杆或船墙低于1.05米的船或驳上行走及作业、因工作需要在码头边1米内看箱位或水尺等作业时,必须穿好救生衣。同一绳梯不准两人同时上下。

(9) 不准擅自上桩脚和舱面。在栏杆低于1.05米或软索护栏的甲板过道上、舱口围墙低于1.05米的舱口旁作业,以及登高作业2米以上(含2米)时,必须系好安全带。甲板过道上的活动出入口必须关闭、锁牢,无法关闭的必须使用安全警示带隔离。

(10) 不准在关下(吊物边缘垂直下方三米内)停留、穿行,不准在关路(吊物随起重机运行的轨迹三米内)停留。

(11) 理货作业长期站立点或区域必须使用路锥。不准在缆绳或系有缆绳的缆桩周围五米内长期站立。不准在作业现场内蹲、坐(专用理货亭、棚除外)。

(12) 不准在船舷、栏杆、码头护轮坎、接电箱、缆桩、舱口围沿上、机械及其支架支脚上坐、站立或行走,不准在锁钮箱周围1米内站立,不准坐在货物上和桩脚旁,不准倚靠在货物、机械或桩脚上。

(13) 不准穿越平车、车辆、火车衔接处,不准在车辆、机械的夹档之间站立,不准在移动的车辆、机械的夹档之间穿越。不准在桥吊、门机等轨道机械的轨道上站立、行走。不准在桥吊、门机和火车等轨道机械移动时,从其移动方向前或从其中间抢穿。

(14) 上下船舶不准跨越船舷,必须从设置好防护安全网的舷梯、跳板行走,手扶栏杆,不准双手提物、奔跑、跳跃。

(15) 上下舱必须戴好手套,从专用梯子、通道通行,双手攀梯,手扶栏杆。不准进入情况不明船舱、深舱、暗舱和暗道。舱内无人作业时,不准单独下舱。

(16) 不准擅自进入作业警戒区域。不准进入10吨以下叉车(含10吨)尾部3米、10吨至25吨叉车尾部5米、集装箱叉车、正面吊和装载机车身周围8米的区域内。

(17) 道口检查集装箱状况(核对铅封、检查电缆等),必须告知司机,并等车辆停稳后进行。核对水平运输机械上货物,必须等水平运输机械停稳、货物放妥脱钩后、货物挂钩起吊前进行,不准擅自上水平运输机械。

(18) 集装箱装拆箱作业开启、关闭箱门时,必须远离箱门正面5米以上距离。不准擅自开启、关闭集装箱箱门。

(19) 不准站在集装箱箱门摆幅范围内和月台前沿1米范围内,因工作需要进入的,工作结束必须及时退出。

（20）在铲车运行时不得进入集装箱内，进入集装箱内必须戴好安全帽。

（21）不准擅自进入、动用作业场所的一切机械、车辆、电器等设施设备，不准擅自动用船上设施设备。

（22）不准在禁烟区域和船舶理货间吸烟，不准擅自动用明火。易燃、易爆货物作业，严禁携带火种到作业现场。危险品作业必须根据货物特性落实劳动保护措施。

（23）不准使用未经公司许可或已处于不安全状态的电气设备。不准擅自接驳电源线和两次转接电源接线板。2 000 W 以上大功率电器必须“一座一插”，不准超负荷运行电气设备，不准在电气设备在电或运行时进行维修保养。

（24）不准擅自搬移消防设施设备，不准擅自占用消防设施设备、消防通道，不准擅自拆除各种安全标志和安全装置。

（25）工作期间骑车、驾车，必须持有合法、有效的驾驶证明；不准骑驾、乘坐非法、安全装置不全和性能不良的车辆；不准在冰雪、台风、突风、暴雨等恶劣天气下骑车。

三、上海外轮理货有限公司涉外登轮纪律

（1）各级经办人员要严格按照相关要求和程序，加强登轮管理工作和相关证件的申办工作，严禁使用或提供虚假材料作为申办资料，严禁为非本单位人员出具相关证明材料，严禁接受其他单位人员挂靠办证，严禁以申办登轮证名义谋取不正当利益。

（2）公司员工因工作需要上下外轮，须持有效《登轮许可证》，做到有证登轮，无证坚决不登轮，并主动配合边检机关检查和管理；《登轮许可证》仅限持证人本人使用，不得转借、抵押或挪作他用；严禁在非工作时间、非工作区域登轮。

（3）正确执行党和国家的对外方针、政策，严格遵守我国有关法律、法规和涉外纪律，自觉维护国家声誉和民族尊严。

（4）严守党和国家的机密，不准在外轮上谈论内部机密事情，不准携带内部文件、资料和禁止出口的报刊登外轮。

（5）应在外轮上指定的地点工作、作业，工作完毕，应立即离船。除工作需要外，不准进入船员房间、工作室；除按规定在锚地驻外轮的工作人员外，不准在外轮上用餐、洗澡，讨要休息房间。

（6）不准随意使用外轮上的设备、物品，发生损坏要赔偿。

（7）不准与外轮船员私拉关系，不得向船员讨要、购买、托购物品或私自接受馈赠；禁止在外轮上观看电影、电视，不得随便翻阅外轮上的书刊。

（8）接触外轮船员、旅客，要热情友好、讲究礼貌、不卑不亢，尊重不同国家民族的风俗习惯，不干涉船方内部事务。

(9) 要注意个人卫生和外轮上环境卫生;遵守秩序,不准打闹、吵骂。

(10) 严格遵守处理涉外问题的请示报告制度,不准超越职责范围随意代表国家和政府机关发表意见、签署文件。内部发生意见分歧,不应暴露在外轮船员和旅客面前。

(11) 发现违反登轮管理规定等违纪违规情况的,应及时向所属部门或安全质量监督部报告;发现可疑人员、外轮船员或旅客违反我国法律、法规或危害国家利益的行为,应及时报告主管机关处理。

附录：大船业务流、装拆箱业务流、拓展业务流

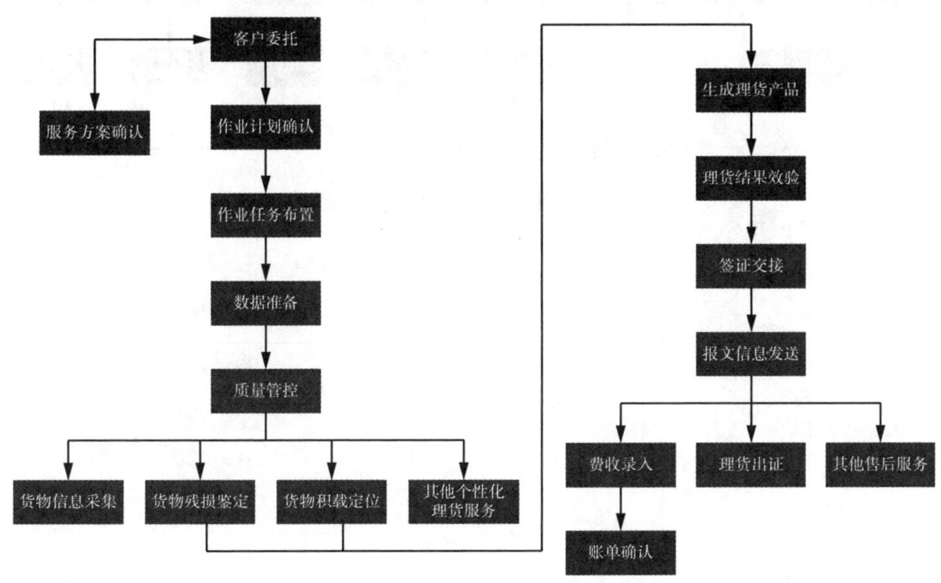

附图 1　大船业务流

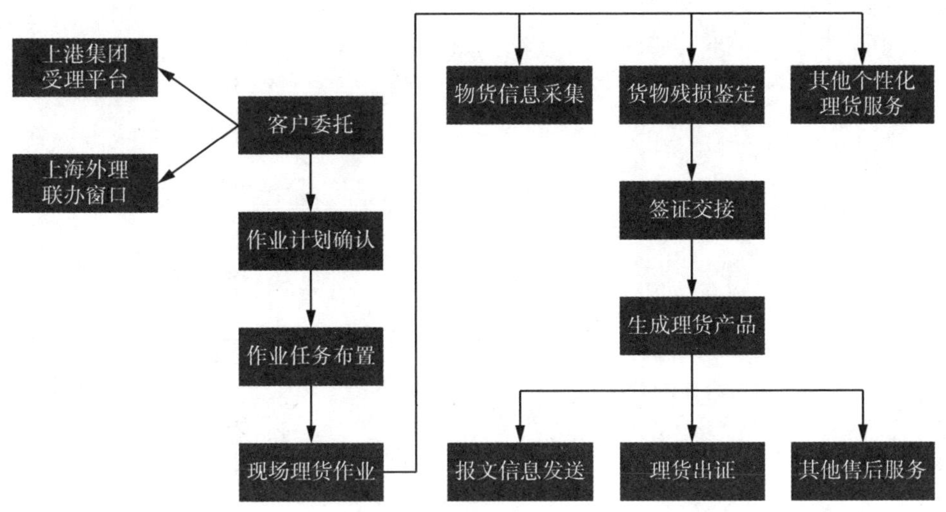

附图 2　装拆箱业务流

质量管控
委托书/
协议书
委托申请
接受委托
任务布置
作业准备
过程实施
结果记录
出具报告
售后服务
需求确认
需求梳理
实时反馈
情况确认
满意度
征询
费用结算
期间沟通

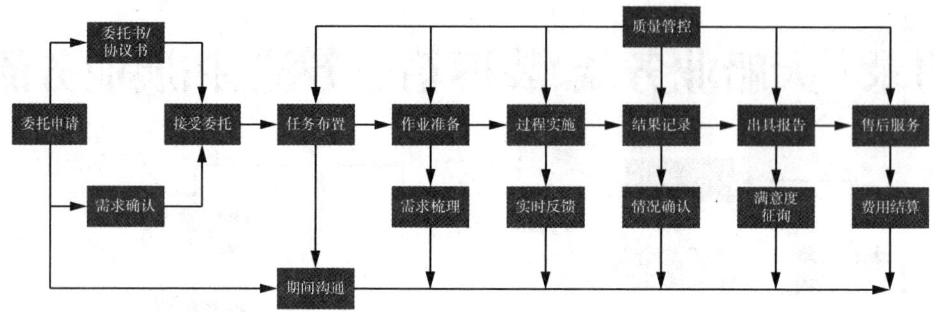

附图 3　拓展业务流